Ihr Kreuz ist die Schrift

Analphabetismus und Alphabetisierung in Deutschland

von
Marion Döbert und
Peter Hubertus

Herausgegeben vom
Bundesverband
Alphabetisierung e. V.

Ich bin seit ein Jahr, in einem Schreib und

Ihr Kreuz ist die Schrift

Analphabetismus und Alphabetisierung in Deutschland

von
Marion Döbert
und Peter Hubertus

mit einem Originalbeitrag von Sven Nickel
(›Wie lernen Erwachsene lesen und schreiben‹,
S. 86–98)

herausgegeben vom
Bundesverband Alphabetisierung e.V.

Redaktionelle und inhaltliche Beratung:
Jürgen Genuneit

Korrektur:
Gerald Schöber

Gestaltung und Umschlag:
Christine Schneyer,
Ernst Klett Verlag, Stuttgart

Fotografien (Innenseiten des Umschlags / Auftaktseiten der Kapitel):
Nils Menrad

1. Auflage 2000

Druck: Druckerei APPL, Wemding.
Printed in Germany.
ISBN 3-929800-15-2

Die Erarbeitung dieses Buches wurde mit Mitteln des Bundesministeriums für Bildung und Forschung (Förderkennzeichen W1155.00) gefördert. Die Verantwortung für den Inhalt der Veröffentlichung liegt bei den Autoren.

lesekurs. Seit sechs Jahren bin ich bei einer

Kunststoff Firma beschäftig. Angefangen bin

ich als Maschinenführer, und mußte mit

Grußwort

Wer dieses Buch aufschlägt, ist an der Alphabetisierungs- und Elementarbildungsarbeit interessiert. Viele von Ihnen ahnen oder wissen möglicherweise, wie schwer die Last sein kann, die Menschen ohne Schrift zu tragen haben.

Das Bundesministerium für Bildung und Forschung hat die Erarbeitung und Herausgabe dieses Buches gefördert, um dazu beizutragen, eine breitere Öffentlichkeit für das Problem zu sensibilisieren, sachgerecht über das Thema zu informieren und Antworten auf häufig zum Problem des Analphabetismus gestellte Fragen zu vermitteln. Dazu gehören zum Beispiel Fragen nach der Größenordnung der in unserem Land lebenden Menschen, deren Schriftbeherrschung als unzureichend eingeschätzt werden muss, nach den Ursachen für dieses Phänomen und nach den Chancen für einen erfolgreichen Kampf um Buchstaben, Wörter und Sätze.

Das Bundesministerium für Bildung und Forschung hat bisher im Rahmen seiner Kompetenzen und seiner Möglichkeiten Innovationen in diesem wichtigen Bildungsbereich unterstützt. Das wird auch weiterhin geschehen.

Analphabeten leben mit ihrem Problem im Abseits und sind häufig sehr einsam. Dieses Buch soll Verständnis für Betroffene und deren Angehörige entwickeln sowie die Alphabetisierungsarbeit als gesamtgesellschaftliche Bildungsaufgabe würdigen und – wenn möglich – unterstützen.

Wir danken dem Bundesverband Alphabetisierung e.V. für die Initiative zu diesem Projekt und die engagierte Erarbeitung dieser Publikation. Allen, die dieses Buch ermöglichten, sagen wir Dank.

Edelgard Bulmahn
Bundesministerin für Bildung und Forschung

mehren an einer Maschine arbeiten. Ich konnte

Vorwort

Als Leserin und Leser dieses Readers befinden Sie sich in der Situation eines Menschen, dem das Lesen selbstverständlich und unverzichtbar im Alltag geworden ist. Ein Leben ohne Lesen ist für Sie persönlich undenkbar. Es geht nicht nur um die große Weltliteratur, um Goethe und Shakespeare, sondern auch darum, wie wir durch Lesen Informationen erhalten oder uns die Freizeit verschönern. Und auch ohne das Schreiben geht es einfach nicht. Ob es die Kommunikation per E-Mail, die Notiz am Telefon oder das Protokoll in der Konferenz ist. Der Einkaufszettel, die Krankengeschichte beim Arzt, das Entschuldigungsschreiben für die Schule oder der Bericht für die Haftpflichtversicherung – alles wäre nicht möglich ohne die Schrift und ohne die Fähigkeit, mit ihr umgehen zu können.

Umso mehr erstaunt es, dass es Menschen geben soll, die ohne Schrift in ihrem Leben auskommen müssen. Es sind Menschen, die ein paar Buchstaben kennen und ihren Namen

nicht lesen und schreiben, und mußte genau

schreiben können. Mehr nicht! Es sind aber auch Menschen, die leicht verständliche Texte lesen und alltäglich wiederkehrende Sätze schreiben. Alles, was darüber hinaus geht, ist für sie nicht mehr zu bewältigen. Und dann gibt es noch die Menschen, die lesen und schreiben können, aber durch die vielen Fehler, die sie machen, den Anforderungen nicht genügen. Sie haben – wie alle Menschen, die sich mit der Schriftsprache schwer tun – ständig Angst, aufzufallen und mit ihrem Problem entdeckt zu werden.

In diesem Buch werden Sie erfahren, wer diese Menschen sind. Wie leben sie? Wie kommen sie im Alltag zurecht? Wie ist es dazu gekommen, dass Schrift für sie nicht eine selbstverständliche Bereicherung des alltäglichen Lebens ist, sondern eine Last, eine schwere Bürde, ein Kreuz? Dann gibt es den Wendepunkt: den Entschluss, die eigene Situation zu verändern, neu mit dem Lesen- und Schreibenlernen zu beginnen. Wie kommt es zu diesem Entschluss? Wo finden die Betroffenen Hilfe? Was tut die Politik und was müsste alles noch getan werden, um diese Situation zu verbessern? Auf all diese Fragen versucht dieses Buch, Antworten zu geben.

Für Ihre Lektüre möchten wir noch ein paar Hinweise und Tipps geben: Dieses Buch ist kein wissenschaftliches Werk, sondern ein Informations-Reader, der Dank der finanziellen Projektförderung durch das Bundesministerium für Bildung und Forschung erstellt werden konnte. Der Reader soll kompakt und verständlich Informationen zu den häufigsten Fragen zum Thema Analphabetismus und Alphabetisierung in Deutschland anbieten. Diese Fragen werden immer wieder gestellt, von Journalisten, von interessierten Laien, von Mitarbeiter/innen in Behörden, aber auch von Personen aus der Politik. Die häufigsten Fragen finden Sie im Inhaltsverzeichnis, die Antworten sind in den jeweiligen Kapiteln in verschiedener Form aufgegliedert: Zu Beginn eines jeden Kapitels finden Sie eine Zusammenfassung und ein Foto. Diese Auftaktfotos zeigen exemplarisch, wo im Alltag Lesen und Schreiben erforderlich sind und wie stark Schrift unser alltägliches Leben bestimmt. Der laufende Text wird durch Zitate und Illustrationen ergänzt, und grau unterlegte Texte dienen der Erläuterung und zusätzlichen Information.

Den Einstieg in das Ganze wollen wir Ihnen zu Beginn mit einem fiktiven Interview erleichtern, das aber durchaus der Wirklichkeit entspricht. Im Anhang finden Sie Hinweise auf wichtige Adressen, die Ihnen weiterhelfen können, wenn sie einen bestimmten Aspekt des Themas vertiefen wollen.

Wir haben versucht, die verschiedenen Themenkomplexe möglichst umfassend zu recherchieren und in vielseitiger Perspektive wiederzugeben. Sollten wir dabei „Unterlassungssünden“ begangen haben, bitten wir um Nachsicht.

Wir möchten mit dem vorliegenden Buch einen Beitrag leisten zur Enttabuisierung des Themas und zur Motivierung von Politikern und anderen interessierten Personen, sich des Themas Analphabetismus und Alphabetisierung in Deutschland engagiert anzunehmen. Sie als Leserin oder Leser können dazu auch in Ihrem Handlungsfeld Anschub geben. Nur so kann es zu einem flächendeckenden Angebot und zu einer Verstetigung der Alphabetisierungsarbeit mit Jugendlichen und Erwachsenen in Deutschland kommen.

Unser Dank gilt all denjenigen, die uns tatkräftig unterstützt, beraten und wichtige Impulse für unsere Arbeit gegeben haben. Insbesondere danken wir dem Bundesministerium für Bildung und Forschung und dem Ernst Klett Verlag für die finanzielle und ideelle Unterstützung.

Marion Döbert und Peter Hubertus

aufpassen, daß die anderen davon nichts merkten.

Ein Interview zum Einstieg

Zum Einstieg in unser Thema dient ein idealtypisches Gespräch zwischen einem fiktiven Journalisten und Peter Hubertus vom Bundesverband Alphabetisierung e.V. In derartigen Gesprächen – nicht nur mit Journalisten – werden immer wieder dieselben Fragen gestellt, die offenbar von besonderem Interesse sind. Sie werden hier in knapper Form beantwortet. Die Pfeile verweisen auf die Kapitel, in denen zu den jeweiligen thematischen Aspekten weitere Ausführungen zu finden sind.

Ich möchte mich zum Thema Analphabetismus informieren. Können Sie mir da ein paar Auskünfte geben?
Ja, selbstverständlich. Worum geht es denn?
Also, als erstes möchte ich gern wissen: Wie viele Analphabeten gibt es denn eigentlich in Deutschland?
Diese Frage ist nicht so einfach zu beantworten, aber der Bundesverband Alphabetisierung e.V. geht von vier Millionen Erwachsenen aus, die Probleme mit dem Lesen und Schreiben haben. Es gibt aber auch höhere und niedrigere Schätzungen. (➢ Kapitel 2: Größenordung)
Vier Millionen! Und das sind alles Analphabeten?
Wir sprechen genauer von funktionalen Analphabeten. Das bedeutet, dass diese Menschen ein wenig lesen und schreiben können, aber nicht genug, um am Arbeitsplatz oder im privaten Bereich zurechtzukommen. (➢ Kapitel 1: Definitionen) Verlässliche Zahlen zur Größenordnung gibt es aber nicht.
Funktionaler Analphabetismus: Was heißt das genau?
Wenn jemand nur einzelne Wörter lesen kann, aber zum Beispiel nicht den Elternbrief aus der Schule oder die Warnhinweise am Arbeitsplatz, dann kann er nicht so lesen, wie es heutzutage erforderlich ist.
Und beim Schreiben?
Auch da gibt es natürlich eine Bandbreite von unterschiedlichen Kenntnissen. Manche Erwachsene können nicht viel mehr als ihren

Das war gar nicht so einfach, wenn andere

Namen schreiben. Andere kommen mit dem Schreiben so gut zurecht, dass man den Text verstehen kann, den sie notiert haben. Aber wenn in jedem zweiten Wort Fehler sind, reichen diese Kenntnisse einfach nicht aus. Und das weiß der schreibschwache Erwachsene selbst am besten. Um sich nicht zu blamieren, zum Beispiel bei den Arbeitskollegen, schreibt er vorsichtshalber gar nicht. Und damit ist er nicht besser dran als ein totaler Analphabet, der nur drei Kreuze malen kann.

Aber wie kommen die Leute denn im Leben zurecht? Man kommt doch gar nicht um das Lesen und Schreiben herum? Man muss doch ständig irgendwas lesen oder schreiben, wenn zum Beispiel ein Brief vom Amt kommt.

Wer selbst nicht lesen und schreiben kann, der hat normalerweise jemanden, der das für ihn erledigt. So eine Vertrauensperson ist beispielsweise der Ehepartner oder die Ehepartnerin. (➢ Kapitel 4: Lebenswelt)

Sind diese funktionalen Analphabeten denn Behinderte?

Nein, das ist so nicht richtig. Es gibt auch Menschen, die wegen einer Behinderung nicht lesen und schreiben gelernt haben. Und viele von den Erwachsenen, die im Moment an Alphabetisierungskursen teilnehmen, waren an einer Sonder- oder Förderschule für Lernbehinderte. Es gibt aber auch viele Erwachsene, die auf der Hauptschule waren.

Später, im Erwachsenenalter, haben sie dann das Lesen und Schreiben wieder verlernt...

Nein, so kann man das nicht sagen. Wenn jemand in der Schule immer nur Probleme hatte, besonders mit dem Lesen und Schreiben, dann ist er natürlich froh, wenn die Schule endlich vorbei ist. Dann wird er auch nicht unbedingt jeden Tag lesen und schreiben. Und dann vergisst er auch manches oder wird noch unsicherer in der Rechtschreibung. Aber das ist nicht das eigentliche Problem. Fakt ist, dass die Erwachsenen, die jetzt in Alphabetisierungskursen sind, es in der Schule nicht richtig gelernt haben.

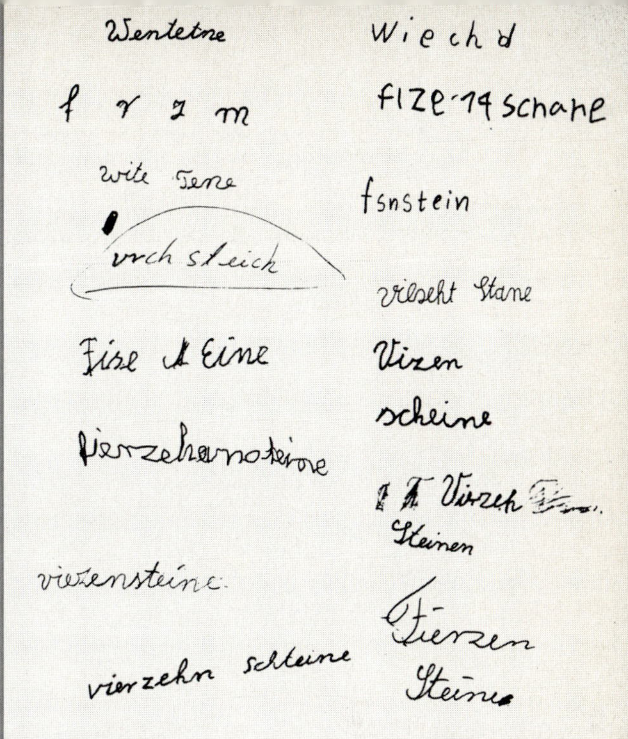

Vierzehn Steine
Schreibversuche erwachsener funktionaler Analphabeten

Sie meinen also, die Schule ist schuld.

Die Schule trägt sicherlich ihren Anteil daran, aber andere Dinge spielen ebenfalls eine Rolle, vor allem das Elternhaus.

Ist das Problem denn beschränkt auf bestimmte soziale Schichten, auf die Unterschicht?

Tendenziell kann man schon sagen, dass in sozial schwachen Familien eher die Gefahr besteht, dass der Grundstein zum späteren Analphabetismus gelegt wird. Aber es geht nicht nur um ein geringes Haushaltseinkommen, sondern auch um die Armut an Zuwendung und die Armut an Büchern. Wenn das Kind keine Bilderbücher hat, wenn ihm nicht vorgelesen wird, wenn es nicht sieht, dass die Eltern lesen und schreiben, wenn es also in einem schriftfernen Elternhaus lebt, dann besteht die Gefahr, dass es später in der Schule Probleme bekommt. Und dann gibt es natürlich auch in manchen Familien echte Vernachlässigung von Kindern, Alkoholismus der Eltern und andere Probleme. (➢ Kapitel 3: Ursachen)

an lesen waren und sagten, kuck mal hier

Und die Schule?
Die Schule hat heutzutage viele Aufgaben zu erfüllen, sie muss ja auch immer mehr Funktionen übernehmen, die früher von den Eltern wahrgenommen wurden. Aber dennoch: Wir müssen von der Schule erwarten können, dass dort alle Kinder ausreichend lesen und schreiben lernen. Und das ist heute nicht der Fall.
Wo liegen Ihrer Meinung nach die Probleme?
Wenn so ein Kind, wie ich es vorhin geschildert habe, in die erste Klasse kommt, dann bringt es schlechte Voraussetzungen für das Lernen mit. Es hat zu Hause vielleicht oft zu hören bekommen: ›Das schaffst du sowieso nicht‹. Aber es gibt andere Kinder, die mit ihm zusammen eingeschult werden, die in den ersten sechs Lebensjahren ein ganz anderes Elternhaus erlebt haben. Die können vielleicht schon ein wenig lesen oder schreiben und sind ganz anders auf die Schule vorbereitet worden. Sie kennen den Unterschied von Zahlen und Buchstaben. Sie wissen, dass man spätestens als Erwachsener lesen und schreiben können muss. Sie kennen Reime, können Lieder singen, freuen sich auf das Lernen.
Aber auch wenn die Elternhäuser verschieden sind, da wirkt doch dann die Schule ausgleichend.
In gewisser Weise schon. Aber das größte Problem besteht darin, dass sich die Schule nicht ausreichend auf die Kinder einstellt. Es wird immer noch zu oft ein Lernen im Gleichschritt praktiziert. Ich übertreibe jetzt mal ein bisschen, aber wenn heute für alle die Seite 7 im Buch dran ist und morgen kommt die Seite 8, dann wird der Unterricht dem einzelnen Kind nicht gerecht. Das gilt übrigens nicht nur für diejenigen, die schlechtere Startchancen haben, das gilt in ähnlicher Weise für die Kinder, die wir hochbegabt nennen. Zur Zeit müssen sich die Kinder an die Schule anpassen. Aber ich finde, die Schule muss sich stärker als bisher auf die konkreten Kinder, die in einer Klasse zusammen sind, einstellen. Dass dies nicht leichter wird, wenn die Klassenstärken immer größer werden, ist klar.

was wir heute noch machen müssen,

Gut, das ist nun eine grundsätzliche Kritik. Aber die Lehrerin merkt doch, wenn ein Kind nicht lesen lernt, oder?

Eine Zeitlang kann es schon passieren, dass dies nicht bemerkt wird. Vor allem, wenn immer nur dieselben Wörter und Sätze aus der Fibel drankommen. Manche Kinder lernen das einfach auswendig. Deshalb ist es auch wichtig, die Kinder möglichst bald selbst etwas aufschreiben zu lassen. Dann fallen natürlich die Probleme sofort auf. Aber wenn erst in der dritten Klasse fremde Texte gelesen werden oder das Kind erst dann eigene Sätze aufschreiben soll, dann ist der Zug eigentlich abgefahren. Und die Lehrer/innen, die es bemerken, wissen oft nicht, was sie tun sollen. Mit der Klasse muss es ja weiter gehen.

Dann gibt es keine Chance mehr?

Die Grundlagen im Lesen und Schreiben werden in den beiden ersten Klassen gelegt. Danach bietet die Schule kaum noch Unterstützung, wenn es darum geht, wirklich noch mal ganz von vorn und in Ruhe zu beginnen. Krass formuliert kann man sagen: Das einzige Angebot der Schule besteht darin, die Klasse zu wiederholen und im selben Tempo noch einmal alles von neuem mitzumachen. Viel besser wäre es doch aber, wenn an den entscheidenden Klippen eine gezielte Hilfe ansetzen würde. Dafür müssten die Lehrerinnen und Lehrer aber entsprechend ausgebildet werden.

Und diese Kinder rutschen dann so durch die ganze Schulzeit?

Das kann man so sagen. Viele Eltern versuchen selbst zu helfen. Ich spreche öfter mit Eltern, die sich aus Sorge um ihre Kinder an das Alfa-Telefon wenden. Das Alfa-Telefon ist unser Beratungsservice, den wir vor allem für lese- und schreibunkundige Erwachsene eingerichtet haben. Wenn ich ihnen ein paar Tipps gegeben habe, wie sie ihren Kindern vielleicht helfen könnten, dann heißt es oft: ›Ja, das wäre bestimmt gut. Aber wenn ich schon zwei Stunden lang meinem Kind geholfen habe, die Hausaufgaben für den nächsten Tag fertig zu kriegen, dann kann es einfach nicht mehr.‹ Die Schule schafft es offenbar nicht, diesen Kindern zu helfen.

Und außerschulische Hilfen, wie sieht es damit aus?

Wir sind ja nicht die Experten für Eltern und deren Kinder. Deshalb weisen wir Eltern zum Beispiel auf die schulpsychologischen Beratungsstellen hin, die es in vielen Städten gibt. Das sind Anlaufstellen für eine persönliche Beratung und weitere Hilfestellung. Dort wird man sicher auch auf seriöse Anbieter für Nachhilfe oder auf Lerntherapeuten hinweisen. Aber das ist oft nur für die Bessserverdienenden ein Weg. Viele Familien können sich keine Nachhilfelehrer oder die Unterstützung durch ein Nachhilfe-Institut leisten.

Und was passiert dann mit den Kindern?

Wenn es mit dem Lesen und Schreiben nicht klappt, wird das Kind doch irgendwann versetzt. Und es erlebt natürlich, dass das Lesen und Schreiben mit jeder neuen Klasse noch wichtiger wird und immer mehr verlangt wird. Manche Kinder werden dann aggressiv, andere resignieren. Das Problem strahlt ja auch auf andere Fächer aus. Wenn es die Textaufgabe in Mathe nicht lesen kann, bekommt es dort auch eine schlechte Note. Lernen wird für das Kind zu einer Kette von Misserfolgen.

Und die Sonderschulen?

Viele der Erwachsenen, die heute in Alphabetisierungskursen lernen, sind als Kind auf eine Förder- oder Sonderschule überwiesen worden. Aber auch wenn es dort kleinere Klassen gibt, lernen die Kinder dort nicht unbedingt das Lesen und Schreiben.

Kann man denn sagen, dass es bei denen dann doch an der Intelligenz fehlt?

Wenn ich sehe, dass manche Erwachsene, die überhaupt nicht lesen können, innerhalb eines halben Jahres, sozusagen nachträglich, das Lesen lernen, dann vermute ich, dass sie es mit besserer Förderung auch während ihrer Schulzeit hätten lernen können.

sagte ich das schaffen wir doch noch, und

Ist dieses Problem eigentlich dasselbe wie bei Legasthenikern?

Von Legasthenie spricht man im Allgemeinen dann, wenn Probleme im Lesen und Schreiben vorhanden sind, ohne dass sie auf Schwierigkeiten im Elternhaus oder unzureichenden Unterricht zurückzuführen sind. Außerdem beschränken sich die Probleme auf den Umgang mit Schrift. Die Sichtweise auf die Problematik ist eher medizinischer Art, wenn etwa Teilleistungsschwächen und Störungen im zentralen Nervensystem genannt werden. Heutzutage werden aber andere Faktoren mit berücksichtigt, weshalb meist von besonderen Schwierigkeiten beim Lesen und Schreiben gesprochen wird und nicht von Legasthenie.

Kommen wir mal zu den Kursen für Erwachsene. Seit wann gibt es diese Kurse eigentlich?

Die ersten Kurse sind um 1978 eingerichtet worden. Damals gab es Nachfragen, zum Beispiel bei den Volkshochschulen. In jener Zeit kamen zwei Dinge zusammen: Es gab mehr Arbeitskräfte als gebraucht wurden, weniger qualifizierte wurden entlassen. Außerdem gab es immer weniger Arbeitsplätze, bei denen man ohne Lesen und Schreiben zurechtkam. Heute gibt es vor allem an den Volkshochschulen Alphabetisierungskurse; etwa 20.000 Erwachsene nehmen derzeit daran teil.

Wie sieht so ein Kurs aus?

Meistens läuft ein Kurs zweimal in der Woche, etwa montags und mittwochs von sechs bis halb acht. Das ist für jemanden, der berufstätig ist, gerade so zu schaffen. Idealerweise sind das kleine Gruppen von etwa sieben Personen. Weil die Kursteilnehmer unterschiedlich weit sind, wird dort gezielt auf die Einzelnen eingegangen. So sollte es jedenfalls sein.
(➢ Kapitel 7: Rahmenbedingungen)

Unterscheidet sich der Unterricht von dem der Schule?

Klar, schon allein dadurch, dass sich die Erwachsenen mit der Schrift auseinandersetzen müssen, an der sie bereits einmal gescheitert

ging weiter. Ich hatte ein gefühl, daß kaum

sind. Dieser Misserfolg sitzt ihnen natürlich noch in den Knochen. Sie befürchten, dass sie es vielleicht nicht lernen können. Man muss die Lernblockaden, die bei vielen vorhanden sind, berücksichtigen und behutsam abbauen. (➢ Kapitel 6: Unterricht)

Wäre es denn nicht besser, wenn die Erwachsenen eine Einzelförderung bekommen könnten?

Zeitweise wäre das vermutlich ganz günstig. Aber die Gruppe hat auch einen großen Vorteil: Man sieht, dass man nicht alleine dasteht mit diesem Problem, sieht, wie andere damit umgehen. Und man sagt sich: Die anderen in meiner Gruppe, das sind doch auch ganz normale Leute, dann bin ich auch normal. Die Gruppe entlastet ungemein.

Ist es denn für Betroffene schwer, sich zu einem Kurs anzumelden?

Ja, das kostet viel Überwindung. Viele hoffen noch mit 18 und mit 25 Jahren, dass sie so durchs Leben kommen. Aber irgendwann gibt es zu viel Druck: Auf der Arbeit soll man demnächst mit Computern umgehen. Oder das Kind kommt bald in die Schule und man will dann nicht so dumm dastehen. (➢ Kapitel 5: Lernmotive)

Wie erfahren die Menschen denn von den Kursen?

Da gibt es verschiedene Möglichkeiten. Der Bundesverband Alphabetisierung e.V. hat das Alfa-Telefon, an das sich viele Betroffene oder auch deren Vertrauenspersonen wenden. Die Nummer wird zum Beispiel in Fernsehspots, im Kino oder auch in Zeitungen genannt. Viele Anrufer melden sich anonym und lassen sich beraten und an Einrichtungen vor Ort vermitteln. Es gibt aber auch andere Wege: Zeitungsartikel oder eine Talkshow, oder jemand, der lesen kann, findet den Kurs im Volkshochschul-Programm. (➢ Kapitel 8: Öffentlichkeitsarbeit)

Und dann melden sie sich dort an.

So schnell geht das meistens nicht. Normalerweise dauert das eine gewisse Zeit. Zunächst findet ein Telefongespräch mit dem zuständigen Mitarbeiter statt, und dann wird ein persönliches Gespräch vereinbart. In diesem Gespräch wird unter anderem entschieden, welcher Kurs am besten passt. Und wenn dort ein Platz frei ist, dann kann man meistens auch sofort dort einsteigen. Wer einmal ausreichend Mut geschöpft hat, sollte dann auch gleich mit dem Lernen beginnen können.

Wie ist das mit der Anonymität?

Die ist für die Lernenden natürlich ganz wichtig. Viele Volkshochschulen veröffentlichen in ihrem Programm für die Alphabetisierungskurse keine Zeiten und Raumnummern. Andere halten die Namen und Anschriften der Kursteilnehmer aus den Lese- und Schreibkursen unter Verschluss, sodass sie geschützt sind. Die meisten Kursteilnehmer befürchten auch, im Kurs auf Bekannte zu stoßen, auf Arbeitskollegen etwa. Davor haben viele Angst. Aber das passiert äußerst selten. Ich selbst habe das bisher zweimal erlebt. Aber die beiden, die sich kannten, haben natürlich außerhalb des Kurses nicht darüber geredet. Das ist auch ganz wichtig als Gruppenregel: Wer im Kurs ist und was da passiert, geht nur die Gruppe etwas an.

Kosten die Kurse eigentlich etwas?

Das ist verschieden geregelt. Es gibt Volkshochschulen, die Lese- und Schreibkurse kostenlos anbieten. Bei anderen zahlt man eine geringe Anmeldegebühr. Wenn Kursgebühren erhoben werden, gibt es meistens Ermäßigungen für Arbeitslose oder Sozialhilfeempfänger. Die Kurse dürfen nicht zu viel kosten, denn viele Teilnehmende arbeiten in den unteren Lohngruppen oder sind arbeitslos.

Wie lange dauert ein Alphabetisierungskurs?

In vielen Volkshochschulen laufen die Kurse immer weiter, nur durch die Ferienzeiten unterbrochen, und man steigt irgendwann ein und verlässt den Kurs, wenn man meint, dass man genug gelernt hat. Aber wie lange die Einzelnen bleiben, hängt von vielen Dingen ab. Manche, die eigentlich nur das Lesen lernen wollen, bleiben auch dabei, wenn sie es gelernt haben. Sie setzen sich neue Ziele, die sie im Kurs erreichen wollen.

man nicht beschreiben, denn ich wüßte

Lernen denn alle das Lesen und Schreiben?

Man kann sicher sagen, dass alle etwas dazulernen. Im Kurs wird auch immer wieder über die Lernziele gesprochen und dann wird klar: Perfekt im Lesen und Schreiben zu werden, das ist unrealistisch. Wahrscheinlich ist sowieso kaum jemand perfekt im Schreiben. Wer kann denn schon auf Anhieb ›Portmonee‹ buchstabieren? Wir haben in der Alphabetisierung kein festes Ziel, das unabhängig von den einzelnen Lernenden angestrebt wird. Jeder versucht, im Lesen und Schreiben voranzukommen, und innerhalb eines halben Jahres sollte man auf jeden Fall Fortschritte feststellen. Aber es geht auch um andere Dinge: Die Erwachsenen in den Kursen werden freier, verlieren ihre Ängste, gewinnen an Selbstbewusstsein und erleben, dass sie lernen können. Für viele ist der Besuch im Lese- und Schreibkurs ein Meilenstein, an dem sich ihr Leben ins Positive wendet.

Wenn Sie drei Wünsche frei hätten, was würden Sie dann sagen?

Erstens wünsche ich mir, dass den Erwachsenen, die Probleme mit der Schrift haben, mehr Verständnis entgegengebracht wird, vor allem, dass sie nicht als dumm abgestempelt werden. Nur dann werden mehr Betroffene als im Moment die vorhandenen Lernangebote wahrnehmen.

Zweitens sollte es eine echte neue Chance geben, im Erwachsenenalter das Lesen und Schreiben zu lernen. In vielen Gegenden Deutschlands gibt es noch immer kein flächendeckendes Angebot mit Lese- und Schreibkursen. Zur ›echten Chance‹ gehört aber auch, dass die Rahmenbedingungen stimmen: zum Beispiel bezahlbare Teilnahmegebühren und kompetente Kursleiter/innen. (➢ Kapitel 9: Aufgaben)

Und drittens wünsche ich mir, dass noch viel mehr Journalisten Interesse an diesem Thema finden. Die Hilfe für die Betroffenen beginnt mit der Information.

ja nicht was da stand.

1 Definition und Erscheinungsbild von funktionalem Analphabetismus

Gibt es in Deutschland Erwachsene, die nicht lesen und schreiben können?

In früheren Jahrhunderten hatten nur wenige Menschen die Möglichkeit, das Lesen und Schreiben zu erlernen, denn es gab keine Schulpflicht. Als Unterschrift dienten meist drei Kreuze. Um 1900 können so gut wie alle Menschen in Deutschland ihren Namen schreiben; der Analphabetismus scheint überwunden zu sein. Etwa 1978 wird bekannt, dass es trotz Schulpflicht erwachsene Deutsche gibt, die nur über geringe Lese- und Schreibkenntnisse verfügen. Dieses Kapitel erläutert, warum zu dieser Zeit das Phänomen erneut auftritt und bekannt wird. Außerdem werden Erläuterungen und Definitionen zu folgenden Begriffen vorgenommen: totaler, primärer, funktionaler und sekundärer Analphabetismus.

Schulpflicht und Alphabetisierung

In Deutschland besteht seit vielen Jahren Schulpflicht, und die Aufgabe, Kindern Lesen, Schreiben und Rechnen beizubringen, gehört zu den wichtigsten Forderungen, die an die Schule gestellt werden. Deshalb schließen sich Schulpflicht und Analphabetismus zumindest auf den ersten Blick aus.

Das war in früheren Zeiten, als es noch keine Schulpflicht gab, natürlich anders. Noch vor wenigen Jahrhunderten war es eine Ausnahme, das Alphabet zu beherrschen. Auch gekrönte Häupter, wie Karl der Große, konnten nicht lesen und schreiben. Im Hochmittelalter (11. bis 13. Jahrhundert) waren auch die Angehörigen der höheren Stände häufig Analphabeten:

> »Die Ritter, überhaupt die Männer der höfischen Gesellschaft, können in aller Regel nicht lesen [...]; die adligen Damen der höfischen Gesellschaft können meist lesen.«
> SCHÖN, Erich: 1993, S. 33

Aber allmählich trat die Schrift – nicht zuletzt auf Grund wirtschaftlicher Notwendigkeit – ihren Siegeszug an.

> »In Sachsen-Coburg-Gotha wurde 1642, in Württemberg 1649, in Brandenburg 1662, in Preußen 1717 und 1736 die allgemeine Schulpflicht eingeführt. Jedoch bestand damit weder die Absicht, sie wirklich auf alle auszudehnen, auch wenn sie nicht nur für Städte, sondern auch für Flecken und Dörfer vorgeschrieben wurde, noch wurde der angekündigte Zweck tatsächlich durchgesetzt und erreicht.«
> ENGELSING, Rolf: 1973, S. 45

Der Unterricht wurde teilweise nur in den Jahreszeiten erteilt, in denen die Kinder nicht zur Feldarbeit gebraucht wurden.

> »Die Schätzung [...], daß im 17. und 18. Jahrhundert in Deutschland 25 Prozent der Kinder zur Schule gingen und noch nicht einmal 10 Prozent lesen und schreiben lernten, ist für viele Gegenden kaum übertrieben.«
> ENGELSING, Rolf: 1973, S. 49

Allmählich wird es aber eher die Ausnahme, Analphabet zu sein, zumindest in bestimmten gesellschaftlichen Positionen.

> »Das Analphabetentum war unter den Inhabern öffentlicher Ämter im 17. Jahrhundert noch weiter verbreitet, als es in Anbetracht des Aufkommens einer deutschsprachigen merkantilistischen Literatur im zentralisierten Verwaltungsstaat erwünscht und tragbar war. In Frankfurt am Main waren 1612 die im Rat sitzenden Handwerker des Lesens und Schreibens noch unkundig [...]. In Berlin konnte 1615 ungefähr die Hälfte der Bürgerschaft nicht schreiben. [...] Auch in Sachsen stellte man 1617 fest, daß es Ratsherren gab, die Analphabeten waren. [...] In Lübeck beschwerten sich 1668 die Amtsbrüder, daß keiner der fünf Älterleute lesen und schreiben könne, ›welches doch in ihrem Ambt nothwendig wäre‹.«
> ENGELSING, Rolf: 1973, S. 46

Knechte, Mägde und Tagelöhner gehören zu den letzten, die alphabetisiert werden, und die Mädchen und Frauen lernten das Lesen und Schreiben üblicherweise später als Jungen und Männer. Die Kirchenbücher zeigen uns die sprichwörtlichen drei Kreuze der Analphabeten.

Als der 22-jährige Tagelöhner Johann Wilhelm Vogt in Brotterode im Schmalkaldischen heiratete, war er der Einzige, der mit seinem

Die Braut unterschreibt mit XXX

Namen unterschreiben konnte. Seine Braut, Elisabeth Göbel, bekundete mit einem Handzeichen, den drei Kreuzen, ihr Einverständnis zur Heirat. Damit dieses Zeichen aber eindeutig interpretiert werden konnte, musste der Pfarrer daneben schriftlich bestätigen, von wem das Handzeichen stammt (vgl. Forschungsgruppe Alphabetisierung und Schriftkultur ..., s. Abb. oben). Die wichtigste Form des Schreibens bestand darin, seine Unterschrift zu leisten, wie bei kirchlichen Aktivitäten oder beim Unterschreiben von Verträgen. Wer seinen Namen schreiben konnte, war kein Analphabet. Deshalb war die Signierfähigkeit auch lange Zeit ein Indiz für den Alphabetisierungsgrad innerhalb einer Gesellschaft (vgl. Block, Rainer: 1994).

So kann die Karikatur rechts von 1850 »interpretiert werden als eine bittere Kritik an dem Schulwesen der damaligen Zeit, dem es offenbar noch nicht einmal gelungen ist, den SchülerInnen das korrekte Kreuzemachen – geschweige denn das Lesen und Schreiben – beizubringen.«

Genuneit, Jürgen: 1995, S. 234

Neben den Heiratsurkunden geben die Statistiken über die Signierfähigkeit der Rekruten Aufschluss über den Alphabetisierungsgrad innerhalb der Bevölkerung.

»Der Anteil der Analphabeten bei den Rekruten ging von 6,1% im Jahre 1863 auf 0,8% im Jahre 1890 zurück und 1871 konnten in Preußen 10% der eheschließenden Männer und 15% der eheschließenden Frauen nicht mit ihrem Namen unterschreiben. 1899 war dieser Anteil auf jeweils 1% zurückgegangen. [...] Offiziell gilt das Analphabetentum in Deutschland seit spätestens 1912 als beseitigt. In diesem Jahr wurde die letzte Erhebung durchgeführt. Sie ergab einen Anteil von 0,01% bis 0,02% Analphabeten.«

Eisenberg, Peter: 1983, S. 13f

Assessor: „Hat Sie das Protokoll unterschrieben?"
Frau: „Ja, schreiben kann i nit, i hab halt drei Kreuzeln hing'macht – wenn Schreibfehler d'rin sind, müssen's scho verzeih'n – i hab's halt in der Schul nit besser g'lernt."

Analphabetismus – Ende der 70er Jahre neu entdeckt

Erst Jahrzehnte später wurde der Analphabetismus wieder zum Thema, allerdings nur in der Bundesrepublik Deutschland. Ende der 70er Jahre des letzten Jahrhunderts meldeten sich vermehrt Erwachsene für Rechtschreibkurse der Volkshochschulen an, Erwachsene, die über äußerst geringe Kenntnisse im Lesen und Schreiben verfügten. Ging man zunächst von wenigen Einzelfällen aus, stellte sich alsbald heraus, dass für diese Personengruppe ein gesondertes Bildungsangebot geschaffen werden musste: Alphabetisierungskurse.

Analphabeten hat es immer gegeben

Dass das Phänomen des Analphabetismus im 20. Jahrhundert erst im letzten Drittel wieder ans Licht der Öffentlichkeit gelangt, kommt nicht von ungefähr. Es hat auch in den Jahren vorher Analphabeten gegeben, doch haben sie dieses Defizit noch verbergen können, und es war für sie nicht unbedingt notwendig, im Erwachsenenalter das Lesen und Schreiben zu lernen. Diese Erwachsenen konnten beruflich tätig sein und hatten so ihr Auskommen. Welche gesellschaftlichen Rahmenbedingungen hatten sich verändert, die dazu führten, dass Betroffene nach Lernmöglichkeiten suchten?

»Sicherlich führt die ökonomische Krise der letzten Jahre [um 1980] mit ihrem scharfen Konkurrenzkampf um Arbeitsplätze zu einem verstärkten ›Auftauchen‹ von Analphabeten. Allgemein akzeptierte formale Kriterien für die Auswahl von Bewerbern (wie Rechtschreibfähigkeit) werden dankbar genutzt. Auch sind viele Nischen verschwunden, in denen Analphabeten traditionellerweise ein menschliches, kommunikatives Leben führen konnten: als Landarbeiter in kleinen bäuerlichen Betrieben, als Hilfskräfte bei kleinen Handwerksbetrieben im bekannten Stadtteil. Oftmals war mit der Arbeitsmöglichkeit ein familiärer Bezug gegeben, der (vermittelnd) eine Teilnahme an der gesellschaftlichen (auch schriftlichen) Kommunikation ermöglichte. Solche Möglichkeiten verschwinden zusehends und mit ihnen die letzten Formen des Vorlesens und des stellvertretenden Schreibens, die seit Jahrhunderten es Analphabeten ermöglicht hatten, an der Schriftkultur (›als Semi-Literale‹) teilzunehmen. Solche Formen der ›geselligen Schriftkultur‹ verschwinden aus dem Alltag, in dem die Einsamkeit des Schreibtisches und Lesesessels sprichwörtlich zu werden scheint. [...] Darüberhinaus ist jedoch festzuhalten, daß die Strukturen der gesellschaftlichen Kommunikation sich in den letzten Jahren tatsächlich gravierend verändert haben, wobei diese Veränderungen (zunächst) für Analphabeten besonders folgenreich waren. In vielen Bereichen werden Fachkräfte ersetzt, die bislang dafür zuständig waren, mündlich vorgetragene Wünsche in die fachsprachliche Terminologie und die schriftlich gewünschte Fassung ihres Arbeitsbereichs zu übertragen. Vielfach werden sie durch Maschinen ersetzt, die von den mit ihnen kommunizierenden Menschen andere Handlungsstrukturen verlangen. Nehmen wir den Fahrkartenverkäufer bei der Bundesbahn und vergleichen wir ihn mit der Maschine, bei der ich meinen Fahrausweis erwerben kann. Auch mit dem Angestellten am Bankschalter habe ich anders kommuniziert, als ich es am Terminal tue, an dem ich meine Geldgeschäfte tätige. Es verschwinden ganze Bereiche aus unserer alltäglichen ›Kultur der Mündlichkeit‹; funktionales Schreiben wird verlangt, Lesen muß man können, damit man weiß, was man schreiben soll.«

GIESE, Heinz W.: 1987, S. 264f

In der Volksschule blieb sie Analphabetin. Jetzt lernt sie mühsam buchstabieren — mit verkrampfter Hand und kleinen Fehlern

Bücher und Briefe sind ihnen fremd. Fahrpläne und Speisekarten machen sie ratlos. Denn sie können nicht lesen und schreiben: Analphabeten in Deutschland

DIE ANGST VOR JEDER UNTERSCHRIFT

Es klingelt an der Haustür. Petra Müller läßt sich Zeit. Sie weiß, wer da auf ihrer Fußmatte steht. Der Briefträger. Doch mit dem, was er ihr bringt, kann sie nicht viel anfangen: Prospekte, eine Illustrierte, zwei Briefe. Wer ihr geschrieben hat und was, ob es eine gute Nachricht ist oder eine schlechte, erfährt sie auch nach dem Öffnen der Umschläge nicht. Sie sieht nur Kringel, Kreise, Bögen, Punkte und Striche. Resigniert wirft sie alles in den Müll. Bis auf die Illustrierte. Wegen der Bilder.

Petra Müller kann weder lesen noch schreiben.

Die 22jährige arbeitet in einer Fabrik am Fließband. Schriftliche Anweisungen jagen ihr immer wieder Schrecken ein, und den Kolleginnen zu sagen, daß sie Analphabetin ist, wagt sie nicht. „Ich schäm' mich so." Lieber tut sie, als wüßte sie Bescheid, und guckt heimlich von den anderen ab.

Die junge Frau aus Emden ist eine von schätzungsweise rund einer Million erwachsener deutschsprachiger Analphabeten, die es heute — 59 Jahre nach Einführung der allgemeinen Schulpflicht — in der Bundesrepublik noch gibt. Sie sind weder dumm noch geistig zurückgeblieben. In ihrem Fall hat eher das Bildungssystem das Klassenziel nicht erreicht.

Viele Analphabeten waren in der ersten Klasse längere Zeit krank, haben so die entscheidenden Anfänge versäumt. Oft reichten schon vier Wochen Fehlzeit aus, um den Anschluß zu verpassen. Häufig waren auch leichte Hör- und Sehschäden, die unerkannt blieben, der Grund für das „Versagen" in der Schule. Regelmäßige Vor-

102 **stern**

Ein früher Artikel (1979) zum Thema Analphabetismus

Diese Ausführungen von Heinz W. Giese beziehen sich auf die Bundesrepublik Deutschland, nicht auf die ehemalige DDR. Dort wird der neue Analphabetismus erst nach der Wende sichtbar. (➢ Kapitel 2: Größenordnung)

Als die ersten Berichte in den Medien über den neuen Analphabetismus auftauchen, wird das damalige Bundesbildungsministerium aktiv und gibt eine Studie in Auftrag (vgl. EHLING, Bettina / MÜLLER, Horst-M. / OSWALD, Marie-Louise: 1981). Seit dieser Zeit fördert das Ministerium für Bildung und Wissenschaft im Rahmen seiner Möglichkeiten zahlreiche Projekte zur Alphabetisierung. Eine Übersicht zu den wichtigsten Stationen der Alphabetisierungsarbeit in Deutschland befindet sich am Ende dieses Buchs. (➢ Anhang)

Totale Analphabeten

Heutzutage gibt es nur sehr wenige Analphabeten, die An-Alphabeten in der ursprünglichen Bedeutung des Wortes sind, also keine Buchstaben kennen. Hier sind vor allem folgende Personengruppen zu nennen:

- Menschen, die aufgrund von körperlichen oder anderen Behinderungen keine Schriftsprachkenntnisse erwerben können. So sind Menschen mit einer schweren geistigen Behinderung meist nicht in der Lage, Lesen und Schreiben zu lernen, auch wenn diese Beeinträchtigung den Weg zur Schrift nicht grundsätzlich ausschließt (vgl. ALFA-FORUM 39/1998).
- Eine weitere Gruppe der totalen Analphabeten stellen jene Ausländerinnen und Ausländer dar, die in ihrem Heimatland keine Schule besuchen konnten und nach Deutschland immigriert sind. Immer noch gibt es viele Länder, in denen das Bildungssystem nicht allen Kindern eine entsprechende Grundbildung vermittelt. Wenn jemand wegen fehlenden Schulbesuchs nie lesen und schreiben gelernt hat, spricht man von *primärem* Analphabetismus.

Bei diesen beiden Bevölkerungsgruppen, die wegen einer Behinderung nicht lesen und schreiben gelernt haben oder die in ihrem Herkunftsland keine Chance zum Schulbesuch hatten, ist ohne weiteres nachzuvollziehen, weshalb sie Analphabeten sind.

Funktionale Analphabeten

Es gibt auch Analphabeten trotz Schulbesuchs: Erwachsene, die ihre Schulpflicht erfüllt haben und dennoch kaum lesen und schreiben können. Bei ihnen handelt es sich nicht um sogenannte totale Analphabeten, die überhaupt keine Schriftkenntnisse besitzen, sondern um funktionale Analphabeten. Zu diesem Begriff gibt es unterschiedliche Definitionen.

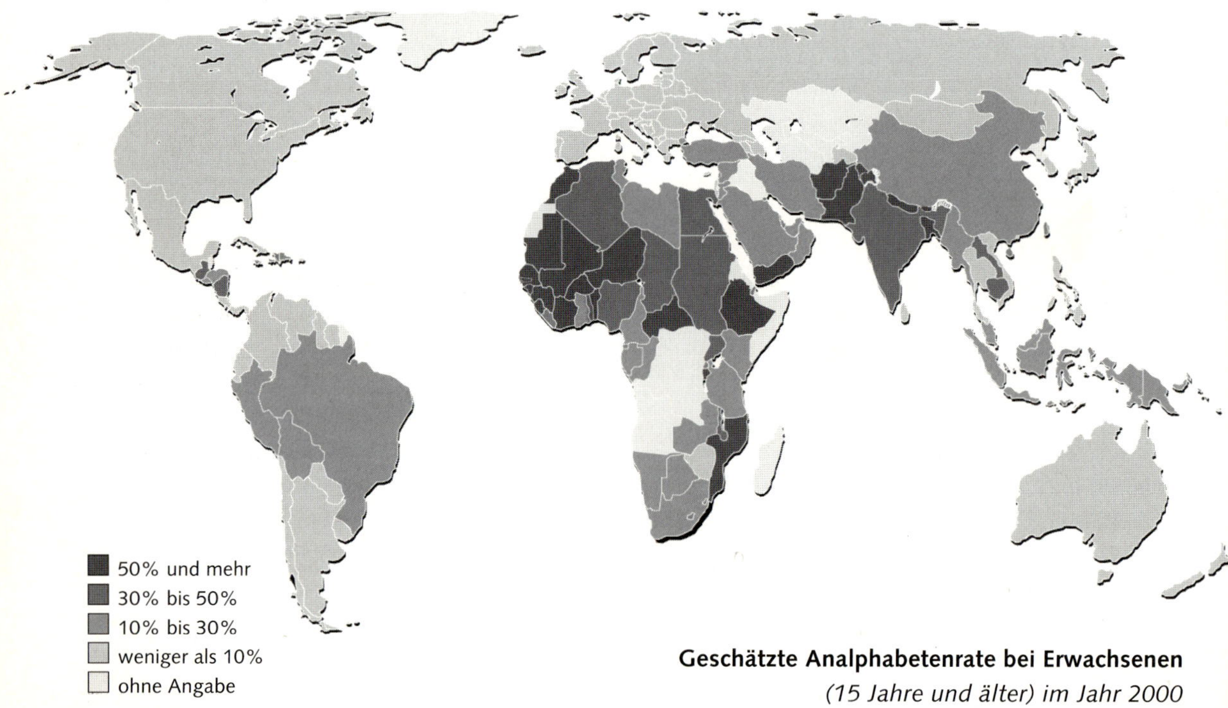

Geschätzte Analphabetenrate bei Erwachsenen
(15 Jahre und älter) im Jahr 2000

Zunächst die Positiv-Definition der UNESCO:

»Funktionaler Alphabet ist eine Person, die sich an all den zielgerichteten Aktivitäten ihrer Gruppe und Gemeinschaft, bei denen Lesen, Schreiben und Rechnen erforderlich sind, und ebenso an der weiteren Nutzung dieser Kulturtechniken für ihre eigene Entwicklung und die ihrer Gemeinschaft beteiligen kann.«
UNESCO: Statement of the International Committee of Experts on Literacy. Paris 1962. Zit. nach: Erwachsenenanalphabetismus und wirtschaftliche Leistungsfähigkeit 1994, S. 25f

Das entsprechende Wort für Analphabetismus im englischen Sprachraum ist ›illiteracy‹ und bezieht sich nicht nur auf fehlende Lese- und Schreibkenntnisse, sondern auch auf das Rechnen.
Weitere Definitionen lauten:

»Funktionaler Analphabetismus bedeutet die Unterschreitung der gesellschaftlichen *Mindest*anforderungen an die Beherrschung der Schriftsprache, deren Erfüllung Voraussetzung ist zur sozial streng kontrollierten Teilnahme an schriftlicher Kommunikation in allen Arbeits- und Lebensbereichen.«
DRECOLL, Frank: 1981, S. 31

»Als funktionale Analphabeten werden [...] diejenigen bezeichnet, die aufgrund unzureichender Beherrschung der Schriftsprache und/oder aufgrund der Vermeidung schriftsprachlicher Eigenaktivität nicht in der Lage sind, Schriftsprache für sich im Alltag zu nutzen.«
DÖBERT-NAUERT, Marion. 1985, S. 5

In der vorigen Definition kommt zum Ausdruck, dass es nicht allein um die Kompetenz Lesen- und Schreibenkönnen geht, sondern dass auch die Anwendung dieser Fähigkeiten einen ›Alphabeten‹ ausmacht. Auch wer schriftsprachliche Anforderungssituationen vermeidet, verhält sich als Analphabet/in, selbst wenn er/sie Lese- und Schreibkompetenz besitzt.

»Analphabetismus ist ein relativer Begriff. Ob eine Person als Analphabet gilt, hängt nicht nur von ihren individuellen Lese- und Schreibkenntnissen ab. Darüber hinaus muß berücksichtigt werden, welcher Grad an Schriftsprachbeherrschung innerhalb der konkreten Gesellschaft, in der diese Person lebt, erwartet wird. Wenn die individuellen Kenntnisse niedriger sind als die erforderlichen und als selbstverständlich vorausgesetzten Kenntnisse, liegt funktionaler Analphabetismus vor.
Der Begriff des funktionalen Analphabetismus trägt der Relation zwischen dem vorhandenen und dem notwendigen bzw. erwarteten Grad von Schriftsprachbeherrschung in seinem historisch-gesellschaftlichen Bezug Rechnung. Innerhalb der Industriestaaten mit ihren hohen Anforderungen an die Beherrschung der Schriftsprache müssen auch diejenigen Personen als funktionale Analphabeten angesehen werden, die über begrenzte Lese- und Schreibkenntnisse verfügen.«
HUBERTUS, Peter: 1991, S. 5

Derartige Definitionen zum funktionalen Analphabetismus versuchen eine Grenze zu ziehen zwischen funktional alphabetisierten Erwachsenen und den funktionalen Analphabeten. Tatsächlich ist die Beherrschung der Schriftsprache einer Gesellschaft als Kontinuum zu betrachten.

Erfahrungen aus der Erwachsenenbildung zeigen, dass es nur eine kleine Gruppe von Menschen gibt, die zu den totalen Analphabeten gehört, eine etwas größere, die mit ihrer Unterschrift unterzeichnen kann, schon mehr, die leichte Texte lesen können, noch eine größere Gruppe, die mit dem Lesen ganz gut zurechtkommt, aber gravierende Schreibprobleme hat. Der Großteil der Bevölkerung kommt mehr oder weniger gut mit der Schrift zurecht. Wer ein Germanistik- oder Linguistikstudium absolviert hat, wird im Allgemeinen ausgesprochen gute Kenntnisse und Fertigkeiten besitzen, und ganz wenige Erwachsene gehören zu den Schriftsprachexperten. Eine derartige schematische Normalverteilung über die Schriftsprachbeherrschung in der Bevölkerung zeigt die erste Grafik links. Die Menschen mit den geringsten Fähigkeiten, in der Grafik hervorgehoben, gehören zu den funktionalen Analphabeten.

Die Grenzziehung zwischen funktionalen Analphabeten und den ausreichend Alphabetisierten kann aber nur jeweils auf eine konkrete Gesellschaft bezogen vorgenommen werden. Für Deutschland kann man sagen, dass vor 200 Jahren geringere Kenntnisse erforderlich waren als 100 Jahre später oder heutzutage. Die zweite Abbildung zeigt schematisch, wie im Laufe der Zeit immer höhere Fähigkeiten im Lesen und Schreiben nötig geworden sind, um schriftsprachlich akzeptabel zu agieren.

Aber sicherlich sind die Anforderungen im Laufe der Zeit nicht nur quantitativ gestiegen. Die Anforderungen selbst haben sich auch qualitativ gewandelt und sind anspruchsvoller geworden. Beispielsweise erfordert die Nutzung des Computers oder des Internets ganz andere Lesetechniken als das Lesen von Büchern. Wer im World Wide Web surft und Informationen sucht, muss schnell lesen können, Texte überfliegen, um sie auf brauchbare Informationen zu durchforsten, muss sich von einem Link zum nächsten durchklicken und trotzdem den Überblick behalten. Tastaturschreiben hat in vielen Bereichen die Handschrift abgelöst. Wenn sich die Anforderungen in Bezug auf die Schriftsprachbeherrschung innerhalb weniger Jahrzehnte erhöhen, kann es passieren, dass jemand zu Beginn seiner Berufstätigkeit zwar noch über ausreichende Fähigkeiten verfügt, die schriftsprachlichen Anforderungen der Arbeitswelt zu bewältigen. Aber schließlich reichen die vorhandenen Kenntnisse und Fähigkeiten nicht mehr aus. Der gesellschaftliche Wandel wird so zu einer Ursache von funktionalem Analphabetismus. (➢ Kapitel 3: Ursachen) Diese Erfahrung haben viele Erwachsene machen müssen, die derzeit in Alphabetisierungskursen lernen (vgl. dritte Abb.).

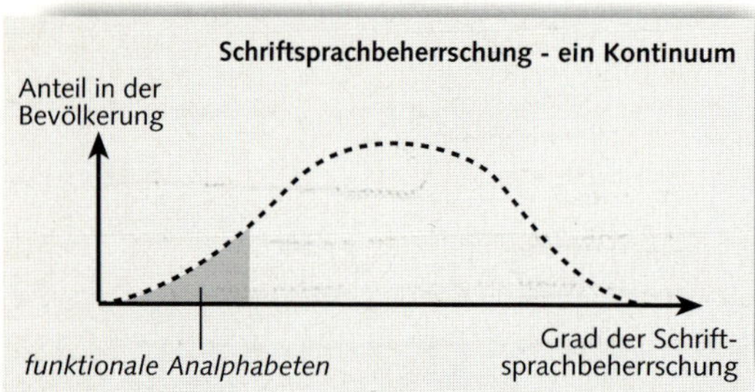

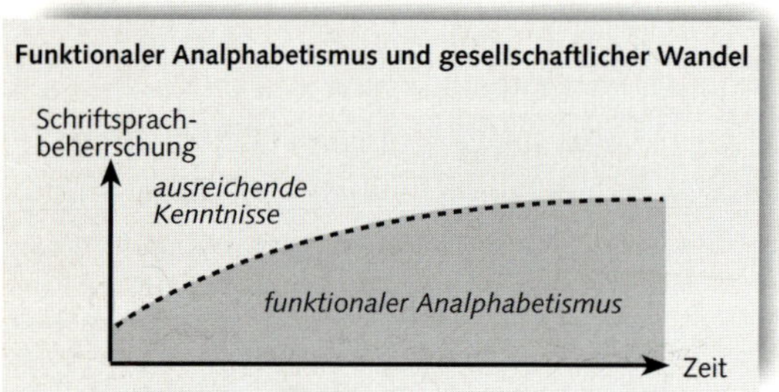

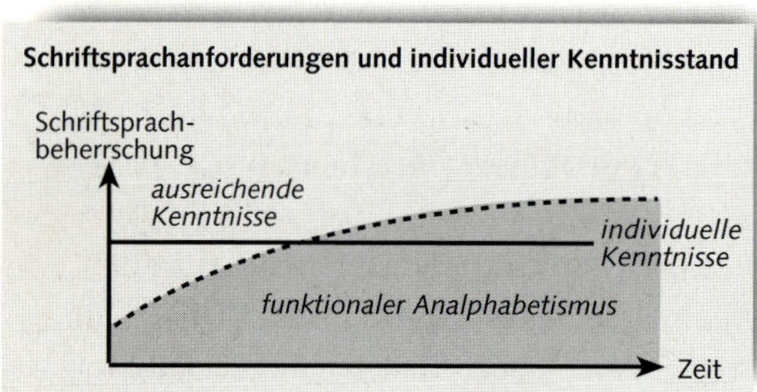

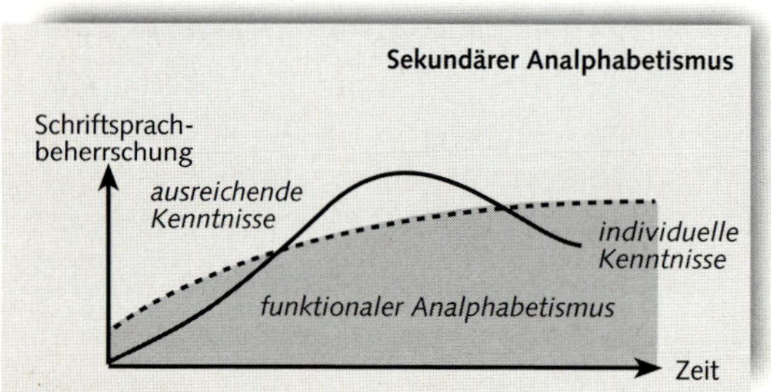

Grafiken: Peter Hubertus

Computer fördern Analphabetismus

■ **Saarbrücken** (AP). Fernsehen, Computer und Gameboys tragen nach Ansicht der „Stiftung Lesen" zu der zunehmenden Zahl von Analphabeten bei. Es gebe rund drei Millionen sogenannte sekundäre Analphabeten, die mangels Beschäftigung mit Texten Lesen und Schreiben wieder verlernt hätten, hieß es.

›Westfälische Nachrichten‹ vom 9./10. September 1995

Sekundärer Analphabetismus

In den Medien wird gelegentlich statt des Begriffs ›funktionaler Analphabetismus‹ der Begriff ›sekundärer Analphabetismus‹ verwendet. Teils wird er gleichbedeutend benutzt, teils wird versucht, damit die Tatsache zu erklären, weshalb es in Deutschland Menschen mit unzureichenden Lese- und Schreibkenntnissen gibt. Was bedeutet sekundärer Analphabetismus?

> »Sekundärer Analphabetismus liegt vor, wenn nach mehr oder weniger erfolgreichem Erwerb der Schriftsprache während der Schulzeit in späteren Jahren ein Prozeß des Verlernens einsetzt und Kenntnisse und Fähigkeiten verlorengehen, wodurch ein Unterschreiten des gesellschaftlich bestimmten Mindeststandards eintritt. Damit ist der sekundäre Analphabetismus ein Sonderfall des funktionalen Analphabetismus.«
> HUBERTUS, Peter: 1995, S. 251

Diesen Sachverhalt macht die vierte Abbildung deutlich. Die durchgezogene Linie zeigt an, wie sich die schriftsprachliche Kompetenz eines Menschen entwickeln kann: Zunächst, als Kind, sind noch keine Kenntnisse vorhanden. Dann werden erste Vorstellungen entwickelt, was Schrift ist, wie sie funktioniert, und der eigene Name wird geschrieben. Dann setzt der Schulbesuch ein und während der Schulzeit wird irgendwann ein Niveau erreicht, das ausreichend ist, um in der Gesellschaft angemessen schriftsprachlich zu kommunizieren. Diese Fähigkeiten werden vielleicht bis zum Ende der Schulzeit noch ein wenig ausgebaut, doch nach Verlassen der Schule werden sie nicht mehr genutzt. Wenn die Kenntnisse nicht mehr angewendet werden, setzt ein Prozess des Verlernens ein und ein Teil geht wieder verloren, bis die Grenze zum funktionalen Analphabetismus erneut überquert ist. Ein sekundärer Analphabet ist vom funktional alphabetisierten Erwachsenen wieder zum funktionalen Analphabeten geworden.

In den Medien wird gern der sekundäre Analphabetismus (Vergessenseffekt) als Ursache von Analphabetismus bei Erwachsenen genannt. So etwa in obigem Zeitungsartikel. Die Erfahrungen aus der Erwachsenenbildung zeigen jedoch, dass diejenigen Erwachsenen, die in Alphabetisierungskursen lernen, niemals in ihrem bisherigen Leben funktional alphabetisiert waren.

Literatur

ALFA-FORUM 39/1998: Alphabetisierung von Menschen mit geistiger Behinderung.

BLOCK, Rainer: Der Alphabetisierungsverlauf im Preußen des 19. Jahrhunderts. Quantitative Explorationen aus bildungshistorischer Perspektive. Essen 1994.

DÖBERT-NAUERT, Marion: Verursachungsfaktoren des Analphabetismus. Auswertung von Interviews mit Teilnehmern an der Volkshochschule Bielefeld. Hrsg.: Pädagogische Arbeitsstelle des Deutschen Volkshochschul-Verbandes. Bonn und Frankfurt a. M. 1985.

DRECOLL, Frank: Funktionaler Analphabetismus – Begriff, Erscheinungsbild, psycho-soziale Folgen und Bildungsinteressen. In: Drecoll, Frank / Müller, Ulrich (Hrsg.): Für ein Recht auf Lesen. Analphabetismus in der Bundesrepublik Deutschland. Frankfurt a. M. 1981, S. 29–40.

EHLING, Bettina / MÜLLER, Horst-M. / OSWALD, Marie-Louise: Über Analphabetismus in der BRD. Erste Überlegungen und Erfahrungen bei der Alphabetisierung deutschsprachiger Erwachsener [= Werkstattberichte 32]. Hrsg.: Bundesministerium für Bildung und Wissenschaft. Bonn 1981.

EISENBERG, Peter: Arbeiterbildung und Alphabetisierung im 19. Jahrhundert. In: Analfabetismus in der BRD [= Osnabrücker Beiträge zur Sprachtheorie 23/1983], S. 13–32.

ENGELSING, Rolf: Analphabetentum und Lektüre. Zur Sozialgeschichte des Lesens in Deutschland zwischen feudaler und industrieller Gesellschaft. Stuttgart 1973.

Erwachsenenanalphabetismus und wirtschaftliche Leistungsfähigkeit. Ein OECD / CERI-Bericht [= Bildungsforschung internationaler Organisationen 9]. Frankfurt a.M. u.a. 1994.

Forschungsgruppe Alphabetisierung und Schriftkultur in der Frühen Neuzeit, http://gwdu19.gwdg.de/literal/start.htm.

GENUNEIT, Jürgen: Hägar der Schreckliche läßt grüßen. Analphabetismus in der Karikatur. In: Brügelmann, Hans / Balhorn, Heiko / Füssenich, Iris (Hrsg.): Am Rande der Schrift. Zwischen Sprachenvielfalt und Analphabetismus. Lengwil 1995, S. 224–241.

GIESE, Heinz W.: Warum wird der Analphabetismus gerade heute zu einem Problem? In: Balhorn, Heiko / Brügelmann, Hans (Hrsg.): Welten der Schrift in der Erfahrung der Kinder. Konstanz 1987, S. 260–266.

HUBERTUS, Peter: Alphabetisierung und Analphabetismus. Eine Bibliographie. Hrsg.: Schreibwerkstatt für neue Leser und Schreiber e.V. Bremen 1991.

HUBERTUS, Peter: Wo steht die Alphabetisierungsarbeit heute? In: Brügelmann, Hans / Balhorn, Heiko / Füssenich, Iris (Hrsg.): Am Rande der Schrift. Zwischen Sprachenvielfalt und Analphabetismus. Lengwil 1995, S. 250–262.

SCHÖN, Erich: Der Verlust der Sinnlichkeit oder Die Verwandlungen des Lesers. Mentalitätswandel um 1800. Stuttgart 1993.

UNESCO Statistical Yearbook '99. Paris 1999.

UNESCO: Statement of the International Committee of Experts on Literacy. Paris 1962.

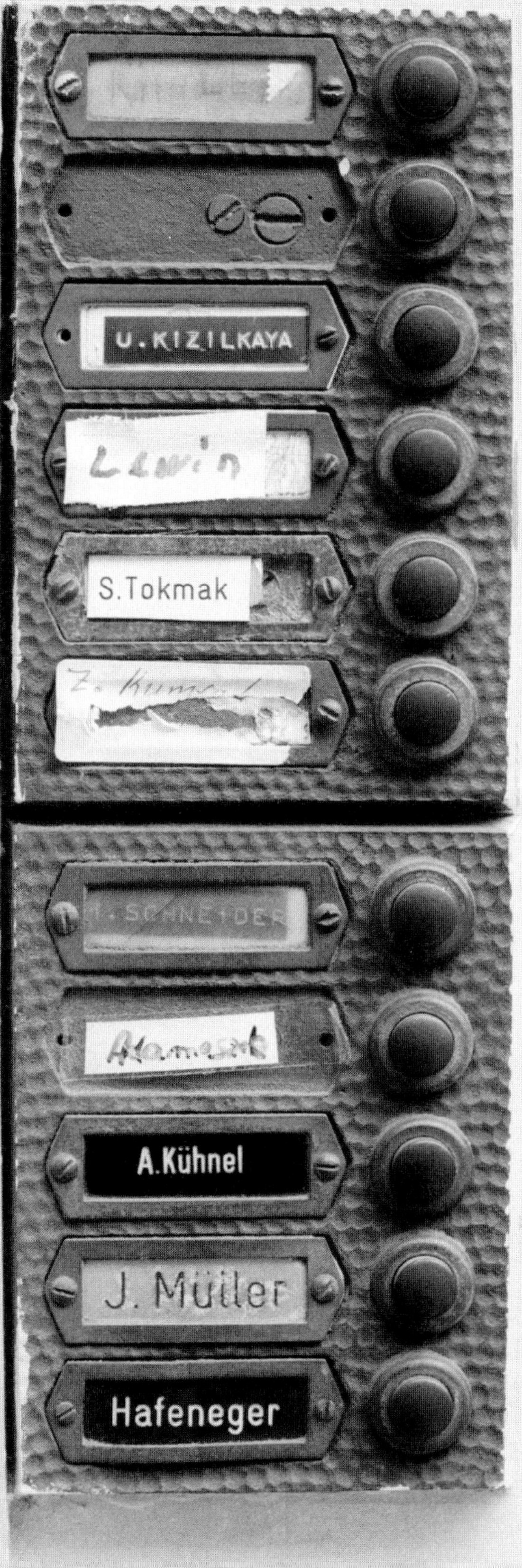

Größenordnung des funktionalen Analphabetismus in Deutschland

Wie viele Menschen haben in Deutschland Probleme mit dem Lesen und Schreiben?

Es gibt keine gesicherten Angaben zur Größenordnung des funktionalen Analphabetismus in Deutschland. Einige Schätzungen haben sich als rechnerisch falsch herausgestellt. Grundsätzlich könnten erst dann Aussagen über die Größenordnung vorgenommen werden, wenn geklärt ist, bis zu welchem Grad der Schriftsprachbeherrschung von unzureichenden Fähigkeiten gesprochen werden kann. Empirische Untersuchungen zum Ausmaß des funktionalen Analphabetismus in Deutschland gibt es nicht; diese werden jedoch von verschiedenen Seiten gefordert.
Allerdings liegt eine Untersuchung zum Leseverstehen vor, die Hinweise auf die Anzahl der Menschen gibt, die über unzureichende schriftsprachliche Fähigkeiten verfügen. Darüber hinaus zeigt die Interpretation der vorliegenden Daten, dass ein nicht unerheblicher Teil der deutschen Wohnbevölkerung Defizite im Bereich der Grundbildung hat.

Unterschiedliche Zahlen

Die Medien berichten immer wieder über das Phänomen des funktionalen Analphabetismus in Deutschland. Die Zahlenangaben dazu sind dann allerdings sehr verschieden.

Tatsächlich gibt es keine empirische Untersuchung, die verlässliche Zahlen nennt. Das liegt auch daran, dass es keine verbindlichen Kriterien dafür gibt, welcher Kenntnisstand im Lesen und Schreiben funktionalen Analphabetismus ausmacht. (➢ Kapitel 1: Definitionen)
Da es keinen Minimalkatalog für ausreichende schriftsprachliche Kompetenzen gibt, sind Aussagen über die quantitative Größenordnung variabel, aber es gibt Interessen, die Zahlen möglichst hoch oder möglichst niedrig anzusetzen.

»Die in der Alphabetisierung Tätigen verstehen und benutzen den Begriff ›Analphabetismus‹ auch als Kampfbegriff in der bildungspolitischen Diskussion. Dabei laufen sie Gefahr, die vermutete Zahl der funktionalen Analphabeten tendenziell zu hoch anzusetzen, um Aufmerksamkeit für ihre Arbeit zu erzielen, aber auch, um den Betroffenen letztlich zu besseren Lernangeboten zu verhelfen.
Von bildungspolitischer Seite hingegen wird der Versuch unternommen, die Zahl der Lese- und Schreibschwachen möglichst niedrig anzusetzen, um Schule in Schutz zu nehmen und ein möglichst positives Bild von Deutschland, auch im internationalen Vergleich, zeichnen zu können. Bereits der Begriff ›Analphabetismus‹ wird möglichst vermieden, und es ist noch nicht lange her, dass die Existenz von Lese- und Schreibunkundigen gänzlich geleugnet wurde.«
HUBERTUS, Peter: 1998, S. 82f

Leipziger Volkszeitung (9.9.98)

Elf Millionen Deutsche haben Schreib- und Leseschwäche

Hamburg (AP). In Deutschland können nach einer Studie etwa 14 Prozent der Bevölkerung nicht richtig lesen, schreiben und rechnen. Darauf wies das Unesco-Institut für Pädagogik zum Welttag der Alphabetisierung gestern in Hamburg hin. Diese Gruppe – hochgerechnet etwa elf Millionen Menschen – habe nur geringe Chancen im Wettbewerb. Angesichts geforderter hoher Qualifikationen werde es ihnen inzwischen fast unmöglich, Arbeit zu finden. Auch hätten Betroffene Schwierigkeiten beim Entziffern von Straßenschildern oder Speisekarten. Viele verheimlichten ihre Schwäche, um nicht für dumm gehalten zu werden, meint das Institut.

Welt am Sonntag (30.5.99)

Vier Millionen Menschen in Deutschland können nicht richtig lesen und schreiben. WELT am SONNTAG erzählt die Geschichte eines Betroffenen

Frankfurter Rundschau (3.8.98)

Im Labyrinth

Mindestens 600 000 erwachse nicht oder schlecht lesen und

Von Ullrich Fichtner (Berlin)

Robby schreibt nicht nur nämlich mit h. Bei ihm wird auch das Hören schnell zum

Die ersten Schätzungen für Deutschland stammen von der UNESCO. So heißt es in einer 1988 erschienenen Veröffentlichung:

»Die Deutsche UNESCO-Kommission ist in der Presse häufig als Quelle für eine geschätzte Zahl von 500 000 bis 3 Millionen erwachsener Analphabeten in der Bundesrepublik Deutschland genannt worden. Wir können auch heute, acht Jahre nach der öffentlichen Erörterung dieser Zahlen durch Experten unserer Kommission, noch keine genaueren Daten vorlegen.«
GEISENDÖRFER, Ingeborg: 1988, S. 5

Zwei Jahre später, 1990, wird die Bevölkerungsgruppe von der Deutschen UNESCO-Kommission genauer beschrieben:

»Schätzungen, die auf mehreren Indikatoren beruhen, besagen, daß die Zahl der in der Bundesrepublik vom funktionalen Analphabetismus Betroffenen zwischen 0,75% und 3% der erwachsenen Bevölkerung liegt.
Das sind zwischen 500 000 und 3 Millionen Bundesbürger über 15 Jahre.
Diese Zahlen beziehen sich ausschließlich auf Inländer; sie umfassen weder ausländische Mitbürger, noch die in den letzten beiden Jahren in die Bundesrepublik gekommenen Aus- und Übersiedler.«
SANDHAAS, Bernd (Hrsg.): 1990, S. 8

Nimmt man die Ausländer/innen, Aus- und Übersiedler/innen hinzu, müsste demnach eine deutlich höhere Prozentzahl genannt werden.

Doch die prozentualen Angaben und die absoluten Zahlen stimmen nicht überein:

»[...] rein rechnerisch ergeben sich andere Werte. Nach Auskunft des Statistischen Bundesamtes waren zum 31.12.1991 im früheren Bundesgebiet 49 624 794 Deutsche im Alter von über 15 Jahren. Die niedrige Rate von 0,75% ergäbe demnach 372 186 Personen, die höhere von 3% 1 488 744 Menschen, die vom funktionalen Analphabetismus betroffen wären.«
HUBERTUS, Peter: 1995, S. 253

Der Mangel an verlässlichen Zahlen trägt zu einer Verharmlosung oder Überschätzung der Problematik bei. Maßnahmen zur Prävention in Schulen und Verbesserung der Rahmenbedingungen in der Erwachsenenalphabetisierung werden durch zu niedrige Zalen vernachlässigt.

»In letzter Zeit wird daher immer häufiger der Mangel an Untersuchungen zur Schreib- und Lesefähigkeit und entsprechender Statistiken beklagt, so etwa in einem Gutachten der Stiftung Lesen für das Bundesministerium für Bildung und Wissenschaft, in dem angesichts fehlenden Datenmaterials ›repräsentative Querschnittsuntersuchungen bei Schülern, Schulabgängern, Rekruten und bei Studenten‹ gefordert und erste Erhebungen in Zusammenarbeit mit den Industrie- und Handelskammern angeregt werden (BRINKMANN, A. u. a. S. 23).«
HUBERTUS, Peter: 1995, S. 253

Tina (10.02.2000)

tino Menschlich gesehen

„Mit 58 habe ich endlich lesen und schreiben gelernt“

Ursula Spranger gehörte zu den fünf Millionen Analphabeten in Deutschland. Seit sie einen Kursus in der Volkshochschule besuchte, fühlt sie sich als neuer Mensch

Kieler Nachrichten (8.9.99)

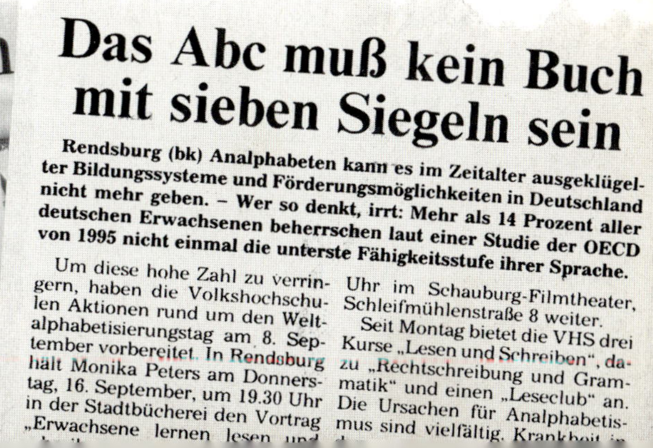

Das Abc muß kein Buch mit sieben Siegeln sein

Rendsburg (bk) Analphabeten kann es im Zeitalter ausgeklügelter Bildungssysteme und Förderungsmöglichkeiten in Deutschland nicht mehr geben. – Wer so denkt, irrt: Mehr als 14 Prozent aller deutschen Erwachsenen beherrschen laut einer Studie der OECD von 1995 nicht einmal die unterste Fähigkeitsstufe ihrer Sprache.

Um diese hohe Zahl zu verringern, haben die Volkshochschulen Aktionen rund um den Weltalphabetisierungstag am 8. September vorbereitet. In Rendsburg hält Monika Peters am Donnerstag, 16. September, um 19.30 Uhr in der Stadtbücherei den Vortrag „Erwachsene lernen lesen und ...

Uhr im Schauburg-Filmtheater, Schleifmühlenstraße 8 weiter.
Seit Montag bietet die VHS drei Kurse „Lesen und Schreiben“, dazu „Rechtschreibung und Grammatik“ und einen „Leseclub“ an. Die Ursachen für Analphabetismus sind vielfältig. Krankheit ...

Erhebungen zur Erfassung der quantitativen Größenordnung sind nicht unproblematisch. Bei Erhebungen auf freiwilliger Basis ist damit zu rechnen, dass sich lese-/schreibunkundige Menschen der Untersuchung aus Scham entziehen. Verpflichtende Tests dagegen, wie sie zum Beispiel in Schulabgangsklassen oder bei der Musterung durchgeführt werden könnten, hätten diskriminierende Wirkung für diejenigen, die schon vorher wissen, dass sie den Test nicht schaffen. Hinzu kämen verfälschende Einflüsse durch die Testsituation. Zwar gibt es wie in anderen europäischen Staaten auch in Deutschland bei der Musterung eine Überprüfung von Lese- Schreibkenntnissen. Eine statistische Erfassung der Lese- und Schreibschwachen findet allerdings nicht statt. Wer erhebliche Mängel im Lesen und Schreiben hat, wird angeblich ausgemustert.

»Nach Auskunft des Bundesministeriums der Verteidigung wird auf diese Weise sichergestellt, daß keine Analphabeten zum Wehrdienst herangezogen werden. Offenbar ist die Ermittlung lese- und schreibschwacher Männer jedoch recht lückenhaft. Von den Teilnehmern, die meine Alphabetisierungskurse an der Volkshochschule Münster besuchen, hat etwa die Hälfte ihren Wehrdienst abgeleistet.

Meines Erachtens wäre es sinnvoll und realisierbar, wenn im Rahmen der Musterung entsprechende Erhebungen zur Beherrschung der Schriftsprache stattfinden würden, auch wenn damit nur bestimmte Altersgruppen erfaßt und Frauen nicht berücksichtigt werden. Voraussetzung dafür sind jedoch wissenschaftlich fundierte Tests und qualifizierte Mitarbeiter. Wünschenswert wäre es, wenn derartige Erhebungen nicht nur die zahlenmäßigen Angaben über die (funktionalen) Analphabeten liefern würden, sondern differenzierte Aussagen über die Lese- und Schreibkenntnisse aller Wehrpflichtigen. Derartige Untersuchungen sollten auch lebenspraktische Anforderungen berücksichtigen und überprüfen, inwieweit z. B. Bankformulare ausgefüllt und Busfahrpläne verstanden werden können.«

HUBERTUS, Peter: 1995, S. 254f

Analphabetismus in der ehemaligen DDR

In der DDR gab es offiziell keinen Analphabetismus. Lese- und schreibunkundige Menschen waren – wie bis Ende der 70er Jahre im Westen – im Berufsleben, in Verbänden und Solidargemeinschaften integriert. Deshalb sind sie dort nicht als besondere Gruppe in Erscheinung getreten. Die allmähliche Veränderung der Berufswelt, die im Westen schließlich zum Aufleben des neuen Analphabetismus führte, fand in den neuen Bundesländern nach der Wende allerdings beschleunigt statt, sodass sich schließlich auch hier das Phänomen des funktionalen Analphabetismus bemerkbar machte.

»Im Mai 1991 wurde der erste Alphabetisierungskurs in den neuen Bundesländern an der Volkshochschule in Erfurt eröffnet. Ein Jahr später liefen bereits über 20 solcher Kurse in den neuen Bundesländern.

Nach der Vereinigung der ehemaligen DDR mit der Bundesrepublik Deutschland haben sich die gesellschaftlichen Anforderungen in den neuen Bundesländern entscheidend verändert. Besondere Anforderungen werden an die Umschulung, Ausbildung und Fortbildung der Bürger gestellt. Eine funktionierende Gesellschaft mit einer erfolgreichen Wirtschaft ist auf ein Arbeitskräftepotential angewiesen, das als eine Grundvoraussetzung die Kulturtechniken Lesen, Schreiben und Rechnen beherrschen muß, um auf die sich verändernden Arbeitsplatzanforderungen schnell und flexibel reagieren zu können.«

HUCK, Gerhard: 1993, S. 25f

Vier Millionen funktionale Analphabeten

Nach der Vereinigung von Bundesrepublik Deutschland und DDR wird häufig die Zahl von vier Millionen funktionalen Analphabeten genannt, was auf dem Hintergrund der bundesstatistischen Daten vom 31.12.1998 einem Prozentsatz von 6,3 Prozent entspricht. Auch der Bundesverband Alphabetisierung e.V. geht von vier Millionen Menschen aus, die über unzureichende schriftsprachliche Fähigkeiten verfügen. Er schließt dies aus bestimmten Indikatoren, die im Folgenden ausführlicher dargestellt werden.

Die IALS-Studie (International Adult Literacy Survey, vgl. die deutsche Fassung: Grundqualifikationen, Wirtschaft und Gesellschaft, 1995) gibt erstmals empirisch gesicherte Hinweise auf das Leseverstehen bei Erwachsenen in Deutschland. Sie berücksichtigt zwar die Ausländer/innen, schließt aber zum Beispiel Menschen mit geistiger Behinderung und Insassen von Anstalten aus. Zu dieser Studie führt der Bildungsempiriker Rainer Peek aus:

»Auf Veranlassung des Bundesministeriums für Bildung, Wissenschaft, Forschung und Technologie hat die Bundesrepublik Deutschland 1993–1995 an einer internationalen Vergleichsstudie zu den Grundqualifikationen Erwachsener teilgenommen. Wie in Kanada, den Niederlanden, Polen, Schweden, der Schweiz und den Vereinigten Staaten von Amerika wurde auch in Deutschland eine repräsentative Stichprobe von 16- bis 64jährigen, und zwar unter Einschluß der nichtdeutschen Wohnbevölkerung, auf ihr Leseverständnis hin untersucht. Ausgeschlossen waren nur Menschen aus sog. Anstaltshaushalten (Menschen in Krankenhäusern, Gefängnissen, Kasernen etc.), geistig behinderte Personen und Personen, die aufgrund einer körperlichen Behinderung die Texte nicht lesen konnten oder nicht in das Testheft schreiben konnten.

In der Untersuchung ging es um die Fähigkeit, die in Prosatexten (z. B. Zeitungsartikeln, Verbraucherhinweisen) und schematischen Darstellungen (z. B. Formularen, Tabellen, Karten) enthaltenen Informationen zu verstehen und sachgerecht zu nutzen, sowie um die Fähigkeit, etwa im Umgang mit Rechnungen, Bankbelegen oder Zinstabellen die notwendigen Rechenoperationen richtig anzuwenden. [...]

Im gesamten Bundesgebiet wurde eine anonyme Haushaltsbefragung durchgeführt. Von 3 036 zufällig ausgewählten Personen konnten 2 062 zur Mitwirkung gewonnen werden. Insgesamt haben 18,4 Prozent der angestrebten Stichprobe ihre Teilnahme an der Untersuchung ausdrücklich verweigert. Weitere Ausfallgründe waren, daß vorab bestimmte Befragungspersonen zur Zeit der Datenerhebung krank, nicht erreichbar oder verreist waren oder daß aus sprachlichen Gründen überhaupt keine Kommunikation in Deutsch möglich war (13,5 Prozent der angestrebten Stichprobe). [...] Die grundlegenden Qualifikationen wurden über einen komplex aufgebauten Test ermittelt.«

PEEK, Rainer: 1996, S. 28

»Wie viele Tage sollte man dieses Medikament längstens einnehmen?«

MEDCO ASPIRIN

500

ANWENDUNGSGEBIETE: Kopfschmerzen, Muskelschmerzen, Rheumatische Beschwerden, Zahnschmerzen, Ohrenschmerzen. LINDERT ALLGEMEINE ERKÄLTUNGSBESCHWERDEN.

DOSIERUNG: ORAL. 1 bis 2 Tabletten alle 6 Stunden, möglichst zu den Mahlzeiten, für nicht länger als 7 Tage. Aufbewahrung an einem kühlen trockenen Ort.

GEGENANZEIGEN: Nicht einnehmen bei Gastritis oder Magengeschwür. Nicht einnehmen bei gleichzeitiger Behandlung mit blutgerinnungshemmenden Medikamenten. Nicht einnehmen bei Lebererkrankung oder Bronchialasthma. Kann bei Einnahme in hoher Dosierung oder über einen längeren Zeitraum Nierenschäden verursachen. Bei Einnahme dieses Medikamentes durch Kinder mit Grippe oder Windpocken sollten Sie einen Arzt aufsuchen und sich über das Reye-Syndrom, eine seltene, aber schwere Erkrankung, informieren. Suchen Sie vor Anwendung dieses Medikamentes während Schwangerschaft oder Stillzeit einen Arzt auf und lassen Sie sich besonders während der letzten drei Monate der Schwangerschaft beraten. Suchen Sie einen Arzt auf, wenn Ihre Beschwerden nicht abklingen oder bei versehentlicher Überdosierung. Außerhalb der Reichweite von Kindern aufbewahren.

ZUSAMMENSETZUNG: Jede Tablette enthält 500 mgAcetylsalicylsäure.

Reg. Nr. 88246

Hergestellt in Kanada von STERLING PRODUCTIONS, INC.
1600 Middletown Industrial Blvd., Montreal, Quebec, HBJ381.

0 67736 11079

»Wie hoch ist der Anteil der Frauen im Lehrerberuf in Griechenland?«

NUR WENIGE HOLLÄNDISCHE FRAUEN AN DER TAFEL

In den Niederlanden gibt es im Vergleich zu anderen Ländern nur einen geringen Anteil an weiblichen Lehrern. In den meisten anderen Ländern üben in der Mehrzahl Frauen den Lehrerberuf aus. Rechnet man jedoch Schulräte und Schulleiter hinzu, sinkt der Anteil stark, und Frauen sind überall in der Minderheit.

Anteil von weiblichen Lehrern (Vorschule, Grundschule und Sekundarstufe)

Leseverständnis	... bei Prosatexten				... bei schematischen Darstellungen			
Land:	Stufe I	Stufe II	Stufe III	Stufe IV/V	Stufe I	Stufe II	Stufe III	Stufe IV/V
Deutschland	14,4	34,2	38,0	13,4	9,0	32,7	39,5	18,9
Kanada	16,6	25,6	35,1	22,7	18,2	24,7	32,1	25,1
Niederlande	10,5	30,1	44,1	15,3	10,1	25,7	44,2	20,0
Polen	42,6	34,5	19,8	3,1	45,4	30,7	18,0	5,8
Schweden	7,5	20,3	39,7	32,4	6,2	18,9	39,4	35,5
Schweiz								
deutschsprachig	19,3	35,7	36,1	8,9	18,1	29,1	36,6	16,1
französischsprachig	17,6	33,7	38,6	10,0	16,2	28,8	38,9	16,0
USA	20,7	25,9	32,4	21,1	23,7	25,9	31,4	19,0

OECD & Statistics Canada, 1995, p 57.

Die Qualifikationen der Testpersonen wurden in den Bereichen Prosa, schematische Darstellungen und Rechenoperationen jeweils fünf verschiedenen Leistungsstufen zugeordnet. Lese- und rechenschwache Personen befinden sich im Bereich der untersten Stufe. Allerdings wird nicht von Analphabeten gesprochen, da dieser Begriff in der Untersuchung nur den Menschen zugeordnet wird, die überhaupt nicht lesen und schreiben können. Über diese Gruppe wird bewusst keine Aussage gemacht.

Auf der untersten Anforderungsstufe des Tests mussten Aufgaben bearbeitet werden, bei denen Schlüsselbegriffe in der Frage auch im Text vorkommen oder einfache Informationen aus einer Tabelle gesucht werden sollten (s. Abbildungen auf der linken Seite).

Personen der untersten Leistungsstufe können zwar eindeutige Informationen aus Textmaterial herauslesen. Sie scheitern aber auf den nächst höheren Stufen, wenn es um das Abwägen, Kombinieren oder Schlussfolgern mehrerer Informationen geht. Die obige Tabelle zeigt,

»[...] wieviel Prozent der zufällig ausgewählten Testpersonen in den einzelnen Ländern auf der untersten Stufe I verbleibt, und wie die Verteilung auf den höheren Leistungsstufen aussieht.

[...] Deutschland nimmt nach dieser Untersuchung eine mittlere Position unter den teilnehmenden Ländern ein. Sie ist im Vergleich vor allem mit Schweden durch generell ungünstigere Testergebnisse, im Vergleich mit Kanada und den USA durch eine geringere Leistungsstreuung gekennzeichnet. Die Verhältnisse in der Bundesrepublik sind insgesamt denen in den Niederlanden und in der Schweiz ähnlich. Eine Besonderheit in Deutschland liegt darin, daß sich hierzulande relativ bessere Ergebnisse für den sachgerechten Umgang mit schematischen Darstellungen (und auch für die Rechenfähigkeit) gezeigt haben.«

Peek, Rainer: 1996, S. 29f

In den Leistungsprofilen gibt es keinen Unterschied zwischen Probanden aus Ost und West oder Stadt und Land. Probanden, die auch mit den Aufgaben im oberen Anforderungsbereich zurecht kamen, weisen jedoch bestimmte Merkmale auf: höherer Bildungsabschluss, gesicherte und einflussreiche berufliche Position, höheres Einkommen. Probanden im unteren Leistungsbereich weisen umgekehrte Merkmale auf: geringerer Bildungsabschluss, untergeordnete berufliche Position oder Arbeitslosigkeit, niedriges Einkommen.

»Darüber, wieviel Prozent in der untersten Stufe I funktionale Analphabeten sind, läßt sich mit den Daten dieser Untersuchung keine Aussage treffen. Es ist hier allein die Feststellung möglich, daß 9 Prozent bei den schematischen Darstellungen und 14,4 Prozent bei den Prosatexten *höchstens* über Kompetenzen der beschriebenen Fähigkeitsstufe I verfügen.
Für die Nichtteilnehmer (18,4 Prozent der Bruttostichprobe) liegen naturgemäß keine Informationen darüber vor, welchen Grad an Leseverständnis sie aufweisen. Eine breit angelegte Voruntersuchung mit zahlreichen Hintergrundinformationen über die Verweigerer gibt allerdings Anlaß zu der Vermutung, daß es sich hierbei zumeist um Personen mit größeren Leseschwierigkeiten handelt. Diese Gruppe zeichnete sich nämlich im wesentlichen durch die gleichen Hintergrundmerkmale aus, die für die Personen in der äußerst leseschwachen Stufe I gelten.«
PEEK, Rainer: 1996, S. 30

Kopie → Folie

In dem vorstehenden Beitrag wird von deutscher Seite ausdrücklich darauf hingewiesen, dass die Ergebnisse der IALS-Studie (International Adult Literacy Survey) keine Rückschlüsse auf die Zahl der funktionalen Analphabeten zulassen. Doch diese Studie wurde innerhalb der Erwachsenen-Alphabetisierung mit großem Interesse registriert, vor allem auf der Bad Boller Tagung im Jahr 1996 (vgl.: Wer schreibt, der bleibt, 1998).

Lese-Analphabeten und Schreib-Analphabeten

Vermutlich würde eine sachlichere Auseinandersetzung um die Größenordnung des funktionalen Analphabetismus erleichtert, wenn die Bezugsgruppe differenzierter betrachtet würde. Die beiden Bereiche der Schriftsprache – Lesen und Schreiben – sollten dabei gesondert betrachtet werden. Aufgrund der Erfahrungen in den Einrichtungen der Erwachsenenbildung kann man davon ausgehen, dass es eine kleinere Zahl von Erwachsenen gibt, die funktionale Lese-Analphabeten genannt werden können. Sie verfügen über unzureichende Kenntnisse im Lesen und im Schreiben. Diese Menschen sind zum Beispiel nicht in der Lage, Aufgaben wie den Test zum Leseverstehen am Beispiel des Beipackzettels für Aspirin zu bestehen.

Es gibt aber eine zweite weitaus größere Anzahl von funktionalen Schreib-Analphabeten. Jene verfügen über eine Lesekompetenz, die in zahlreichen Anforderungssituationen ausreichend ist. Sie würden auch den Lesetest zum Beipackzettel bestehen. Ihr Problem ist vor allem das Schreiben. Einen Eindruck davon gibt der Text auf der folgenden Seite, der von einem Teilnehmer der Volkshochschule Münster verfasst wurde. Der Teilnehmer, der im Kurs die Leseaufgabe des Beipackzettels ohne Schwierigkeiten bewältigen konnte, macht derart viele Fehler beim Schreiben, dass er diese Kenntnisse im Berufsleben oder unter der Kontrolle anderer Menschen nicht ohne negative Konsequenzen anwenden kann.

Jürgen Lippe 11.11.18 11

67076 Köllen

Altdirstraße 44

Hallo Raffaela

Ich schreibe dir diesn Briff weil ich nicht die möchlichkeit habe dich anzu Ruffen. Den ich hatte einen Unfall und liege hier im Bilefelder Krankenhaus. Es geht mihr ~~de~~ umstenden gut (Keingrund zur sorge). Auf der Autoban bien ich in ein Stau gekommen und ~~Bu~~ ein Buss sah das zustät und fur auf, am Auto ~~~~ ist Totalschaden. Ich muß warscheinlich eine Woche hirbleiben Würdes du mir ein par sachen nach shicken Zähnbürste, ~~u~~ u.s.w. Schlafanzug, und Bardeschlappen. Es wäre schön wen du ~~a~~ Meine Eltern und alen anderen bescheit sags. Mach dir keine Sorgen es wird schon wider

Gruß Jürgen

P.S. Klanchenhaus
St Maria
50650
Bilefeld

Unzureichende Schreibkenntnisse: Schreibprobe eines Kursteilnehmers

Wer von der Quantität des funktionalen Analphabetismus spricht, darf von seiner Qualität nicht schweigen. Die IALS-Studie setzt vor allem auf die Überprüfung von Leseverständnis auf verschiedenen Stufen und blendet die Leistungen im Schreiben aus. Eine ergänzende Studie zu den Schreibkenntnissen wäre sicherlich erhellend, vor allem dann, wenn sie die Korrelation von Leseverständnis und Schreibvermögen untersuchen würde (vgl. HUBERTUS, Peter: 1998, S. 87).

Risikogruppen für funktionalen Analphabetismus

Inzwischen liegen erste Veröffentlichungen vor, die über Untersuchungen zu bestimmten Risikogruppen berichten. Diese Risikogruppen verfügen über geringe schriftsprachliche Kenntnisse und Fähigkeiten, die nicht den gesellschaftlichen Anforderungen genügen, wie sie üblicherweise mit einer Berufstätigkeit verbunden sind. Der Bildungsempiriker und Verantwortliche für den deutschen Teil der IALS-Studie Prof. Dr. Rainer H. Lehmann führt dazu aus:

> »In der vorliegenden Arbeit wird von ›Literalität‹ (engl.: literacy) gesprochen, wenn es um die Fähigkeit geht, ›gedruckte oder aufgeschriebene Informationen zu nutzen, um Aufgaben in der Gesellschaft zu übernehmen und die eigenen Ziele zu verwirklichen sowie sein Wissen zu erweitern und seine Begabung zu entfalten‹ (OECD/Statistics Canada 1995, 14; Übersetzung des Verf.). Mit dieser Definition wird versucht, die einfache Unterscheidung zwischen ›Analphabeten‹ und solchen Menschen zu überwinden, die lesen, schreiben und rechnen können. Literalität in diesem Sinne wird als Ausprägung eines Merkmals verstanden, das als ein hierarchisch strukturiertes Kontinuum gedacht ist und von der Beherrschung elementarer Operationen (etwa der Dekodierung von geschriebenen Wörtern) bis hin zu komplexen Leistungen (etwa des Ziehens von Schlussfolgerungen aus einem Text) reicht. Eine solche Betrachtungsweise vermeidet mehr oder weniger willkürliche Grenzziehungen gegenüber beziehungsweise Ausgrenzungen von ›Analphabeten‹. Stattdessen wird dem Umstand Rechnung getragen, dass alle Menschen – zumindest in bestimmten Bereichen – Schwierigkeiten mit dem Verständnis eines Textes oder dem Verständnis mathematischer Relationen haben können; sie unterscheiden sich darin allenfalls graduell beziehungsweise in der Häufigkeit des Auftretens entsprechender Probleme. [...]
> Es lässt sich indessen nicht leugnen, dass die im täglichen Leben, in der sozialen Öffentlichkeit und im Beruf gestellten Anforderungen die individuellen Fähigkeiten in manchen Fällen übersteigen, dass also auch bei dieser Sichtweise ein Abgrenzungsproblem besteht. Angesichts der hohen Bedeutung, die eine berufliche Ausbildung für die Übernahme gesellschaftlicher Aufgaben und die Verwirklichung der eigenen Ziele hat, liegt es nahe zu versuchen, diejenigen Qualifikationsniveaus zu bestimmen, die mindestens für die Aufnahme einer Ausbildung gegeben sein müssen, die den Hauptschulabschluss voraussetzt. Alle diejenigen, die ein solches Niveau nicht erreichen, sind bereits zu Beginn ihres – potenziellen – Erwerbslebens von hohen Risiken bedroht. Es ist zu befürchten, dass diejenigen Älteren, die ebenfalls hinter diesen Anforderungen zurückbleiben, ihrerseits von erhöhten Beschäftigungsrisiken betroffen sind.

Anteil der erwerbsfähigen Bevölkerung mit Qualifikationsdefiziten (Risikogruppen) nach Bereichen

Qualifikationsbereich	Risiko-gruppen	Fehler-grenzen
Fähigkeit zum Umgang mit ...		
– Texten	4,4 %	3,7–5,1 %
– Schematischen Darstellungen	6,3 %	5,3–7,3 %
– Zahlen	7,8 %	6,6–9,0 %
Defizit in mind. einem Bereich		

Anteil der 16- bis 19-jährigen Bevölkerung (ohne Vollzeitschüler) mit Qualifikationsdefiziten nach Bereichen und Beschäftigungsstand

Auszu-bildende	Vollzeit-Erwerbstätige	nicht Erwerbstätige
0,3 %	0,6 %	1,2 %
0,2 %	0,0 %	5,4 %
4,4 %	5,7 %	15,1 %
4,4 %	5,9 %	15,9 %

nach Lehmann, Rainer H., S. 68f

Um die Häufigkeiten und Hintergründe solcher Qualifikationsdefizite ermitteln zu können, wurden sämtliche berufsbildenden Schulen in der Bundesrepublik, die ein Berufsvorbereitungs- oder Berufsgrundbildungsjahr anbieten, gebeten, den IALS-Test auf seine Schwierigkeit für die entsprechende Schülerschaft durchzusehen. Lehrkräfte für die Fächer Deutsch und Mathematik, die in solchen Klassen tätig waren, wurden gebeten, für einfachere Aufgaben anzugeben, v on welchem Anteil der erfolgreichen Absolventen sie nach ihrer Einschätzung gelöst werden. Dabei waren die Deutschlehrkräfte mit den Aufgaben der Skala ›Texte‹ befasst, während die Mathematiklehrkräfte Aufgaben der Skalen ›Schematische Darstellungen‹ und ›Zahlen‹ bearbeiten sollten. Auswertbare Rückmeldungen gingen von 385 Schulen, das heißt von 52,3 Prozent der angeschriebenen Institutionen, ein. [...]
Angenommen wurde nun, dass alle diejenigen Aufgaben, die nach dieser Einschätzung von mindestens 80 Prozent der erfolgreichen Absolventen zu bewältigen sind, jenes Minimum an Literalität repräsentieren, unterhalb dessen mit erheblichen beruflichen Risiken und – davon abgeleitet – wirtschaftlichen und sozialen Problemen zu rechnen ist.
Es lässt sich also auf den drei Skalen von IALS jeweils ein Qualifikationsniveau angeben, das zwischen Risikogruppen und solchen (potenziellen) Erwerbstätigen unterscheidet, die nicht von vornherein durch Qualifikationsdefizite in ihrer beruflichen Entfaltung beeinträchtigt sind. [...]
Wertet man die Daten der deutschen IALS-Teilstudie (n = 2061) nach diesem Maßstab aus, so zeigt sich in der erwerbsfähigen Bevölkerung (das heißt in der Altersgruppe der 16-bis 64-Jährigen) ein beunruhigend hoher Anteil von Menschen, die hieran gemessen den Risikogruppen zuzurechnen sind« (vgl. Tabelle oben, links).
LEHMANN, Rainer H.: 1999, S. 67f

In der Untersuchung wird deutlich darauf hingewiesen, dass die Risikogruppe nicht gleich zu setzen ist mit Menschen, die gar nicht lesen und rechnen können. Ihre Kompetenzen reichen jedoch nicht für die Bewältigung komplexerer Aufgaben aus und bleiben hinter den Anforderungen für einen Hauptschulabschluss zurück.

»Da die IALS-Stichprobe die gesamte erwerbsfähige Bevölkerung zwischen 16 und 64 Jahren abzubilden hatte, sind darin nicht sehr viele Fälle enthalten, anhand derer eine direkte Überprüfung der genannten Vermutungen über Zusammenhänge zwischen Literalität und Risiken zu Beginn der beruflichen Laufbahn geprüft werden können. Dennoch fallen die Befunde zu den 16- bis 19-Jährigen, die keine Vollzeitschule besuchen (n = 39 nach Gewichtung), so überzeugend aus, dass sie hier berichtet werden sollen [vgl. Tabelle oben, rechts].

Aus diesen Befunden ergibt sich eindeutig, dass unter den nicht erwerbstätigen Jugendlichen dieser Altersgruppe Defizite um ein Mehrfaches häufiger anzutreffen sind als unter den Auszubildenden im dualen System und unter den bereits Vollzeit-Erwerbstätigen. Auch bei den Jugendlichen sind die Defizite im Umgang mit Zahlen am größten. Dennoch sind die verhältnismäßigen Unterschiede zwischen Auszubildenden und nicht Erwerbstätigen bei den Texten und vor allem den schematischen Darstellungen relativ deutlicher, da unter den Jugendlichen mit Ausbildungsvertrag entsprechende Defizite praktisch nicht vorkommen.«
LEHMANN, Rainer H.: 1999, S. 69f

Die Angehörigen von Risikogruppen weisen über alle Altersgruppen hinweg bestimmte Merkmale auf:

- Die Selbsteinschätzung der eigenen Lesefähigkeiten ist in den Risikogruppen vergleichsweise gering.
- Angehörige der Risikogruppen verfügen über deutlich weniger eigene Bücher (54 Prozent von ihnen besitzen höchstens 25 Bücher gegenüber 14 Prozent sonst).
- Sie sind besonders häufig ausländischer Herkunft (33,5 Prozent Ausländer in den Risikogruppen gegenüber 6,5 Prozent sonst).
- Sie besitzen seltener ein eigenes Lexikon (57 Prozent gegenüber 89 Prozent sonst).
- Ihre Selbsteinschätzung der eigenen Rechenfertigkeiten ist geringer.
- Sie besitzen seltener ein eigenes Wörterbuch (61 Prozent in den Risikogruppen gegenüber 89 Prozent sonst).
- Die Bildungsabschlüsse ihrer Eltern sind niedriger.
- Ihnen steht seltener eine Tageszeitung zur Verfügung (71 Prozent gegenüber 87 Prozent sonst).
- Angehörige von Risikogruppen sind im Durchschnitt älter (durchschnittlich 45,7 Jahre gegenüber 39,6 Jahren sonst).

Versucht man, gleichsam ›blind‹, das heißt ohne Berücksichtigung der Testergebnisse, aber in Kenntnis dieser neun Hintergrundmerkmale, vorherzusagen, ob ein Proband der Risikogruppe angehört oder nicht, so gelingt dies (nach dem Verfahren der sogenannten ›Diskriminanzanalyse‹) erstaunlich gut: In 84 Prozent aller Fälle ist die Vorhersage korrekt: bei immerhin 63,0 Prozent der Angehörigen der Risikogruppe und bei 84,9 Prozent sonst. [...]
Mit der Hilfe von Lehrkräften, die über Unterrichtserfahrungen im Berufsgrundbildungs- oder Berufsvorbereitungsjahr verfügen, konnten Minimalanforderungen für die Literalität von Jugendlichen bestimmt werden, unterhalb derer ein Einstieg in ein Ausbildungsverhältnis unwahrscheinlich wird. Aus der Verortung dieser Minimalanforderungen auf den Skalen der International Adult Literacy Survey ließ sich nicht nur die Tragfähigkeit dieser Grenzziehung überprüfen, sondern es konnte so zugleich die Häufigkeit des Auftretens der so definierten Qualifikationsdefizite geschätzt werden: 9,3 Prozent der erwerbsfähigen (16- bis 64-jährigen) Bevölkerung in der Bundesrepublik Deutschland weisen in mindestens einem der drei Bereiche ›Texte‹, ›Schematische Darstellungen‹ und ›Zahlen‹ in diesem Sinne Defizite auf.«
LEHMANN, Rainer H.: 1999, S. 70f

Schulabgängerinnen und Schulabgänger nach allgemein bildenden Abschlussarten 1993 bis 1998

	Abschlussjahr	Insgesamt	Nach Beendigung der Vollzeitschulpflicht		Mit Realschul- oder gleichwertigem Abschluss*	Mit Hochschul- oder Fachhochschulreife
			ohne Hauptschulabschluss	mit Hauptschulabschluss		
absolute Zahlen	1993	943250	72443	218975	361631	290201
	1994	966126	74048	221984	378720	291374
	1995	1010913	76005	236406	390730	307772
	1996	1041555	78747	241930	405537	315341
	1997	1069961	80486	245885	420160	323430
	1998	1091131	82968	245362	435689	327112
in Prozent	1993	100,0 %	7,7 %	23,2 %	38,3 %	30,8 %
	1994	100,0 %	7,7 %	23,0 %	39,2 %	30,2 %
	1995	100,0 %	7,5 %	23,4 %	38,7 %	30,4 %
	1996	100,0 %	7,6 %	23,2 %	38,9 %	30,3 %
	1997	100,0 %	7,5 %	23,0 %	39,3 %	30,2 %
	1998	100,0 %	9,0 %	26,5 %	39,9 %	30,0 %

* Einschl. allgemein bildender Abschlüsse, die an beruflichen Schulen erworben wurden.

Datenreport 1999, S. 61

Als Konsequenz aus den erhobenen Daten weist Lehmann auf die Dringlichkeit von Maßnahmen für die Personengruppen hin, die nicht in der Lage sind, gesellschaftliche Mindestanforderungen zu bewältigen.

»Die Daten zeigen, dass im Bereich ›Zahlen‹ Defizite bereits am Ende der Schulzeit dem in der Gesamtstichprobe festgestellten Durchschnitt entsprechen: Unter Einschluss der Vollzeitschüler sind 8,5 Prozent der unter 20-Jährigen davon betroffen. Hier ist also von erheblichen Versäumnissen schon während der Schulzeit auszugehen, stellt man in Rechnung, dass sich die Bildungsmöglichkeiten in den letzten Jahrzehnten eher verbessert haben. Bei Texten und schematischen Darstellungen sind Defizite unter den jüngeren Probanden dagegen seltener als in der Gesamtbevölkerung. Dabei wird zu berücksichtigen sein, dass viele der unter 20-Jährigen in der einen oder anderen Form noch eine Schule besuchen, sich also regelmäßigen schriftkulturellen Anforderungen schwerlich ganz entziehen können, während umgekehrt vor allem unter den über 50-Jährigen eine Verminderung der durchschnittlichen (durch den IALS-Test gemessenen) Literalität nicht zu leugnen ist (vgl. Lehmann/Peek: 1996). Auch in diesen Bereichen wäre also zunächst einmal auf eine Effektuierung der schulischen Qualifizierung zu setzen. Gleichwohl zeigt sich hier auch die Berechtigung von Anstrengungen, am Ende der Schulzeit vorhandene Defizite auszugleichen beziehungsweise deren sekundäre Entstehung zu verhindern, die unter bestimmten Bedingungen offenbar in manchen Gruppen nach dem Ende des Schulbesuchs droht.«
LEHMANN, Rainer H.: 1999, S. 71

Wenn – wie oben ausgeführt – diejenigen Kenntnisse und Fähigkeiten, wie sie üblicherweise mit dem Hauptschulabschluss nachgewiesen werden, als Mindestqualifikation für eine berufliche Tätigkeit angesehen werden, ist die Anzahl der Schulabgänger ohne Hauptschulabschluss eine relevante Größe. 1998 beendeten in Deutschland 26,5 Prozent derjenigen, die aus den allgemein bildenden Schulen abgingen, ihr Vollzeitschulpflicht mit einem Hauptschulabschluss; der Anteil der Abgänger ohne Hauptschulabschluss lag bei

Ohne Hauptschulabschluss nur geringe Chancen

9,0 Prozent bzw. 82 968 Personen (Datenreport 1999, S. 61). Waren es zwischen 1993 und 1997 zwischen 7,5 Prozent und 7,7 Prozent eines Jahrgangs, die ohne diese niedrige formale Qualifikation die Schule verlassen haben, ist der Prozentsatz im Jahr 1998 auf 9,0 Prozent oder fast 83 000 Jugendliche angestiegen. Betrachtet man die im Schuljahr 1997/98

Schulentlassene ohne Hauptschulabschluss des Schuljahres 1997/98

Abschlußart ---- Schulart	Schulentlassene insgesamt	Schulentlassene dar.weiblich	Schulentlassene Anteile insgesamt in %	Und zwar ausländische Schulentlassene zusammen	Und zwar ausländische Schulentlassene dar.weiblich	Und zwar ausländische Schulentlassene Anteile zusammen in %
DEUTSCHLAND						
Ohne Hauptschulabschluß	82 968	29 113	9,0	16 714	6 268	19,5
Hauptschulen	30 654	10 492		9 400	3 425	
Schularten mit mehreren Bildungsgängen	5 969	1 786		173	64	
Realschulen	4 290	1 655		622	300	
Gymnasien	1 791	861		256	125	
Integrierte Gesamtschulen	5 511	1 881		1 041	397	
Freie Waldorfschulen	92	40		6	3	
Sonderschulen	34 661	12 398		5 216	1 954	
Mit Hauptschulabschluß	245 362	104 053	26,5	35 941	16 698	41,9
Hauptschulen	170 815	[illegible]4 091		27 612	12 958	
[illegible] mit mehreren Bildungs[illegible]	[illegible]	[illegible]		327	[illegible]	

Datenreport 1999

entlassenen jungen Erwachsenen ohne Hauptschulabschluss genauer, so ergibt sich, dass deutlich mehr junge Männer dieser Gruppe angehören als junge Frauen. Der Anteil der ausländischen Schulentlassenen ohne Hauptschulabschluss ist überproportional groß und beträgt 19,5 Prozent aller nichtdeutschen Schulabgänger/innen. Diese Personengruppe stellt damit eine besondere Risikogruppe dar, denn ihre Kompetenzen im Umgang mit Texten, Zahlen und schematischen Darstellungen sind vermutlich äußerst gering.

Teilnehmende an Alphabetisierungskursen

Ein weiterer Indikator für die Größenordnung des funktionalen Analphabetismus in Deutschland ist die Zahl derjenigen Menschen, die aktuell Alphabetisierungskurse besuchen – auch wenn die Dunkelziffer wesentlich höher anzusetzen ist als die Zahl der aktuell Lernenden.

Nach Angaben des Deutschen Instituts für Erwachsenenbildung haben die Volkshochschulen im Jahr 1998 im Bereich Alphabetisierung/ Elementarbildung 2 262 Kurse durchgeführt, an denen 19 092 Personen teilgenommen haben (PEHL, Klaus / REITZ, Gerhard: 1999, S. 27).

Da nicht nur Volkshochschulen, sondern auch andere Einrichtungen Alphabetisierungskurse durchführen – das gilt vor allem für Behindertenwerkstätten, Justizvollzugsanstalten und den Bereich der Ausländer/innen-Alphabetisierung – liegt die Zahl der Lernenden noch darüber. So hat etwa der Sprachverband Deutsch für ausländische Arbeitnehmer im Jahr 1999 insgesamt 353 Alphabetisierungs-Kurse mit 4 181 Teilnehmer/innen gefördert. Davon wurden 102 Kurse an Volkshochschulen durchgeführt, 251 aber bei anderen Trägern. Mit 71,7

Prozent stellen die türkischen Mitbürger/innen die größte Nationalitätengruppe. Man kann also davon ausgehen, dass derzeit mehr als 20 000 deutsche und ausländische Erwachsene Alphabetisierungskurse besuchen.

Bisher nehmen nur die lese- und schreibschwachen Erwachsenen Lernangebote wahr, die ihre Situation ändern wollen und ein Hilfsangebot gefunden haben. Für diejenigen, die ihr Problem verbergen, müssen Öffentlichkeitsarbeit und Ansprache der Betroffenen weiter ausgebaut werden. (➢ Kapitel 8: Öffentlichkeitsarbeit)

Ein Blick auf andere Länder

Eine weiterer Ansatz, um das Ausmaß des funktionalen Analphabetismus für Deutschland abzuschätzen, sind Erhebungen, wie sie in anderen vergleichbaren Ländern durchgeführt werden (vgl.: Erwachsenenanalphabetismus und wirtschaftliche Leistungsfähigkeit, 1994).

In Belgien etwa wurden Testergebnisse der Rekruten ausgewertet. Danach sind im Durchschnitt 0,35 Prozent totale Analphabeten und 1,53 Prozent funktionale Analphabeten. Hierbei muss jedoch berücksichtigt werden, dass nicht alle jungen Männer zum Wehrdienst zugelassen werden und diese Altersgruppe vermutlich über bessere Lese- und Schreibkenntnisse verfügt als ältere Erwachsene (Goffinet, Sylvie- Anne / van Damme, Dirk: 1990, S. 21f).

In Dänemark gibt es – wie in einigen anderen Staaten – spezielle Lernangebote für Soldaten. Die folgende Übersicht zeigt, wie viel Prozent der Soldaten daran teilgenommen haben.

Beteiligung von Soldaten an Lese-/Schreibangeboten in Dänemark

Jahr	Prozentsatz
1976	7,1
1977	10,0
1978	12,3
1979	11,6
1980	12,7
1981	14,6
1982	14,4
1983	13,9
1984	13,9
1985	13,9

Petersen, Bendt: 1987, S. 252

Diese Daten sind aber nicht repräsentativ für die Gesamtbevölkerung Dänemarks, da nur ein relativ kleiner Teil der jungen Männer zur Armee geht.

Zusammenfassende Wertung

Abschließend bleibt festzustellen, dass es derzeit keine verlässlichen Daten zur Größenordnung des funktionalen Analphabetismus in Deutschland gibt. Nach wie vor können nur Schätzungen angestellt werden, die sich an bestimmten Indikatoren orientieren. Die wichtigsten dafür sind sicherlich empirische Studien, die für das Leseverständnis in Form der IALS-Studie vorliegen. Bei Folgestudien sollte ein Schwerpunkt bei der Schreibkompetenz gesetzt werden.

Ein anderer wichtiger Indikator sind formale Schulabschlüsse bzw. die Zahl derjenigen Schulabgänger/innen, die keinen Hauptschulabschluss erreichen. Bei dieser Bevölkerungsgruppe ist zu berücksichtigen, dass in der Regel nicht nur Schwierigkeiten mit der Schrift bestehen, sondern dass auch bei anderen Kompetenzen, die für die Aufnahme einer beruflichen Tätigkeit erforderlich sind, Defizite vorhanden sind.

Die vorliegenden Erkenntnisse bestärken den Bundesverband Alphabetisierung e.V. in der Annahme, dass die Aussage, vier Millionen Menschen in Deutschland können nicht ausreichend lesen und schreiben, keine Überschätzung der Problematik darstellt.

Literatur

BRINKMANN, Annette u.a. (Red.): Lesen im internationalen Vergleich. Materialien der Stiftung Lesen zur Leseförderung und Leseforschung 2. Teil I. Hrsg.: Stiftung Lesen, Mainz 1990.

Datenreport 1999. Zahlen und Fakten über die Bundesrepublik Deutschland. Hrsg.: Statistisches Bundesamt. Wiesbaden 2000.

Erwachsenenanalphabetismus und wirtschaftliche Leistungsfähigkeit. Ein OECD/CERI-Bericht. Frankfurt a.M. u.a. 1994.

GEISENDÖRFER, Ingeborg: Vorwort zu: Gläss, Bernhard: Alphabetisierung in Industriestaaten? Europäische Probleme beim Umgang mit den Kulturtechniken Lesen und Schreiben. Hrsg.: Deutsche UNESCO-Kommission. Bonn 1988, S. 5.

GOFFINET, Sylvie-Anne / VAN DAMME, Dirk: Functional Illiteracy in Belgium. UNESCO Institute for Education / King Baudouin Foundation [= UIE Studies on Functional Illiteracy in Industrialized Countries 6a]. Hamburg, Brussels 1990.

Grundqualifikationen, Wirtschaft und Gesellschaft. Ergebnisse der ersten Internationalen Untersuchung von Grundqualifikationen Erwachsener. Organisation für wirtschaftliche Zusammenarbeit und Entwicklung (OECD) & Statistics Canada. Paris, Ottawa 1995.

HUBERTUS, Peter: Wo steht die Alphabetisierungsarbeit heute? In: Brügelmann, Hans / Balhorn, Heiko / Füssenich, Iris (Hrsg.): Am Rande der Schrift. Zwischen Sprachenvielfalt und Analphabetismus. Lengwil 1995, S. 250–262.

HUBERTUS, Peter: Zur Größenordnung des funktionalen Analphabetismus in Deutschland. Kommentar aus der Alphabetisierungspraxis. In: Stark, Werner / Fitzner, Thilo / Schubert, Christoph (Hrsg.): Wer schreibt, der bleibt! – Und wer nicht schreibt? Ein internationaler Kongress. Evangelische Akademie Bad Boll. Stuttgart 1998, S. 82–92.

HUCK, Gerhard: Besondere Bedingungen in den neuen Bundesländern. In: Stark, Werner / Fitzner, Thilo / Schubert, Christoph (Hrsg.): Berufliche Bildung und Analphabetismus. Eine Fachtagung. Evangelische Akademie Bad Boll. Stuttgart 1993, S. 25–28.

LEHMANN, Rainer H.: Qualifikationsdefizite in der erwerbsfähigen Bevölkerung in Deutschland. Einige Befunde des International Adult Literacy Survey. In: Stark, Werner / Fitzner, Thilo / Schubert, Christoph (Hrsg.): Junge Menschen in der berufsorientierten Alphabetisierung. Eine internationale Fachtagung. Stuttgart 1999, S. 66–72.

LEHMANN, Rainer H. / PEEK, Rainer: Wie gut können Deutsche lesen und rechnen? In: Universitas 51, 1996, S. 975–989.

OECD & Statistics Canada. Literacy, Economy and Society. Results of the first International Adult Literacy Survey. Paris, Ottawa 1995.

OECD / Human Resources Development Canada: Literacy Skills for the Knowledge Society. Paris/Ottawa 1997.

PEEK, Rainer: Zum Leseverständnis der erwachsenen Wohnbevölkerung in der Bundesrepublik Deutschland. Erste Ergebnisse der deutschen Teilstudie zur ›International Adult Literacy Survey‹. In: Alfa-Rundbrief 32/1996, S. 28–30.

PEHL, Klaus / REITZ, Gerhard: Volkshochschul-Statistik. 37. Folge, Arbeitsjahr 1998. Hrsg.: Deutsches Institut für Erwachsenbildung. Frankfurt a. M. 1999.

PETERSEN, Bendt: Special literacy activities in the Danish armed forces. In: Prospects. Vol. 17 1987, No. 2., S. 251–258.

SANDHAAS, Bernd: Beseitigung oder massive Reduktion des Analphabetismus. Bericht der Bundesrepublik Deutschland für die 42. Internationale Erziehungskonferenz – September 1990. Stand: November 1989. Sekretariat der Ständigen Konferenz der Kultusminister der Länder in der Bundesrepublik Deutschland. O.O. ca. 1989.

SANDHAAS, Bernd (Hrsg.): Alphabetisierung und Grundbildung in der Bundesrepublik Deutschland. Institutionen – Organisationen – Verbände. Deutsche UNESCO-Kommission. Bonn 1990.

STAGL, G., u.a. (Hrsg.): Literatur – Lektüre – Literarität. Vom Umgang mit Lesen und Schreiben. Österreichischer Bundesverlag. Wien 1991.

STARK, Werner / FITZNER, Thilo / SCHUBERT, Christoph (Hrsg.): Wer schreibt, der bleibt! – Und wer nicht schreibt? Ein internationaler Kongress. Evangelische Akademie Bad Boll. Stuttgart 1998.

Volkshochschul-Statistik. Arbeitsjahr 1998. Kursveranstaltungen für besondere Adressatengruppen – Analphabeten. Hrsg.: Deutsches Institut für Erwachsenenbildung, 13.04.2000.

Ursachen von funktionalem Analphabetismus

Wie kommt es, dass Menschen trotz Schulpflicht nicht genügend lesen und schreiben können?

Die erfüllte Schulpflicht sagt nichts über den Lernstand der einzelnen Schüler/innen aus. Aus der Schule werden auch Schüler/innen mit unzureichenden Kenntnissen in den Grundfertigkeiten wie im Lesen, Schreiben und Rechnen entlassen. Es handelt sich um Schüler/innen, die bereits mit lernungünstigen Voraussetzungen und schwierigen Lernbedingungen im Elternhaus eingeschult worden sind. Vernachlässigung und Desinteresse durch die Eltern, aber auch ökonomische Armut und zerrüttete Verhältnisse belasten das Lernen. Eltern dagegen, die ihre Kinder beim Lernen fördern und unterstützen wollen, erhalten wenig Hilfestellung von der Schule. Lernen im Gleichschritt ohne Anpassung von Materialien, Lerntempi und Methoden an die jeweiligen Möglichkeiten des einzelnen Kindes können zu Schulversagen und negativem Selbstbild führen. Vermeidung von schriftsprachlichen Anforderungssituationen verstärkt zusätzlich den funktionalen Analphabetismus.

Die Schulpflicht ›absitzen‹

Schulpflicht beschreibt eine quantitative Größe: Die Schulpflicht ist nach zehn Jahren Schulbesuch erfüllt. Die erfüllte Schulpflicht sagt jedoch nichts aus über die Qualität, über den jeweiligen Lern(zu)stand der einzelnen Schüler/innen. Die Erfüllung der Schulpflicht wird nicht daran bemessen, ob die Schüler/innen ein bestimmtes fundamentales Wissen erworben haben oder nicht. Die Schulpflicht ist vielmehr auch dann erfüllt, wenn ein Schüler die zehn Pflichtschuljahre ›abgesessen‹ hat. Die Schulpflicht gilt auch dann als erfüllt, wenn kein Schulabschluss erreicht werden konnte. So werden auch diejenigen aus der Schule entlassen, die nicht über elementare Kenntnisse im Lesen, Schreiben oder auch Rechnen verfügen. Nach Aussage des Statistischen Bundesamtes Wiesbaden verließen im Schuljahr 1997/98 insgesamt 82 968 Schüler/innen die Schule ohne Hauptschulabschluss.

Benachteiligte Jugendliche als funktionale Analphabeten

Willi Hörschgens-Füssenich arbeitet als Pädagoge in einem Förderlehrgang zur Erlangung der Berufsreife und Integration für benachteiligte Jugendliche. Er berichtet:

»In meinen Unterricht kommen die Jugendlichen, die vom Arbeitsamt von vornherein für eine zweijährige Anwesenheit im Förderlehrgang vorgesehen sind. Im Lehrgang 1993/94 hatte von den 32 Jugendlichen ein Teilnehmer den Hauptschulabschluß, zwei Teilnehmerinnen waren auf einer Schule für Geistigbehinderte, alle anderen kamen von Förderschulen (Schulen für Lernbehinderte). Diese Jugendlichen weisen sehr unterschiedliche Fähigkeiten und Defizite im Lesen, Schreiben und Rechnen auf. Da ist zum einen die Gruppe der AusländerInnen und AussiedlerInnen, die teilweise noch Unterricht im Bereich Deutsch als Fremdsprache benötigen. Eine zweite Gruppe ist die der Analphabeten, die nicht oder kaum lesen und schreiben kann und auch im Rechnen schon erhebliche Schwierigkeiten im Zahlenraum von 1 bis 20 hat.

Die größte Gruppe bilden die Jugendlichen, die mehr oder weniger lesen und schreiben können, auch zwei bis vier der Grundrechenarten leidlich beherrschen, deren schulische Leistungen jedoch sowohl für den Hauptschulabschluß als auch für eine Berufsausbildung (noch) nicht ausreichen. Alle TeilnehmerInnen haben allergrößte Schwierigkeiten mit den Maßeinheiten für Strecken, Zeiten, Gewichte, Volumen und sogar Geld. Es ist

immer wieder eindrucksvoll, wenn man im Unterricht Rollenspiele, die Kaufen und Verkaufen zum Inhalt haben, durchführt oder ganz einfach ›Monopoly‹ spielt, wie viele von den 15- bis 20jährigen Schulentlassenen Tausender, Hunderter und Zehner nicht auseinanderhalten können, von der Beherrschung des Geldwechselns oder Restgeldherausgebens ganz zu schweigen. Sicher mehr als die Hälfte der von mir betreuten Jugendlichen ist nach mindestens neun Jahren Schulbesuch beim Einkauf einer Jeans oder Musikkassette auf die Hilfe einer Vertrauensperson oder die Gutmütigkeit und Ehrlichkeit des Verkaufspersonals angewiesen, wenn es bei diesem Geschäft korrekt zugehen soll. Selbst sind sie weder in der Lage, den Betrag passend zu zahlen, noch können sie das Restgeld nachrechnen. [...]
Zu Beginn eines Lehrgangs diktiere ich den Jugendlichen 20 bis 30 lautgetreue Wörter und fordere sie auf, etwas ›frei‹ zu schreiben, entweder eine einfache Bildergeschichte nachzuerzählen, zu einem Bild eine kurze Geschichte zu erzählen oder aber aufzuschreiben, was sie am vorangegangenen Tag gemacht haben.« (vgl. Kasten)
HÖRSCHGENS-FÜSSENICH, Willi: 1995, S. 21f

Diese sehr unterschiedlichen Fähigkeiten und Defizite im Lesen, Schreiben und Rechnen finden sich in gleicher Weise bei den erwachsenen Teilnehmer/innen von Alphabetisierungsmaßnahmen. Die Ursachen für die gescheiterte Lernkarriere beginnen schon in der Kindheit.

Schreibbeispiele von Jugendlichen ohne Hauptschulabschluss

■ Ich Bin Aufgsanden und Dan Angzogen. Und Dach Bini Ich Rundeagen. Dach hat fütig gegben und hat Gligl und dan Binig ind den Bireit gegagen. Mittags gegben. Abenesen. Dan Bich Ini Rommelbach und Hat Alten Uwe, Mial, Makus, Jens.

Ich bin aufgestanden und dann habe ich mich angezogen. Ich bin runtergegangen. Danach hat es Frühstück gegeben, und es hat geklingelt, und dann bin ich in den Bereich gegangen. Mittagessen gegeben. Abendessen. Dann bin ich in Rommelsbach gewesen und habe die alten Freunde Uwe, Michael, Markus, Jens gesehen. [...]

■ Ich haben die Kagefagen gebutz und auch die Kearasche. Haben auch mein Zimer gebuzt und Haufgeräumt Ich haben gestern fidiofilm geschaut. Haute Fil ich Feinnburbe machen.

Ich habe die Krankenwagen geputzt und auch die Garage. Habe auch mein Zimmer geputzt und aufgeräumt. Ich habe gestern einen Videofilm geschaut. Heute will ich eine Weinprobe machen. [...]

■ lautgetreue Wörter
Bine (Birne), toa (Tor), tof (Topf), Gulge (Gurke), Tremete (Trompete), inianr (Indianer), Goroil (Krokodil), Eelefat (Elefant), Hase, Auto, Dach, Opa, Tisch, Baum, Nest, Salat, Rose, Bus, lame (Lampe), Tomate, telefon, Fisch, Sanalen (Sandalen).

HÖRSCHGENS-FÜSSENICH, Willi: 1995, S. 22f

Der Vater rastet aus

Eines Tages, meine Mutter war nicht zu Hause, hatte mein Vater einen Brief von der Schule gekriegt. Ich kam nach Hause, da war er schon so komisch. Er raste durch die Bude und rief: ›Hol mal deine Schulsachen raus! Jetzt liest du mir mal was vor!‹ Es kam dann natürlich nichts bei mir raus. Da knallte er mir eine an den Kopf und brüllte: ›Und das ist ein A, das ist ein B und das ist ein C!‹ Und dann ging das immer so weiter. ›So, und jetzt noch einmal...!‹ Und dann hat er mich verprügelt, bis ich grün und blau war. Die Nachbarin schellte bei uns und fragte, was denn los sei. Da hat er die aber irgendwie angelogen, und sie ging dann wieder. Ich konnte vor lauter Schmerzen nicht mehr sitzen, so weh tat das. In der Schule hatten die mir nichts von diesem Brief gesagt.

Lebensgeschichten aus
Ost und West: 1994, S. 124f

Ursachen im Elternhaus

Erwachsene Analphabeten berichten über typische Erfahrungen in ihrem Elternhaus. Dazu gehören Vernachlässigung und eine gleichgültige und desinteressierte Haltung der Eltern dem Kind gegenüber. Die Betroffenen umschreiben diese Erfahrung mit Begriffen wie ›keine Hilfe gehabt‹, ›war ja nie jemand da‹, ›haben keine Lust gehabt, sich um mich zu kümmern‹. Die Familie selbst ist oft zerrüttet und lebt in finanziell ungesicherten Verhältnissen, wodurch massive psychische Belastungen für das (Schul-) Kind entstehen. Die Eltern streiten sich häufig, Schläge und Alkoholmissbrauch sind an der Tagesordnung, vor allem aber auch Abwertung und Geringschätzung der Person des Kindes. Lernen wird nicht gefördert, sondern durch harte Strafen und massive Vorwürfe wie ›du bist sowieso zu dumm‹ gehemmt.

»Als typische Erfahrungen im Elternhaus werden von TeilnehmerInnen in Alphabetisierungskursen immer wieder genannt: Gleichgültigkeit/Interesselosigkeit der Eltern, negative Kommunikationserfahrungen (Brüllen, Schreien, Schweigen), emotionales Desinteresse, fehlende Hilfe bei schulischen Problemen, Ablehnung im Familienverband (Sündenbock, Aschenputtel), physische und psychische Gewalt als Strafmittel, Ausbeutung der kindlichen Arbeitskraft, Ausbrüche roher Gewalt (Alkoholeinfluß), Entmutigung (›Du bist zu dumm dazu.‹), Abwesenheit, Verlust von Bezugspersonen, parallele Kopplung kritischer Ereignisse (Alkoholexzesse, Ehescheidung, Einschulung, erstes Schulversagen, physische und psychische Strafen, völliges Desinteresse der Bezugspersonen). Dieses Bündel negativer Erfahrungen hat

»Im Grunde genommen sind meine Eltern schuld, ...«

schulungünstige Voraussetzungen zur Folge: Neugier- und Forschungsverhalten werden unterbunden, Ich-Entwicklung und Selbstbewußtsein werden blockiert, kommunikative und soziale Fertigkeiten unterdrückt, Angst vor Strafen wird extrem gefördert usw. Kinder mit schulgünstigen Voraussetzungen sitzen so neben Kindern mit ungünstigen, ja schulfeindlichen Erfahrungen aus der Primärsozialisation, doch das Lernziel ist für alle dasselbe.«

DÖBERT, Marion: 1997, S. 129

Neben den Familien, in denen problematische Bedingungen vorherrschen, gibt es zahlreiche intakte Familien, in denen aber Bildung, Bücher und Schreiben keine oder nur eine untergeordnete Rolle spielen. Die Kinder haben keine Lese- und Schreibvorbilder und sie werden auch nicht zum Lesen ermuntert. Der Alltag ist eher durch Arbeit, Fernsehen oder Computerspiele geprägt. Schon die Erfahrungswelt von Grundschülern wird ganz erheblich vom Geschehen auf dem Bildschirm bestimmt.

> »Es gibt jedoch abhängig von der sozialen Schichtzugehörigkeit unterschiedliche Gewohnheiten: Kinder aus besser verdienenden oder besser gebildeten Familien schauen weniger fern. Überproportional viele Kinder aus Unterschichtsfamilien, erst recht in den neuen Bundesländern, schauen mehr fern als der Durchschnitt. Neue Medien könnten dieser soziokulturellen Differenzierung weiter Vorschub leisten. [...] Manche Kinder schauen zwar wenig fern, aber 16 Prozent aller deutschen Kinder im Alter zwischen drei und 13 Jahren sitzen täglich 222 Minuten vor dem Apparat, sechs Prozent verbringen dort fast fünf Stunden.«
>
> Heidtmann, Horst: 2000

Wenn Kassettenrekorder und Fernseher dominieren und keine Lese- und Schreibvorbilder vorhanden sind, wissen die Kinder nicht, wofür man Lesen und Schreiben braucht. So sind sie auch nicht motiviert, es zu lernen.

Analphabeten in Deutschland – ein Armutszeugnis

Die Ursachen für den funktionalen Analphabetismus bei uns sind vielfältig. Häufig ist er auf familiäre, schulische und individuelle Faktoren zurückzuführen. Oder anders ausgedrückt: Funktionaler Analphabetismus ist die Folge alter und neuer Formen von Armut:

- **ökonomische Armut:** Spätere Analphabeten kommen häufig aus sozialen Schichten, die von wirtschaftlicher Armut bedroht sind, wo finanzielle Engpässe dazu zwingen, Kindern nicht die notwendige Zuwendung zu bieten.
- **soziale Armut:** Analphabeten werden von der Gesellschaft ausgegrenzt. Angst und Diskriminierung statt Verständnis und Hilfe prägen ihr Leben.
- **kommunikative Armut:** Spätere Analphabeten kommen aus Familien, in denen nicht geschrieben und gelesen – geschweige denn vorgelesen – wird. Sie werden eingeschult, ohne zu wissen, wofür man Lesen und Schreiben braucht und sind deshalb wenig motiviert, es zu lernen. Noch schlimmer ist, daß in vielen Familien nicht mehr ausreichend mit den Kindern gesprochen wird – auch eine Folge des Fernsehens und des Computers. Fehlende Kommunikation führt aber zu einer Verlangsamung und Störung der Sprachentwicklung. [...] Sprachstörungen erschweren aber das Lesen- und Schreibenlernen.
- **pädagogische Armut:** Schulen und Lehrer sind immer häufiger nicht mehr in der Lage, auf gesellschaftliche Veränderungen, die die Entwicklung des Kindes negativ beeinflussen, adäquat mit neuen pädagogischen Konzepten zu reagieren. Folge ist, daß immer mehr Jugendliche die Schule ohne ausreichend gefestigte Lese- und Schreibkenntnisse verlassen. Was man aber nicht richtig kann, wendet man auch nicht an, aus Angst zu versagen. Und so werden die wenigen Kenntnisse wieder verlernt. Am Ende dieser Entwicklung steht der Analphabetismus.
- **politische Armut:** Der Politik ist es bisher nicht gelungen, die Strukturen unserer Schulen und die Ausbildung der Lehrer so zu verändern, daß die genannten Probleme bewältigt werden können. Und so ist Analphabetismus bei uns auch eine Folge politischer Armut.«

Genuneit, Jürgen: 1996, S. 4f

Schreibbeispiele im ersten Schuljahr

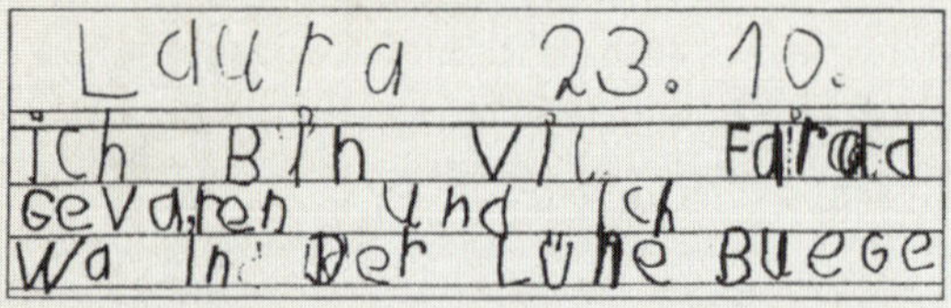

Laura: Ich bin viel Fahrrad gefahren und ich war in der Lüneburger [Heide]

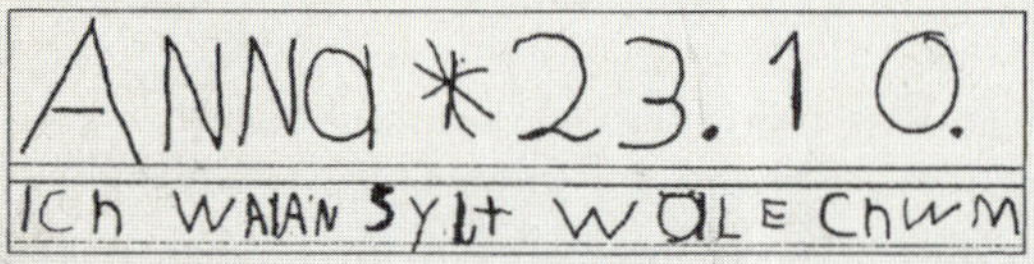

Anna: Ich war an [auf] Sylt [im] Wellenschwimmbad

Kevin: War bei Oma und Opa Ball [spielen]

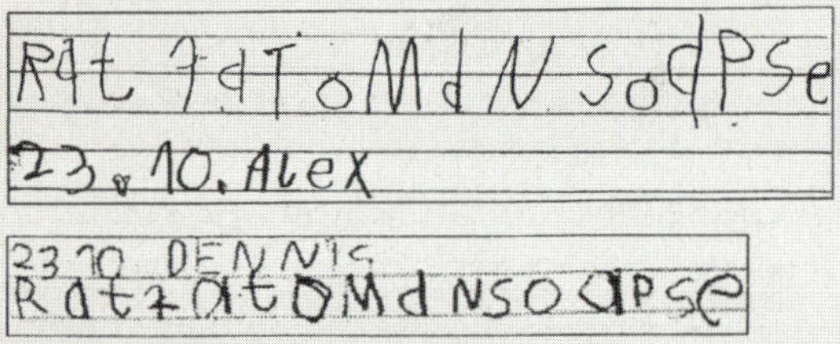

Dennis und Alex (Zwillinge):
Radfahrt um den Sorpesee

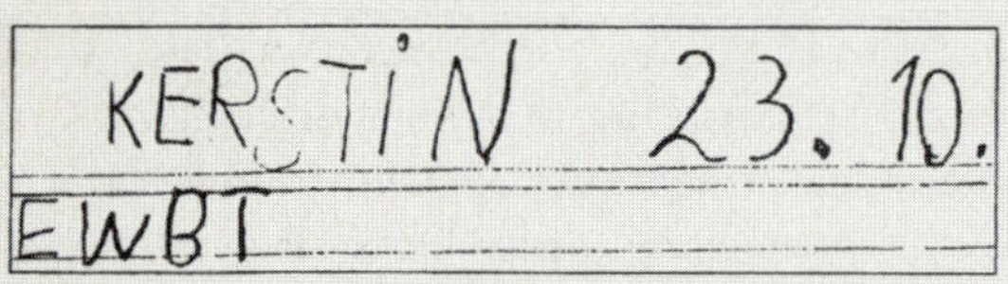

Kerstin: [Ich war bei meiner Tante]

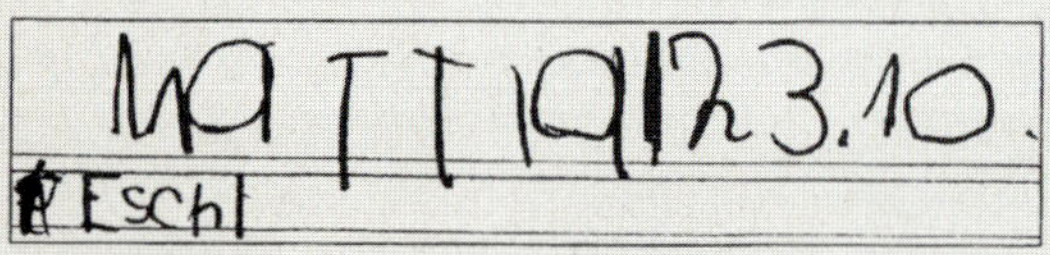

Mathias: [?]

Conrady, Peter: 1997, S. 95–97

Ursachen in der Schule

Während erwachsene Analphabeten in fast allen Untersuchungen von Eltern berichten, die sich nicht gekümmert haben, stellen sich die Elternhäuser von Kindern mit Lese-Schreibproblemen in der Gegenwart oft ganz anders dar. Genauso wie es Eltern gibt, die sich nicht kümmern, gibt es Eltern, die sehr besorgt und bemüht um ihre Kinder sind. Es gehen zahlreiche Anrufe von Eltern beim Alfa-Telefon des Bundesverbandes Alphabetisierung e.V. ein, deren Kinder in der Schule im Lesen und Schreiben nicht mitkommen. Diese Eltern wissen nicht mehr, was sie tun sollen. Sie wollen die Kinder unterstützen, wissen aber nicht wie und erhalten auch aus der Schule keine Hilfestellung. Der Verweis auf Nachhilfe ist oft der einzige Tipp, den die Eltern von den Lehrer/innen mit auf den Weg bekommen. An Elternsprechtagen werden sie mit den negativen Einschätzungen ihres Sohnes oder der Tochter durch die Lehrer/innen konfrontiert. Sätze wie ›Er muss mehr üben‹ oder ›Sie muss sich mehr anstrengen‹ sind niederschmetternd für Eltern, die jeden Tag stundenlang mit dem Kind Hausaufgaben machen und danach Übungsdiktate und Förderbücher durcharbeiten. Die Aufgabe

»Dann muss er einfach mehr üben!«

der Schule, Kinder in ihrem Lernprozess zu fördern, wird ganz erheblich auf das Elternhaus verlagert. In einer Elternbefragung des Instituts der Deutschen Wirtschaft zur Nachhilfesituation kamen folgende Ergebnisse zu Tage:

1. Von allen Schülern an allgemeinbildenden Schulen erhalten knapp 29 Prozent aktuell Nachhilfe.
2. Nachhilfe ist inzwischen an allen allgemeinbildenden Schulformen – auch an Grundschulen – zu einer festen Einrichtung avanciert.
3. Jeder Nachhilfeschüler erhält im Monat durchschnittlich rund 8 Stunden privaten Unterricht.
4. Das Schwergewicht der Nachhilfeaktivitäten entfällt auf die Zeitspanne der Pubertät von der 7. bis zur 10. Klasse.
5. Der Nachhilfeunterricht konzentriert sich zu über 80 Prozent auf die Kernfächer Mathematik, Englisch und Deutsch.
6. Der Großteil der Nachhilfearbeit – fast die Hälfte – wird nach wie vor in der Familie geleistet.
7. Die Mehrzahl der Lehrpersonen rekrutiert sich aus Familienmitgliedern.
8. Bei den elterlichen Motiven für Nachhilfe dominiert ein kontinuierlicher Förderungsprozeß für ihre Kinder.
9. Alleine in Nordrhein-Westfalen geben die Eltern pro Jahr über 400 Millionen DM für Nachhilfe aus.
10. Das kalkulierte jährliche Investitionsvolumen für Ausgaben und zeitlichen Aufwand des Nachhilfeunterrichts liegt in Deutschland bei rund 4,5 Milliarden DM.

KRAMER, Wolfgang / WERNER, Dirk: 1998, S. 7

Viele Eltern wollen fördern, aber wissen nicht wie. Viele Eltern leiden unter den schulischen Problemen ihrer Kinder. Viele Eltern fühlen sich überfordert und wissen nicht mehr weiter. Am ALFA-TELEFON erhalten sie methodische Tipps und Hinweise auf Beratungsstellen vor Ort. Auch Klaus Hurrelmann beklagt den privaten Zusatzunterricht. Er schreibt:

»Wenn die Lehrer sich mehr gekümmert hätten, könnte ich bestimmt heute lesen und schreiben«

> »Für Kinder mit Lernschwierigkeiten im Lese-, Schreib- und Sprachbereich ist es allerhöchste Zeit, die Weichen bildungspolitisch neu zu stellen. Die Kommerzialisierung von Bildungsangeboten stellt eine Gefahr ersten Ranges für sie dar; denn hierdurch werden die ohnehin schon Starken weiter gestärkt, die ohnehin schon Schwachen weiter geschwächt.«
> HURRELMANN, Klaus: 1998, S. 27

Lehrer/innen müssen zu Beginn des ersten Schuljahres, aber auch im Verlauf der verschiedenen Lernbiografien mit erheblichen Entwicklungsunterschieden bei den Schülern rechnen. Peter Conrady, Professor am Institut für deutsche Sprache und Literatur der Universität Dortmund, zeigt anhand von Schreibbeispielen, wie unterschiedlich die Kinder Schriftsprache entwickeln, obwohl sie alle vier Monate lang in der Schule den gleichen Unterricht hatten (s.Abb. S.46). Nachdem sie aus den Herbstferien wieder in die Schule zurückgekehrt waren, sollten die Kinder derselben Klasse ihr wichtigstes Ferienerlebnis aufschreiben:

> »In diesen Beispielen werden die extremen Unterschiede gut deutlich: Von zwei Erlebnissen bei Laura, nahezu korrekt verschriftlicht, über lauttreues Schreiben bei Dennis und Alex, bis zur Wiedergabe des Anfangsbuchstabens der jeweiligen Wörter bei Kerstin und letztlich die Verschriftung von Mathias, die er selbst nicht deuten konnte.«
> CONRADY, Peter: 1997, S. 97

Obwohl Kinder unterschiedliche Lernvoraussetzungen in die Schule mitbringen, obwohl sie unterschiedlich günstige oder ungünstige Lern- und Förderbedingungen im Elternhaus haben und obwohl sie sich verschieden im Unterricht entwickeln, müssen alle Schüler/innen einer Klasse in derselben Zeit dasselbe gelernt haben. Wer die gemeinsame Norm nicht erreicht, macht schnell die Erfahrung von Diskriminierung, von Versagen und Unzulänglichkeit.
In Verbindung mit einem Elternhaus, das bei Schulversagen straft und demütigt oder aber nicht in der Lage ist, dem Kind Hilfen anzubieten, entstehen Selbstwertzweifel und Hilflosigkeit. Das Kind beginnt sich zu wehren – meist mit Verhaltensweisen, die den Unterricht stören.

»Kinder mit Lernschwierigkeiten beim Schriftspracherwerb leben meist in Familien, in denen finanzielle Not und schwierige Familienverhältnisse herrschen. Aufgrund dieser häuslichen Umgebung entwickeln diese Kinder ein mangelndes Selbstwertgefühl und geringes Selbstvertrauen in ihre Fähigkeiten. Bereits in der frühen Kindheit haben sie keine Möglichkeit, eine auf Selbstvertrauen aufbauende Lerngeschichte zu entwickeln. Sie zeigen schon als Kleinkinder Verhaltensauffälligkeiten und Entwicklungsrückstände. Mit einer negativen Selbsteinschätzung und einem mangelnden Vertrauen in die eigenen Fähigkeiten werden sie eingeschult. In der Schule erleben sie schnell, daß die meisten anderen Kinder besser den schulischen Anforderungen entsprechen, sich mehr zutrauen und auch schneller sind. Das Zusammenspiel dieser drei Faktoren, nämlich Familiensituation, individuelle Voraussetzungen und schulische Anforderungen, führt dazu, daß diese Kinder bereits in den Anfangsklassen Schwierigkeiten haben, dem Unterricht zu folgen. Sie entwickeln in der Regel schnell Lernblockaden, die sich darin zeigen, daß diese Kinder nicht aufpassen: Sie lassen sich leicht ablenken, sitzen entweder still in der Ecke, so daß sie kaum auffallen, oder stören permanent. Dieses Verhalten ist meist Ausdruck dafür, daß sie Schwierigkeiten mit den schulischen Inhalten haben, die sie hinter Disziplinproblemen und Nullbock-Verhalten verstecken.«
FÜSSENICH, Iris: 1995, S. 129f

Iris Füssenich, Professorin für Sprachbehindertenpädagogik, präzisiert in ihren Forschungsarbeiten, was erwachsene funktionale Analphabeten eher pauschal als ›die Lehrer/innen haben sich nicht gekümmert‹ beschreiben: Bestimmte Bedingungen beim Lernen in der Schule tragen dazu bei, dass Kinder Schwierigkeiten beim Erwerb der Schriftsprache haben und gleich in den ersten beiden Schuljahren scheitern (vgl. auch KAMPER, Gertrud: 1990). Zu diesen Bedingungen gehören das Unterrichtsmaterial, das Lehrerverhalten, die Schulorganisation, und die Lehreraus- und -fortbildung:

- ➢ Lesetexte in Schulbüchern sind für Kinder mit Lernschwierigkeiten oft zu schwer.
- ➢ Lehrer/innen erfahren im Rahmen ihres Studiums und der zweiten Ausbildungsphase zu wenig über den Schriftspracherwerb, über die Schriftsprachvermittlung, über den Einfluss, den der Anfangsunterricht im Lesen und Schreiben für die gesamte Schullaufbahn eines Kindes hat.
- ➢ Durch mangelnde Kenntnis dieser Zusammenhänge und fehlendes Wissen, wie mit Lernschwierigkeiten beim Lesen- und Schreibenlernen umzugehen ist, ist auch eine zusätzliche, gut gemeinte Förderung oft nicht ausreichend auf die Lernbedürfnisse und Lernmöglichkeiten der lernschwächeren Kinder zugeschnitten.
- ➢ Für die Prävention von funktionalem Analphabetismus in der Schule sind Fortbildungen für Lehrer/innen nötig, die Methoden der Schriftsprachvermittlung aufzeigen, die besonders auch für lernschwächere und lernungewohnte Schüler geeignet sind wie zum Beispiel der Spracherfahrungsansatz. (➢ Kapitel 6: Unterricht)

Und nicht zuletzt ist es die Schulorganisation selbst, die verbesserungsbedürftig ist:

»Es stimmt, daß es in unserem Land umfangreiche schulische und außerschulische Angebote gibt. Aber funktionaler Analphabetismus läßt sich nicht auf unzureichende Bildungsangebote – wie beim primären Analphabetismus – zurückführen, sondern darauf, daß ein bestimmter Prozentsatz an Menschen schon in den ersten beiden Schuljahren durch das Sieb der schulischen Ausbildung fällt und keine reale Chance mehr erhält, sich notwendiges Wissen anzueignen, und somit keine Möglichkeit hat, an den weiteren schulischen und außerschulischen Aus- und Fortbildungsangeboten teilzunehmen. Wer in den ersten beiden Schuljahren nicht lesen und schreiben lernt, hat in den weiteren Schuljahren kaum eine Chance, diese Fähigkeiten nachzuholen [...]. Die Lehrpläne der weiteren Schuljahre setzen Lese- und Schreibkompetenz voraus, so daß diese fehlenden Grundlagen nur über Zusatzangebote erworben werden können. [...] Es besteht im Rahmen unserer schulischen und außerschulischen Angebote keine Möglichkeit mehr, über das zweite Schuljahr hinaus von Grund auf Lesen und Schreiben zu lernen.«
FÜSSENICH, Iris: 1995, S. 133

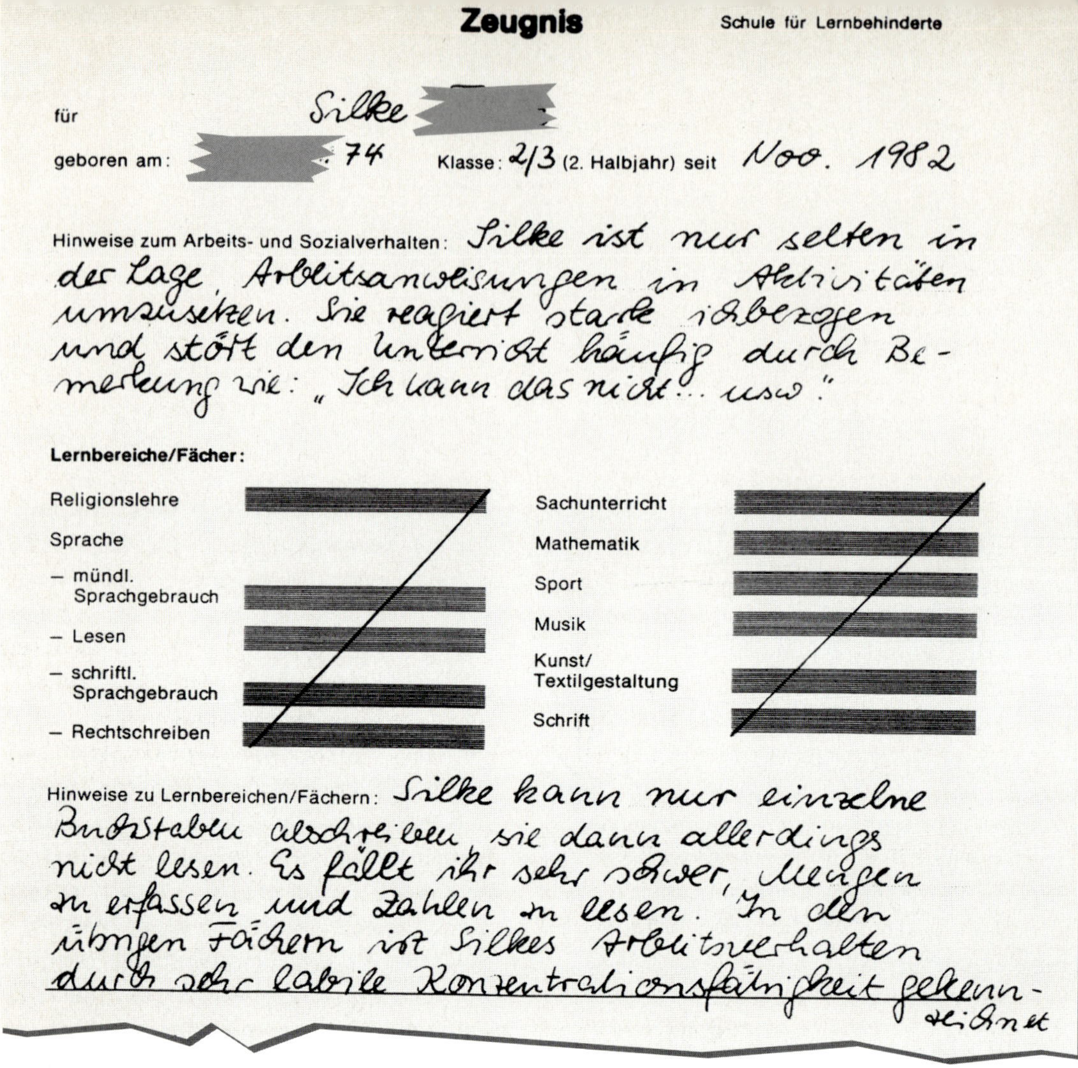

Zeugnis Schule für Lernbehinderte

für Silke [redacted]

geboren am: [redacted].74 Klasse: 2/3 (2. Halbjahr) seit Nov. 1982

Hinweise zum Arbeits- und Sozialverhalten: Silke ist nur selten in der Lage Arbeitsanweisungen in Aktivitäten umzusetzen. Sie reagiert stark ichbezogen und stört den Unterricht häufig durch Bemerkung wie: „Ich kann das nicht... usw."

Lernbereiche/Fächer:

Religionslehre
Sprache
– mündl. Sprachgebrauch
– Lesen
– schriftl. Sprachgebrauch
– Rechtschreiben

Sachunterricht
Mathematik
Sport
Musik
Kunst/Textilgestaltung
Schrift

Hinweise zu Lernbereichen/Fächern: Silke kann nur einzelne Buchstaben abschreiben, sie dann allerdings nicht lesen. Es fällt ihr sehr schwer, Mengen zu erfassen und Zahlen zu lesen. In den übrigen Fächern ist Silkes Arbeitsverhalten durch sehr labile Konzentrationsfähigkeit gekennzeichnet

Das bedeutet für die Betroffenen, dass sie eine lange, leidvolle Schulzeit vor sich haben. Selbst die Hilferufe ›Ich kann das nicht‹, die in obigem Zeugnis aufgeführt werden, werden einfach nur als Störung des Unterrichts im Zeugnis angeprangert.

Im Laufe der Schulzeit eignen sich Schüler/innen mit Lese- und/oder Schreibproblemen Strategien an, um schriftsprachliche Anforderungen zu ›managen‹: Die Hausaufgaben werden durch Geschwister oder Freunde erledigt, eine starke mündliche Beteiligung soll die Defizite im Schriftsprachlichen kompensieren, aber auch Stören oder Fernbleiben vom Unterricht können Wege sein, um sich den Anforderungen und der damit verbundenen sozialen Blamage zu entziehen. Nach Beendigung der Schulzeit flüchten sie in Jobs, in denen sie möglichst keinen schriftsprachlichen Anforderungen begegnen. Insbesondere durch den breiten Einsatz elektronischer Datenverarbeitung in fast allen Berufszweigen ist eine echte Flucht vor der Schriftsprache jedoch kaum noch möglich. Ohne Schulabschluss, in schlecht bezahlten Hilfsjobs oder arbeitslos beginnt eine bildungsferne Lebensphase, in der selbst das verlernt wird, was vielleicht an rudimentären Schriftsprachkompetenzen in der Schule erworben wurde.

»Wir sind ratlos«

Eine Grundschulleiterin berichtet über Kinder mit besonderem Förderbedarf:

Wir haben täglich mit Lernproblemen zu tun, aber wir sind ratlos. Was sollen wir machen? Der Unterricht muss weiterlaufen, sonst beschweren sich die Eltern. Und die Klasse wird irgendwann an den nächsten Lehrer oder die nächste Schule übergeben. Dann muss das Ziel erreicht sein. Hausbesuche gibt es nicht, aber wir können uns oft denken, was in manchen Elternhäusern abläuft. Es gibt Kinder, die haben kein Schulbrot und kein Geld für den Kakao. Was uns auch Sorgen macht, ist die Wohlstandsverwahrlosung. Manche Kinder haben alles, den Gameboy, Süßigkeiten im Überfluss, ein Kinderzimmer mit Video und Computer, Reisen in die exotischsten Ecken der Welt, aber was ihnen fehlt, sind Eltern, die Zeit für sie haben. Ruhelosigkeit und Stress, das ganze Überangebot fördert Unkonzentriertheit, Oberflächlichkeit und Unruhe bei den Kindern. Viele Kinder haben Probleme, in Ruhe wahrzunehmen, sich mit einer Sache zu verbinden, sich etwas anzueignen und intensiv zu erleben. Die Schnelllebigkeit zerstört die Intensität von Erfahrungen und damit auch die Freude. Das Kümmern verkümmert bei der materiellen Überversorgung. Was wir im Schulalltag erleben, ist emotionale Verwahrlosung bei materieller Überversorgung. Viele Kinder haben keinen Ansprechpartner für ihre Sorgen und Nöte. Weil alles Materielle ohne eigene Anstrengung von selbst kommt, stellen sich Passivität und Motivationsmangel ein. Weil alles Materielle jederzeit ersetzbar ist, wird nichts richtig geachtet. Das überträgt sich auch auf die Beziehungen zu den Mitschüler/innen. Wir erleben oft eine Aggressivität ohne jedes Maß, ohne jede Grenze. Außerhalb der Schulzeit sind viele Spielgemeinschaften zerfallen – weil die Kinder zum Ballettunterricht, zur Reitstunde, zum Computerkurs für Kids oder zur Musikschule gekarrt werden. Kinder haben immer weniger Möglichkeit zum Spielen mit anderen. Für uns ist die Wohlstandsverwahrlosung eine zentrale Ursache von Lern- und Persönlichkeitsstörungen. Schule ist eigentlich nur noch ein unattraktives Muss im Dschungel der Attraktionen. Und gleichzeitig sollen wir all das auffangen und, ach ja, unterrichten sollen wir auch.

»Wir erleben oft eine Aggressivität ohne jedes Maß ...«

Ursachenkomplex von Analphabetismus in Elternhaus, Schule und Erwachsenenalter

Negativerfahrungen in Elternhaus und Schule

- Vernachlässigung, Gleichgültigkeit, Ablehnung, erlebte Unsicherheit
- psychische Belastungssituationen durch Konflikte der Eltern
- Minimum ökonomischer Sicherheit
- untergeordnete Rolle der Schrift in der Familie
- psychische Belastungssituationen in der Schule (Aussonderung, soziale Blamage, Außenseiter, Angst bei Leistungsdruck)
- massive Strafen bei Schulversagen

Leistungsprobleme in der Schule, Schwierigkeiten im Schriftspracherwerb

- keine individualisierten Angebote („Lernen im Gleichschritt")
- Motivationsverlust
- evtl. Sonderschulüberweisung

Geringes Zutrauen in die eigenen Fähigkeiten, negatives Selbstbild bezüglich Schriftsprache, oft auch generalisiert

Emotionen
- Angst vor Versagen und Diskriminierung
- geringes Selbstwertgefühl
- Unterlegenheitsgefühl
- Wut gegen sich selbst
- Resignation, Mutlosigkeit

Selbstentmutigende Kognitionen
- „Ich kann das nicht"
- „Ich bin zu dumm dazu"
- „Ich werde das nie lernen"

Fehlende, unzureichende oder unsichere Schriftsprachkompetenz

Vermeidung schriftsprachlicher Anforderungs- und Gebrauchssituationen

Diskriminierungserfahrungen im Erwachsenenalter auf Grund von Schriftsprachunkundigkeit

- Erschwernisse bei alltäglichen Tätigkeiten: Einkaufen, Formulare, Ämter
- Benachteiligung auf dem Ausbildungs- und Arbeitsmarkt
- gesellschaftliche Außenseiterstellung
- Angst vor Entdeckung (Angst vor Verlust des Partners, der Freunde, des Arbeitsplatzes ...).

Marion Döbert / Sven Nickel

Seit einigen Jahren werden einige Modellprojekte durchgeführt mit dem Ziel, mehr Kindern als bisher ausreichende Schriftkenntnisse zu vermitteln. Dazu ein Beispiel aus Hamburg:

»*Prävention von Analphabetismus in der Grundschule*
Wer die Schule nach neun oder zehn Jahren verläßt, ohne zureichend lesen und schreiben zu können, wird als ›funktionaler Analphabet‹ bezeichnet. Schulischer Schrifterwerb und Prävention von Analphabetismus sind

Schulprojekte machen Hoffnung

zwei Seiten einer Medaille. Mit dem Modellversuch der Bund-Länder-Kommission (BLK) ›Elementare Schriftkultur als Prävention von Lese-Rechtschreibschwierigkeiten und Analphabetismus bei Grundschulkindern‹ hat das Amt für Schule in Hamburg 1992 erstmals in Deutschland das Nicht-Lernen als Thema in der Schule angenommen. Bis dahin war von Analphabetismus nur als Phänomen außerhalb oder nach der Schule die Rede.
Bei der Auswertung von Fallstudien erwachsener Analphabeten haben sich neben soziokulturellen vor allem psychosoziale Faktoren als Ursache für die Lernschwierigkeiten ergeben: Als Schulkinder hatten die späteren Analphabeten kein ›Bewußtsein für potentielle Anforderungssituationen‹, ›kaum Erfahrungen mit Schriftsprachanwendung außerhalb der schulischen Lernsituation‹, und sie schätzten die eigenen Fähigkeiten falsch ein. So im EG-Schlußbericht zum Thema [...].
Wenn zutrifft, was als Ursache für funktionalen Analphabetismus angenommen wird:

- schwierige soziale Verhältnisse (wie instabile Familiensituation, Arbeitslosigkeit, Alkoholismus, unzureichende Betreuung) als von Kindern erlebte Unsicherheit,
- eingeschränkte Erfahrungen im Umgang mit Schrift (die Kinder sehen niemanden lesen, ihnen liest niemand vor, sie verfügen nicht über Papier und Stift zum Malen und Kritzeln),
- in der Folge davon ein mangelndes Zutrauen in die eigenen Fähigkeiten, vor allem was Anforderungen betrifft, wie sie in der Schule gestellt werden,

dann besteht die Aufgabe und die Chance von Schule darin, Erfahrungen mit Schrift anzubahnen, die Fähigkeiten der Kinder herauszufordern und zu bestätigen und sie Sicherheit erleben zu lassen – im sozialen Kontext der Schule. [...] Ziel des Modellversuchs ist die Verringerung der Zahl der Kinder in Klasse 2 mit unzureichenden Schulleistungen im Rechtschreiben [...] und die Entwicklung ihrer Leseinteressen und Fähigkeiten zum Textverfassen.

Unter drei Maximen sollte nach Lösungsansätzen gesucht werden:
›1. Lesen und Schreiben wird als elementare schriftkulturelle Tätigkeit vermittelt, nicht isoliert als Kulturtechnik.
2. Kinder mit Schwierigkeiten beim Schrifterwerb bedürfen in höherem Maße als andere pädagogischer Lenkung.
3. Didaktisch erforderlich ist eine Grundlegung des Schrifterwerbs, die der Sachstruktur und den Lernmöglichkeiten der Kinder entspricht‹ (Aus dem Antragstext, Behörde für Schule, Jugend und Berufsbildung 1991).«

Dehn, Mechthild: 1996, S. 10

Die bislang vorliegenden Ergebnisse dieser Bemühungen sind beeindruckend. Aber es wird sicherlich noch einige Zeit dauern, bis in allen Bundesländern die Rolle der Schule bei der Prävention des funktionalen Analphabetismus erkannt ist und vergleichbare Maßnahmen wie in Hamburg in allen Schulklassen Eingang gefunden haben.

Veränderte Anforderungen in der Gesellschaft als Ursache für funktionalen Analphabetismus

Beginnen wir mit einem Beispiel.

FRÜHER: Jürgen will nach Essen-Steele fahren. Der Kumpel hat gesagt, dass sie da einen suchen, auf dem Bau. Jürgen steigt in die Straßenbahn, bezahlt beim Schaffner und fährt nach Steele. Der Polier fragt, ob er schon mal am Bau war. Jürgen nickt. Er arbeitet mit. ›Diesen Monat. Erst mal auf Probe.‹ Am Ersten bekommt Jürgen seine Lohntüte. Er kann bleiben, denn er ist ein guter Arbeiter.

HEUTE: Jürgen ist entlassen worden. Nach zehn Jahren am Bau. Einsparungsmaßnahme. Er ist ungelernt, musste als Erster gehen. Jürgen muss zum Arbeitsamt. Mit dem Fahrkartenautomaten kommt er nicht klar. Er fährt schwarz. Der Berater gibt ihm Formulare: ›Füllen Sie das aus und kommen Sie dann wieder.‹ Jürgen liest stockend, aber vieles versteht er nicht. ›Ist ja wie bei der Steuererklärung. Da blickt auch keiner durch.‹ Der Berater beim Arbeitsamt hilft ihm beim Ausfüllen der Formulare. Am Bau gibt es zur Zeit kein Angebot. Jürgen soll

»Wenn alles so wär' wie früher, dann käme ich gut klar«

erst einmal einen Test machen. Vielleicht gibt es eine Umschulung für ihn. Am liebsten würde Jürgen auf Kfz lernen. ›Da brauchen Sie einen Schulabschluss und müssen eine Lehre machen. Dafür sind Sie eigentlich schon zu alt. Da nimmt Sie keiner mehr, bis Sie dann fertig sind.‹ Jürgen fragt nach Lagerarbeit. Das wäre doch bestimmt nicht so schwer. ›Haben Sie Erfahrungen im Umgang mit dem Computer?‹ Jürgen verneint. Das wusste er nicht, dass man fürs Lager am Computer lesen und Einträge machen muss. Schreiben, das liege ihm nicht so, sagt er dem Berater. Aber auch als Hausmeister, als Verkäufer, als Helfer in der Pflege und als Klempner müsste er Laufzettel lesen, Berichte und Protokolle schreiben, Bestellungen aufgeben, Raum- und Schichtpläne lesen, Tätigkeitsberichte für den Kunden ausfüllen, E-Mails versenden oder Einträge in Tabellen und Grafiken vornehmen. ›Und bei dem Test müssen Sie ja auch schreiben und in der Umschulung auch. Da ist jede Menge Theorie dabei.‹ Jürgen hat immer nur gearbeitet, in der Fabrik und am Bau, schreiben musste er nie. Aber jetzt ist alles anders. Elektronische Datenverarbeitung und Automatisierung haben dazu geführt, dass schriftsprachliche Anforderungen

Je höher die Anforderungen, desto größer die Wahrscheinlichkeit, funktionaler Analphabet zu werden

an fast allen Arbeitsplätzen Einzug gehalten haben. Zugleich ist es typisch für Zeiten hoher Arbeitslosigkeit, dass die Anforderungen an die Einstiegsvoraussetzungen höher geschraubt werden. Wo früher ein Hauptschulabschluss ausreichte, wird heute ein guter Realschulabschluss verlangt, wo handwerkliches Können gefragt war, wird heute zuerst nach Schulabschluss und Zensuren gefragt.

Gesteigerte Anforderungen der Wirtschaft

Die Anforderungen der Arbeitswelt an die Beherrschung der Schriftsprache steigen. Dies ergibt auch eine Befragung von Unternehmen durch das Institut der Deutschen Wirtschaft in Köln im Auftrag des Bundesbildungsministeriums. Befragt wurden Unternehmen im kaufmännischen Bereich, im gewerblich-technisch/naturwissenschaftlichen und im Bereich der Handwerksberufe:

Angebotene Ausbildungsberufe

Die befragten Unternehmen bilden schwerpunktmäßig bei den kaufmännischen Ausbildungsberufen zum Einzelhandelskaufmann, Bürokaufmann, Groß- und Außenhandelskaufmann, Industriekaufmann und Bankkaufmann aus, im gewerblich-technisch/naturwissenschaftlichen Bereich zum Industriemechaniker, Energieelektroniker, Technischen Zeichner, Zerspanungsmechaniker und Werkzeugmechaniker. Bei den Handwerksberufen liegen Kfz-Mechaniker, Gas- und Wasserinstallateur, Schreiner, Maurer und Elektroinstallateur vorn.

Bevorzugter Schulabschluß

Im kaufmännischen Bereich ist der bevorzugte Schulabschluß für die genannten Ausbildungsberufe der Realschulabschluß. Fachoberschulreife, Fachabitur und Allgemeine Hochschulreife liegen deutlich dahinter. Am wenigsten gewünscht wurde der Hauptschulabschluß mit einem Zehntel der Nennungen. [...] Im gewerblich-technisch/naturwissenschaftlichen Bereich ist ebenfalls der Realschulabschluß der bevorzugte Schulabschluß. [...] Auffallenderweise steht auch für die Ausbildung in einem Handwerksberuf der Wunsch nach einem Realschulzeugnis zuvorderst: mehr als die Hälfte aller Betriebe nannte diesen als bevorzugten Abschluß, der Hauptschulabschluß folgt erst an zweiter Stelle. [...] Der Beruf des Maurers ist außerdem der einzige, für den ein Hauptschulabschluß dem Realschulabschluß vorgezogen wird (51,9 Prozent). Selbst für den Beruf des Schreiners, für den bis vor einigen Jahren noch der Hauptschulabschluß reichte, sind die Anforderungen gestiegen. Auch hier wird heute bereits ein Realschulabschluß gewünscht.

Gartz, Michaele u.a.: 1999, S. 54–60

Je mehr Auswahl an Arbeitskräften durch hohe Arbeitslosigkeit und je höher die Qualifikationsanforderungen gesetzt werden, desto mehr steigen die Auswahlanforderungen an den Einzelnen. Je höher die Anforderungen, desto größer wird die Wahrscheinlichkeit, zum funktionalen Analphabeten und gesellschaftlich ausgegliedert zu werden. So werden auch für den Eintritt in Qualifizierungsmaßnahmen zunehmend jene Jugendlichen bevorzugt, die beim Eingangstest am besten abschneiden oder die höchste ›Erfolgsgarantie‹ bieten.

»Letztlich muss man einsehen, dass die Anforderungen an und in Ausbildungen hoch sind. Dabei wird Sprache immer wichtiger [...]. In Baden-Württemberg bestehen sehr hohe Ausbildungsanforderungen in der Vollausbildung. Dies gilt sowohl im Handwerk wie in der Industrie. Die Mehrzahl der Absolventen der Maßnahmen kommt deshalb nur für einen gesondert für Behinderte geregelten Ausbildungsgang infrage. Die Ergebnisse sind positiv und nachweisbar: Knapp 70 Prozent der Teilnehmer beginnen eine betriebliche oder schulische Ausbildung nach der Maßnahme. Neben dieser Intensivförderung für Lernbehinderte liegt ein Schwerpunkt in Maßnahmen der Sprachförderung von Ausländern und Aussiedlern. Diese sollen künftig allerdings erfolgsorientierter als bisher ausgerichtet werden: Nur noch solche Teilnehmer sollen aufgenommen werden, die auch in einem Jahr auf eine Ausbildung vorbereitet werden können. Der Sprachförderanteil darf dabei nicht überwiegen.«

Volz, Gerhard: 1999, S. 232–235

Die veränderten gesellschaftlichen Bedingungen haben vor allem in den neuen Bundesländern zu dramatischen Einschnitten im Alltag

Die Wende bringt es an den Tag – funktionaler Analphabetismus in der DDR

geführt und durch das Zusammenbrechen alter Strukturen und einer bisher nicht gekannten Arbeitslosigkeit bislang verborgene Probleme aufgedeckt. Dazu Birte Egloff in einer biografieanalytischen Studie:

»Mit dem Ende der DDR bekam das Phänomen ›Analphabetismus‹ eine weitere Dimension. Hier war das Thema ›funktionaler Analphabetismus‹ tabuisiert bzw. nicht als Problem erkannt. In einem Staatsbürgerkundebuch der DDR für die Klasse 7 heißt es über das ›Bildungsprivileg im Imperialismus‹: ›Doch während Milliarden DM in die Rüstung fließen, ist für die Bildung der Masse der Kinder angeblich kein Geld vorhanden. So ist es auch nicht verwunderlich, daß in einem so hoch entwickelten Industrieland wie der BRD ein nicht unerheblicher Teil der Bevölkerung als Analphabeten eingestuft wird. Manche können nur einfache Texte schreiben‹ (zit. nach Deja-Lölhöffel 1988, S. 40).
Mit solchen Aussagen sollte das Bildungssystem der DDR gegenüber dem der Bundesrepublik hervorgehoben werden. Man war davon überzeugt, ein so fortschrittliches Bildungssystem [...] geschaffen zu haben, daß die Vorstellung, ein Mensch könne die Schule verlassen, ohne lesen und schreiben gelernt zu haben, als völlig absurd betrachtet wurde. Das am Grundsatz der Chancengleichheit orientierte ›einheitliche sozialistische Bildungssystem‹ sah eine optimale Förderung für alle Schüler vor, auch für die der Sonderschulen. In der Polytechnischen Oberschule gab es sogar sogenannte ›Sonderklassen‹ für lese- und rechtschreibschwache Kinder. Aufgrund der Existenz dieser Klassen, d.h. der Tatsache, daß Schwächen in dem Bereich sofort erkannt und behoben wurden, schloß man wahrscheinlich aus, daß es Menschen mit unzureichender Schriftsprachkompetenz überhaupt noch geben konnte.
Man kann also vermuten, daß ›funktionaler Analphabetismus‹ in der DDR – ebenso wie früher in der Bundesrepublik – einfach deshalb kein Thema war, weil man davon überzeugt war, dieses Problem nicht zu haben. Hinzu kam natürlich noch, daß eine solche Problematik nicht existieren durfte, hätte sie doch offenbart, daß die DDR-Gesellschaft mit ähnlichen Schwierigkeiten zu kämpfen hatte wie die verhaßten kapitalistischen Länder und daß das Bildungssystem eben doch nicht so perfekt war. Selbst wenn also das Problem unzureichender Lese- und Schreibkenntnisse bekannt war, so wurde darüber ebenso Stillschweigen bewahrt wie über andere Dinge. Einer der von mir interviewten Informanten drückte dies folgendermaßen aus: ›In der DDR gabs das ja nicht, da wurde vieles totgeschwiegen. Da gabs eben keine Selbstmordraten und da wurden eben auch die Analphabeten totgeschwiegen. Die gabs dann dort nicht.‹
Bis zum Sommer 1989 lehnten DDR-Offizielle jede wissenschaftliche Beschäftigung mit dem Thema ab. Erst mit Beginn der politischen Veränderungen begannen einige Wissenschaftler, vor allem aber Praktiker, sich näher mit der Frage zu befassen, ob nicht doch auch in der DDR mit lese- und schreibunkundigen Menschen zu rechnen sei [...]. Größere Aufmerksamkeit wurde dem Problem erst gewidmet, als nach der ›Wende‹ – ähnlich wie in der Bundesrepublik der

siebziger Jahre – eine wirtschaftliche Krise eintrat. Hatten Menschen mit fehlenden Schriftsprachkenntnissen in der DDR ihre speziellen Strategien und Nischen gefunden, so änderte sich plötzlich ihre Situation, als sich nach dem Zusammenbruch der DDR und ihrem Beitritt zur Bundesrepublik die gesellschaftlichen Anforderungen entscheidend wandelten. Die Arbeitslosigkeit nahm zu, die Konkurrenz auf dem Arbeitsmarkt wurde schärfer. Umschulungs- und andere Aus- und Weiterbildungsmaßnahmen wurden notwendig, und man erkannte, daß es Menschen gab, denen die elementaren Qualifikationen, wie etwa Lesen und Schreiben, fehlten und daß sie deshalb nicht in neue Arbeitsplätze vermittelt werden konnten. [...] ›Die Situation der Zielgruppe unterscheidet sich im Vergleich zu der Anfangsphase in den alten Ländern dadurch, daß sich in den neuen Ländern die Lage für die Betroffenen seit der Wende über Nacht schlagartig und grundlegend verändert hat, während es im Westen ein mehrjähriger Prozeß war. Früher waren in den neuen Bundesländern Arbeitsplätze garantiert, alle waren in einem sozialen Netz aufgefangen, z.T. auch aufbewahrt, aber nun sind die BürgerInnen von der Massenarbeitslosigkeit betroffen. Die Auswirkungen sind nicht nur quantitativ, sondern auch qualitativ in größeren Dimensionen zu sehen, da sich gleichzeitig die gesamten Lebensverhältnisse verändert haben.‹ (Tröster, Monika, 1994, S. 163).«

EGLOFF, Birte: 1997, S. 11–13

DDR: Solidargemeinschaften kompensieren Lese- und Schreibprobleme

Die Tatsache, daß das Phänomen ›Analphabetismus‹ auch in den neuen Bundesländern existiert und somit in der DDR ein (verstecktes) Problem war, läßt die Vermutung zu, daß es hinsichtlich der Entstehungsbedingungen von Lese- und Schreibunkundigkeit in beiden deutschen Staaten gewisse Ähnlichkeiten gibt. Die Interviews bestätigen diese Annahme, machen jedoch auch die Unterschiede sichtbar. So konnten viele spezifische Einrichtungen und Gegebenheiten der DDR das Ende eines Leidensprozesses fördern. Sie sind hier unter der Kategorie ›institutionalisierte Solidaritätsmechanismen‹ zusammengefaßt. Dazu zählt etwa das ›Elternaktiv‹, das sich schlechter Schüler annahm und so ein Schulversagen abwehren konnte. Organisationen wie die Pioniere, die FDJ und auch die Partei boten somit die Möglichkeit, Aufgaben und Verantwortung zu übernehmen, und konnten somit möglicherweise einen Leidensprozeß beenden. Der hohe Stellenwert der Arbeit in der DDR (›Arbeiter- und Bauernstaat‹) sowie der große Bedarf an Fachkräften bewirkten, daß ein großes Weiterbildungsangebot geschaffen wurde. Auch Sonderschüler wurden systematisch gefördert und konnten nach und nach fehlende Lehrgänge nachholen und ihr Defizit über besondere Leistungen kompensieren.

EGLOFF, Birte: 1997, S. 128

Birte Egloff bat auch Menschen aus den neuen Bundesländern, ihre Lebensgeschichten zu erzählen, um die Ursachen für die Lese-Schreibunkundigkeit näher bestimmen zu können.
In wesentlichen Punkten decken sie sich mit den oben benannten Ursachenbündeln. Zur Zeit der DDR gab es zahlreiche ›institutionalisierte Solidaritätsmechanismen‹, in denen sich auch Menschen mit Lese-Schreibproblemen bewähren und eine selbstbewusste Identität entwickeln konnten. Der gesellschaftliche Umbruch hat viele dieser Mechanismen zerstört. Wo soziale Netze zerreißen – ob in Ost oder West – scheinen die Probleme der Benachteiligten besonders gravierend zu werden.

Literatur

CONRADY, Peter: Lesen und Schreiben lernen oder: Lehrerinnen und Lehrer müssen von und mit Kindern lernen, um Kinder zu fördern. In: Eicher, Thomas (Hrsg.): Zwischen Leseanimation und literarischer Sozialisation: Konzepte der Lese(r)förderung. Oberhausen 1997, S. 87–99.

DEHN, Mechthild: Einleitung: Elementare Schriftkultur. In: Dehn, Mechthild / Hüttis-Graff, Petra / Kruse, Norbert (Hrsg.): Elementare Schriftkultur. Schwierige Lernentwicklung und Unterrichtskonzept. Weinheim und Basel 1996, S. 9–14.

DEJA-LÖLHÖFFEL, B.: Das Bild des jeweils anderen deutschen Staates in den Politik-Schulbüchern der BRD und der DDR. In: Die Deutsche Schule, Heft 1/1988.

DÖBERT, Marion: Schriftsprachunkundigkeit bei deutschsprachigen Erwachsenen. In: Eicher, Thomas (Hrsg.): Zwischen Leseanimation und literarischer Sozialisation: Konzepte der Lese(r)förderung. Oberhausen 1997, S. 117–139.

EGLOFF, Birte: Biographische Muster ›funktionaler Analphabeten‹. Eine biographieanalytische Studie zu Entstehungsbedingungen und Bewältigungsstrategien von ›funktionalem Analphabetismus‹. Deutsches Institut für Erwachsenenbildung. Frankfurt a.M. 1997.

FÜSSENICH, Iris: Klippen in den Unterrichtsmaterialien, im Lehrerverhalten, in der Schulorganisation und in der Lehreraus- und -fortbildung. In: Stark, Werner / Fitzner, Thilo / Schubert, Christoph (Hrsg.): Schulische und außerschulische Prävention von Analphabetismus. Eine Fachtagung. Stuttgart 1995, S. 129–149.

GARTZ, Michaele / HÜCHTERMANN, Marion / MRYTZ, Barbara: Schulabgänger. Was sie können und was sie können müßten [= Kölner Texte und Thesen 53]. Köln 1999.

GENUNEIT, Jürgen: Analphabeten in Deutschland – ein Armutszeugnis. In: Gewerkschaftliche Bildungspolitik 6-7/1996, S. 4–6.

HEIDTMANN, Horst: Medienverbünde – Herausforderungen und Chancen. In: Stark, Werner / Fitzner, Thilo / Schubert, Christoph (Hrsg.): Von der Alphabetisierung zur Leseförderung. Stuttgart 2000 (im Druck).

HÖRSCHGENS-FÜSSENICH, Willi: Prävention von Analphabetismus beim Übergang von der Schule in den Beruf. In: Schulische und außerschulische Prävention von Analphabetismus. Eine Fachtagung. Hrsg.: Stark, Werner / Fitzner, Thilo / Schubert, Christoph. Stuttgart 1995, S. 20–27.

HURRELMANN, Klaus: Immer mehr privater Zusatzunterricht. Die Chancengleichheit ist in Gefahr. In: ALFA-FORUM 38/1998, S. 25–27.

KAMPER, Gertrud: Analphabetismus trotz Schulbesuchs. Zur Bedeutung elementarer Fähigkeiten für Schwierigkeiten beim Lesen- und Schreibenlernen. Berlin 1990.

KRAMER, Wolfgang / WERNER, Dirk: Familiäre Nachhilfe und bezahlter Nachhilfeunterricht. Ergebnisse einer Elternbefragung in Nordrhein-Westfalen [= Beiträge zur Gesellschafts- und Bildungspolitik 229]. Köln 1998.

Lebensgeschichten aus Ost und West. Hrsg.: Monika Tröster. Deutsches Institut für Erwachsenenbildung, Pädagogische Arbeitsstelle des Deutschen Volkshochschul-Verbandes. Frankfurt a. M. 1994.

TRÖSTER, Monika: Alphabetisierung und Elementarbildung als Herausforderung und Aufgabe für die Erwachsenenbildung in den Neuen Ländern. In: Derichs-Kunstmann, Karin / Schiersmann, Christiane / Tippelt, Rudolf (Hrsg.): Perspektiven und Probleme der Erwachsenenbildung in den Neuen Ländern. Beiheft zum Report. Pädagogische Arbeitsstelle des Deutschen Volkshochschul-Verbandes, Institut für Erwachsenenbildung. Frankfurt a. M. 1994, S. 162–167.

VOLZ, Gerhard: Berufsorientierte Alphabetisierung und Jugendberufshilfe. Die Sicht der Bundesanstalt für Arbeit. In: Stark, Werner / Fitzner, Thilo / Schubert, Christoph (Hrsg.): Junge Menschen in der berufsorientierten Alphabetisierung. Eine internationale Fachtagung. Stuttgart 1999, S. 232–235.

4 Lebenswelt von funktionalen Analphabeten

Wie sieht die Lebenssituation von funktionalen Analphabeten aus?

Die Lebens- und Arbeitserfahrungen von erwachsenen funktionalen Analphabeten in den Kursen unterscheiden sich von denen der Jugendlichen, die noch nicht in den Kursen sind. Nach erfolgloser schulischer Karriere vermeiden die Jüngeren neue Lernsituationen. Verhaltensauffälligkeiten und fehlende Lernmotivation sind typisch für die jüngeren Betroffenen.
Ältere geraten zunehmend mehr in die Arbeitslosigkeit, da sie als Ungelernte als Erste entlassen werden. Beide Gruppen vermeiden schriftsprachliche Anforderungssituationen und Arbeitsplätze, an denen solche Anforderungen gestellt werden. In diesem Kapitel wird auch auf die besondere Situation von Migranten, Inhaftierten und behinderten Menschen eingegangen.

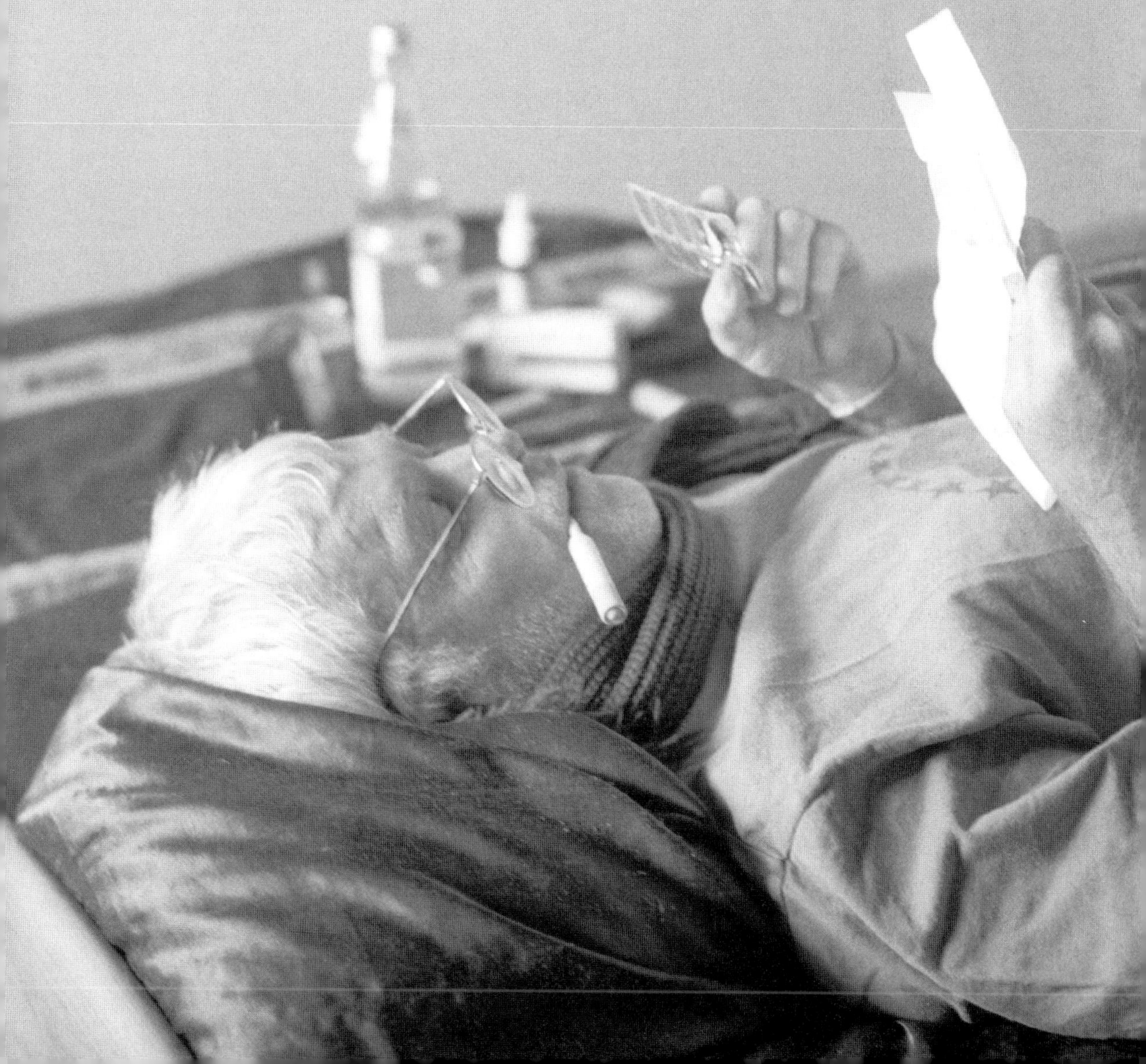

Teilnehmerstruktur in Lese-Schreibkursen

Informationen zur Lebenssituation von funktionalen Analphabeten können aus den Daten der Aufnahmegespräche zum Beispiel an Volkshochschulen sowie aus Untersuchungen zur Lebensgeschichte der Betroffenen entnommen werden. Dabei muss jedoch beachtet werden, dass es sich um Angaben der besonderen Gruppe funktionaler Analphabeten handelt, die sich ›outen‹ und ihre Lebens- bzw. Lernsituation verändern wollen. Dieser Entscheidung ist eine lange Zeit vorausgegangen, in der versucht wurde, ohne schriftsprachliches Handeln zurechtzukommen. Daten aus Aufnahmgesprächen bilden daher in der Regel eher die Lebenssituation älterer funktionaler Analphabeten ab. In einer Befragung von 101 Teilnehmern aus Alphabetisierungskursen durch die Beratungsstelle für Weiterbildung in Köln wurden folgende Daten zur Teilnehmerstruktur erhoben:

»Die folgenden Tabellen zeigen die Struktur der Kursteilnehmer/innen nach Alter und Geschlecht.

Alter	
16 – 25 Jahre:	21 %
26 – 35 Jahre:	45 %
36 – 49 Jahre:	24 %
50 Jahre und älter:	10 %

Geschlecht	
männlich	51 %
weiblich	49 %

Auffallend bei den Altersgruppen der Teilnehmer/innen ist [...] der hohe Anteil der 26–35jährigen. Die Gruppe der 16–25jährigen wird einerseits stärker in den diversen Maßnahmen zur Berufsvorbereitung oder des nachträglichen Erwerbs des Hauptschulabschlusses aufgefangen und realisiert andererseits oft noch nicht die Bedeutung, die Schriftsprache in ihrem Leben hat. [...] Möglicherweise müßten die Weiterbildungseinrichtungen für die Gruppe der Jüngeren zusätzlich andere Anspracheformen entwickeln. Die 26–35jährigen werden vermutlich privat und beruflich am stärksten mit ihren Defiziten konfrontiert und haben eine größere Bereitschaft, grundlegend etwas an ihrer Situation zu verändern.

Der Anteil von Männern und Frauen ist zwar insgesamt ausgeglichen, im Zusammenhang mit den zusammengefaßten (bis 35 Jahre und ab 36 Jahre) Altersgruppen zeigt sich jedoch ein deutliches Überwiegen von Männern bei den 16–35jährigen (37% zu 29%), dagegen von Frauen in der Gruppe ab 36 Jahre (20% zu 14%). Hier mag zum Tragen kommen, daß Frauen durch die familiären Verpflichtungen und die Kindererziehung zunächst stärker eingebunden sind, bzw. der Besuch eines Alphabetisierungskurses einige z.T. vor unlösbare organisatorische Probleme (Kinderbetreuung) stellt. In Köln sind erste positive Erfahrungen mit zwei Kursangeboten mit paralleler Kinderbetreuung gemacht worden. Ein weiterer Ausbau dieses Services wäre wünschenswert.

Die folgenden Tabellen geben Auskunft über den Schulbesuch, d.h. die zuletzt besuchte Schule und den Schulabschluß der Teilnehmer/innen.

Schulbesuch und Schulbesuch	
kein Schulbesuch	5 %
Grundschule	2 %
Hauptschule	23 %
Sonderschule	69 %
sonstiger Schulabschluß	1 %
kein Schulabschluß	78 %
Abschluß der Schule für Lernbehinderte	12 %
Hauptschulabschluß	10 %

[...] Eine altersspezifische Betrachtung zeigt, daß bei den 16–35jährigen weitaus häufiger die Sonderschule (59) als die Hauptschule (4), dagegen bei den über 36jährigen häufiger die

Hauptschule/Volksschule (19) als die Sonderschule (11) besucht wurde. Schulabschlüsse kommen dagegen bei den älteren Teilnehmerinnen/Teilnehmern (5) viel seltener als bei den jüngeren (17) vor. Das Überwiegen des Hauptschulbesuchs/Volksschulbesuchs bei den älteren Teilnehmerinnen/Teilnehmern ist nicht dahingehend zu interpretieren, daß die Problematik in der Regelschule besser aufgefangen worden ist. Es wird sich in den meisten Fällen um ein ›Mitziehen‹ gehandelt haben [...], was sich in der geringen Anzahl von Schulabschlüssen zeigt. Auch die Sonderschule ist bislang nicht ausreichend in der Lage, Analphabetismus wirksam zu verhindern. [...]

Zum sozialen Status der Teilnehmer/innen sind folgende Daten ermittelt worden:

Sozialer Status	
Arbeiter/in / Angestellte/r (ungelernt)	69%
Facharbeiter/in	3%
Angestellte/r (gelernt)	1%
Selbständige/r	1%
Hausfrau	12%
Rentner/in	4%
Arbeitslose/r	6%
Sonstige	4%

Alphabetisierung im Kölner Kooperationsmodell: 1991, S. 30–32

Für die alten und neuen Länder liegen Daten zur Teilnehmerstruktur aus einer Untersuchung von Horst Weishaupt vor. In diesen

Unterschiede in den alten und neuen Bundesländern

Zahlen sind neben den Teilnehmern aus den Alphabetisierungskursen für Deutsche auch die für Ausländer/innen berücksichtigt:

»Die vorliegenden Zahlen weisen ein Übergewicht der männlichen Teilnehmenden in den Alphabetisierungskursen für Deutsche sowohl in den alten als auch in den neuen Ländern aus [s. Tabelle unten]. In den neuen Bundesländern liegt der Anteil der weiblichen Teilnehmenden nach den vorliegenden Angaben bei 39% (in den alten Bundesländern bei 44%). Anders ist die Verteilung der Teilnehmenden nach Geschlecht in den Alphabetisierungskursen für Ausländer, in denen die Frauen stark überwiegen. In den neuen Ländern tritt dieser Effekt durch die vermutlich andere nationale und soziale Zusammensetzung der Teilnehmenden nicht so deutlich in Erscheinung. [...]

Anteil der weiblichen Teilnehmenden an Alphabetisierungskursen		
	für Deutsche	für Ausländer
Alte Länder	43,8 %	76,7 %
Neue Länder	39,1 %	56,2 %
Insgesamt	43,0 %	73,5 %

Lesen und Schreiben bedeutet Freiheit

Die ersten Jahre bin ich in einem Obdachlosenasyl aufgewachsen, da wohnten viele kinderreiche Familien. Ich bin das siebte Kind von acht Kindern. Meine Mutter hatte die ersten Jahre nachts in einer Kneipe gearbeitet, später in Fabriken. Mein Vater war beim Bau und auch in Fabriken. Wo wir wohnten, wurde aus drei Wohnungen ein Kindergarten gebaut, den ich mit drei Geschwistern und den ganzen Nachbarskindern besuchte. Kurz bevor ich eingeschult werden sollte, sind wir umgezogen nach Rudow-Gropiusstadt. Ich wurde dann erst mit sieben Jahren eingeschult, es hieß, ich sei zu verspielt gewesen. Was ich nicht glaube, ich hatte nur meine ganzen Freunde, meine vertraute Umgebung verloren. Meine Eltern bekamen alle zwei Monate 829,- Kindergeld und die neue Wohnung war noch teurer, sie mußten viele Überstunden machen und hatten noch weniger Zeit. Ich und meine Geschwister waren tagsüber allein, ich hatte immer das Gefühl, daß wir uns untereinander erziehen würden. Von acht Kindern sind vier auf eine Sonderschule gegangen, ich war ab der dritten Klasse auf einer Sonderschule. Auf der Sonderschule wurde man mitdurchgezogen, ob du was gelernt hast oder nicht. Ich habe die Schule bis zur zehnten Klasse besucht, und bin so schlau abgegangen, wie ich angefangen habe. Ich habe es oft ver-

Nach Erwerbstätigen- und Sozialgruppen [siehe Tabelle rechts] setzen sich die Teilnehmer in den Alphabetisierungskursen (die Basis bilden 113 Einrichtungen) folgendermaßen in der Reihenfolge der Häufigkeit zusammen: ungelernte Industriearbeiter (25%), Arbeitslose (20%), Hausfrauen (13%) sowie Facharbeiter und Teilfacharbeiter (jeweils 6%). Bedeutsam ist noch die Gruppe der Sonstigen mit 27%, die sich fast ausnahmslos aus Schülern, Auszubildenden, Rentnern und vor allem Behinderten zusammensetzt. In den neuen Ländern ist diese Gruppe weit bedeutsamer als in den alten Ländern (44% zu 23%), während sich der Anteil der Arbeitslosen zwischen alten und neuen Ländern nicht unterscheidet (20%).

Anteil der Teilnehmenden an Alphabetisierungskursen nach beruflicher und sozialer Stellung

Berufsgruppe	Alte Länder N = 87	Neue Länder N = 26	Insgesamt N = 113
Ungelernter Industriearbeiter	26,4	19,2	24,8
Ungelernter Landarbeiter	4,3	0,3	3,4
Teilfacharbeiter	3,2	13,7	5,6
Facharbeiter	7,0	1,5	5,7
Hausfrau	16,6	2,9	13,4
Arbeitslos	19,9	20,1	20,0
Sonstige	22,6	42,2	27,1
Insgesamt	100,0	100,0	100,0

(in v. H. – die Prozentverteilungen sind auf der Grundlage der prozentualen Verteilung der Angaben in den einzelnen Einrichtungen errechnet)

WEISHAUPT, Horst: 1996, S. 45f

sucht mit dem Lesen und Schreiben, aber wenn es nicht weiterging und man oft genug hört, wie blöd man ist, glaubt man es selbst. Mit Schreib- und Leseproblemen wurde ich auf den Arbeitsmarkt geschickt. Es war schon ein Problem, mir aus der Zeitung eine Arbeit zu suchen, die Arbeitsstelle zu finden und einen Personalbogen auszufüllen. Ich stand ständig unter so einem Druck, es war der reinste Horror, aus Angst, jemand könnte mitbekommen, daß ich nicht lesen und schreiben kann. Es gab viele Probleme mit meinen Eltern wegen der Arbeitssuche. Ich bin ein paar Tage von zu Hause abgehauen, als ich wieder zu Hause war, hatte meine Mutter Angst und sie nahm sich einen Tag frei, füllte mir den Personalbogen aus und verpaßte mir eine Arbeit als Ladenhilfe. Da war ich ein halbes Jahr, sie brauchten jemanden nur für die Sommerzeit. Meine zweite Arbeit war in einer Großstickerei, auch hier das Problem mit dem Vorstellen, mir wurden drei Bögen vorgelegt, die ich ausfüllen sollte, mir wurde ganz schlecht, ich dachte, ich falle jeden Moment in Ohnmacht. Das muß die Sekretärin gemerkt haben, denn sie nahm die Bögen, und füllte sie für mich aus. Auch für diese Maschinen brauchte ich nicht lesen und schreiben zu können, nach zwei Jahren ist diese Firma aus Berlin gegangen. Heute arbeite ich seit 16 Jahren an Maschinen in einer Zigarettenfabrik. Als ich an der Maschine angelernt wurde, wurde die Störung und Namen über Computer angezeigt. Aber wenn man nicht lesen kann, ist man gezwungen, alles ganz schnell auswendig zu lernen. Wenn es Sachen waren, die wichtig für mein Leben waren, ging

»Ich stand ständig unter so einem Druck, es war der reinste Horror...«

es auch. Denn meine Chefs schickten mich sehr schnell zu verschiedenen Typen von Maschinen, auch neue Maschinen, wo ich nicht angelernt wurde, mir alles von Schlossern abgucken mußte und trotzdem jahrelang neues Personal eingearbeitet habe. Was meine Arbeit an Maschinen betrifft, würde kein Kollege glauben, daß ich nicht lesen und schreiben kann.

Ich brauche das Lesen und Schreiben nicht nur für den Arbeitsplatz, sondern fürs ganze Leben. Es gibt oft Probleme in der Familie, Partnerschaft, Freundschaft, mein Selbstbewußtsein, Selbstwertgefühl ist dadurch verloren gegangen. Was Lesen und Schreiben für mich bedeutet, ist Freiheit, frei von Ängsten, frei seinen Arbeitsplatz wählen zu können, die Freiheit mit welchen Menschen man sich abgibt, die Freiheit in welchem Land man leben möchte.

Ich bin keine Schreibmaschine, 1996, S. 9–11

Situation der Frauen

Die Lebenssituation der Frauen in den Kursen ist meist sehr stark durch die entwicklungshemmenden Bedingungen in der Kindheit geprägt. Förderung von schulischem Lernen oder Aufnahme einer Ausbildung spielten keine Rolle. Die Frauen mussten als Kinder und Jugendliche sehr frühzeitig entweder auf die Geschwister aufpassen, den Haushalt führen oder in der Landwirtschaft oder zum Beispiel als Fabriknäherin arbeiten. Noch in der Gegenwart arbeiten sie überwiegend in gering geachteten und schlecht bezahlten Arbeitsfeldern als Reinigungskräfte, Büglerinnen oder Näherinnen, als Helferinnen im hauswirtschaftlichen Bereich oder als Fabrikarbeiterinnen. Kindheitserfahrungen sind meist geprägt von Missachtung bis hin zu Misshandlungserfahrungen.

Die Frauen sind auf Grund ihrer gering geachteten und schlecht bezahlten Arbeit von Armut bedroht. Durch ihre Verantwortung für die Kinder können sie nur Teilzeitverträge oder Verträge als geringfügig Beschäftigte annehmen. Fast durchgängig spielen die Väter bei der Erziehung der Kinder kaum eine Rolle.

Neben der Gruppe der besonders benachteiligten und mehrfach belasteten Frauen gibt es auch Kursteilnehmerinnen, die eine Ausbildung gemacht haben, zum Beispiel zur Hauswirtschafterin, Krankenschwester oder Erzieherin. Ihre Kenntnisse sind jedoch für ihren Arbeitsplatz unzureichend oder werden von ihnen so eingeschätzt. Deshalb können sie dort nicht ohne Angst schreiben. Sie befürchten, dass ihr Defizit erkannt wird und sie sich blamieren. Diese Angst ist ein prägnantes Merkmal der vergangenen wie der gegenwärtigen Lebenssituation. Sie ist oft Motor für die Veränderung und für den Einstieg in den Kurs. Diese Frauen nehmen meistens an den Aufbaukursen für Lesen und Schreiben teil.

Jugendliche mit Lese-Schreibproblemen

Jüngere Menschen mit Lese- und Schreibproblemen haben nach den negativen schulischen Lernerfahrungen erst einmal keine Motivation, direkt nach der Schulzeit erneut Lernsituationen aufzusuchen. Außerhalb des schulischen Kontextes haben sie in der Regel noch keine Negativerfahrungen mit schriftsprachlichen Ernstsituationen gemacht, da diese meist von den Eltern geregelt wurden (Kindergeldantrag, Mietvertrag, Korrespondenz mit Behörden u.a.). Die Erfahrungen, die die älteren Teilnehmer/innen aus den Lese-Schreibkursen bereits hinter sich haben, stehen den Jüngeren noch bevor. Doch merken inzwischen auch die Jüngeren, wie gering ihre Chancen auf dem Arbeitsmarkt sind. Hohe Arbeitslosigkeit bei gleichzeitig beschränktem Angebot an Ausbildungsplätzen führt zu einem stärkeren Aussieben der Bewerber/innen. Jugendliche ohne Schulabschluss und Sonderschüler/innen sind davon besonders betroffen.

Risikogruppe: Jugendliche ohne Hauptschulabschluss

> »Angesichts der hohen Bedeutung, die eine berufliche Ausbildung für die Übernahme gesellschaftlicher Aufgaben und die Verwirklichung der eigenen Ziele hat, liegt es nahe zu versuchen, diejenigen Qualifikationsniveaus zu bestimmen, die mindestens für die Aufnahme einer Ausbildung gegeben sein müssen, die den Hauptschulabschluss voraussetzt. Alle diejenigen, die ein solches Niveau nicht erreichen, sind bereits zu Beginn ihres – potenziellen – Erwerbslebens von hohen Risiken bedroht.«
> LEHMANN, Rainer H.: 1999, S. 67

Die Dramatik dieser Situation wird den Jugendlichen aber oft erst eine ganze Zeit nach Beendigung der Schule bewusst. Mit dem Entschluss zu einem Kursbesuch wird lange gewartet.

Schulabschlüsse der Kursteilnehmer/innen in Schleswig-Holstein

Zu den Schulabschlüssen der Teilnehmenden im Sommer '98 lassen sich folgende Angaben machen: 60,2% der Teilnehmenden hatten keinen Schulabschluß, 25,5% sind von einer Sonderschule abgegangen, 10,3% hatten einen Hauptschulabschluß.

Diese Zahlen beruhen auf den Angaben der Kursleitenden. Z.T. wissen die Teilnehmenden nicht (mehr), ob und wenn ja, welchen formalen Abschluß sie erlangt haben. Bei den Teilnehmenden liegt die Schulzeit überwiegend mehr als zehn, oft mehr als 20 oder 30 Jahre zurück. In den vergangenen Jahren ist eine deutliche Zunahme der Teilnehmenden ohne Schulabschluß zu verzeichnen. Im Sommer 1996 betrug ihr Anteil 50,4%, 1997 waren es 55,2% und in 1998 bereits 60,2%. Der Anteil der von Sonderschulen abgegangenen Teilnehmenden fiel von 29,7% (1996) über 33,4% in 1997 auf 25,5% in 1998. Der Anteil der Teilnehmenden mit Hauptschulabschluß schwankte zwischen 12,2% (1996) und 8,2% (1997) sowie 10,2% in 1998. Der Anteil der Frauen unter den Teilnehmenden liegt bei 48–50%. Der Anteil der jungen Erwachsenen unter 25 Jahren liegt zwischen 16 und 18%. Er lag im Sommer 1998 auf dem bisher niedrigsten Stand von 15,7%.

Analphabetentum in Schleswig-Holstein: 1999, S. 8

Professor Zenke, Beauftragter für die schulpraktische Ausbildung an der Pädagogischen Hochschule Ludwigsburg/Reutlingen, beschreibt die Situation und Persönlichkeit von Jugendlichen in der Berufsschule, die wir als funktionale Analphabeten bezeichnen können:

1. Grundlegende schulische Kenntnisse und Fähigkeiten fehlen oder sind nur unzulänglich ausgebildet:
   - Rechtschreibung, sinnentnehmendes Lesen, schriftlicher Ausdruck, Gestaltung von Schrift und Schriftsatz, Umgang mit Arbeitsmitteln, Büchern, technischen Geräten;
   - Fähigkeit zur systematischen Übertragung von schriftlichen Handlungsanweisungen in Arbeitsprozesse;
   - die vier Grundrechenarten, Bruchrechnen, Zwei- und Dreisatz, Prozentrechnung und Grundlagen der Geometrie;
   - grundlegende naturwissenschaftliche, technische und sozialkundliche Kenntnisse.
2. Mangelhaftes Kontroll- und Qualitätsbewusstsein (keine Überschlagsrechnung, keine Probe, kein Entwurf, wenig Sorgfalt in der Darstellung).
3. Schwach ausgebildetes allgemeines kulturelles Kapital:
   - Auftreten und Umgang,
   - Kommunikationskompetenz,
   - Verhalten in Krisen und Konflikten,
   - Zuverlässigkeit, Motivation und Anstrengungsbereitschaft,
   - vorausschauende Biografieplanung.
4. Labile Identität (Betrachtung des Selbst) und Personalität (gelebtes Selbst):
   - schwache, sich rasch wandelnde oder wenig reflektierte Ausbildung von Lebensperspektiven;
   - starke Außenlenkung (Markt, Altersgenossen);
   - Vermeidungsverhalten;
   - geringe Sensibilität für soziale, ökonomische und gesundheitliche Gefährdung;
   - allgemeine Unstetigkeit (Konzentrationsmängel, Sprunghaftigkeit, hohe Ablenkungsbereitschaft, geringes Durchhaltevermögen usw.).

ZENKE, Karl G.: 1999, S. 114f

Folie

Folie

Die Besonderheiten der beschriebenen Jugendlichen stehen in ursächlichem Zusammenhang mit ihrer persönlichen und gesellschaftlichen Lebenssituation:

»Veränderte Familienstrukturen (Scheidung, Alleinerzieher/in, Vater pädagogisch ohne Engagement und anderes), der Mangel an Ausbildungsplätzen, wachsende Arbeitslosigkeit (vielfach in Verbindung mit der Bereitschaft und ökonomischen Fähigkeit der Eltern, Warteschleifen zu finanzieren) führen nach Ansicht von Lehrerinnen und Lehrern zu Desinteresse an einer rechtzeitigen Vorbereitung auf den Übergang, verstärkte Hoffnungen auf bessere Optionen für die Zukunft, eine wachsende Jobmentalität (mal hier, mal dort 'ne Mark verdienen) und einer ausgeprägten Sorglosigkeit.«
ZENKE, Karl G.: 1999, S. 115

Jugendliche, die eine gescheiterte Schulbiografie hinter sich haben, suchen sich möglichst Lebenssituationen, in denen sie nicht mit Situationen schulischen Lernens konfrontiert sind. Jugendliche funktionale Analphabeten versuchen, Jobs zu finden, in denen sie nicht schriftsprachlich handeln müssen – meist jedoch ohne

Auf der Suche nach einem Job ohne Schrift

Erfolg. An dieser Stelle unterscheidet sich die Lebenssituation der älteren Teilnehmer/innen im Hinblick auf deren Situation nach der Schule ganz erheblich von der Situation, mit der die heutigen Jugendlichen konfrontiert sind.

»Nach der negativ verlaufenen Lerngeschichte während der Schulzeit und der Herausbildung eines entsprechend negativ geprägten Selbstbildes sind die Befragten nach der Ausschulung überwiegend auf sich selbst gestellt. Da sie aus finanziell schlecht gestellten Elternhäusern oder aus Heimen kommen, wird von ihnen erwartet, daß sie künftig ihren Lebensunterhalt selbst verdienen. Das führt dazu, daß sie in jugendlichem Alter größtenteils schwerste körperliche Arbeiten und lange Arbeitszeiten auf sich nehmen müssen.
Hier allerdings wird ein Unterschied in den Lebensgeschichten der Jugendlichen und Erwachsenen deutlich: Während alle fünf erwachsenen Interviewpartner sofort nach der Ausschulung als Vierzehn- bzw. Fünfzehnjährige einer Erwerbstätigkeit nachgehen und mit dem Problem der Arbeitslosigkeit erst im weiteren Berufsleben konfrontiert werden, sind drei der Jugendlichen direkt nach ihrer Ausschulung arbeitslos.
Die beruflichen Erfahrungen der Jugendlichen beziehen sich auf höchstens zwei- bis dreijährige Tätigkeiten in ABM-Stellen oder auf Aushilfstätigkeiten. Von negativen Erlebnissen während dieser Zeit aufgrund ihres Analphabetismus berichtet dieser Personenkreis kaum.
Die Erwachsenen dagegen können auf langjährige Erfahrungen als Erwerbstätige zurückblicken, die sie widersprüchlich erleben. Sie erfahren durch ihre Erwerbstätigkeit einerseits Anerkennung, indem sie erleben, daß sie Kenntnisse und Fertigkeiten entwickeln, für die sie die Schriftsprache kaum benötigten und die sie zu ›Fachleuten‹ in ihren jeweiligen Arbeitsgebieten machen.«
NAMGALIES, Lisa: 1990, S. 93f

Es gibt typische Berufsfelder, in denen Kursteilnehmer/innen tätig sind oder waren:

Beschäftigungsfelder von funktionalen Analphabeten in Kursen an der Volkshochschule Bielefeld
(Prioritätenliste)

MÄNNER

- Zimmermann, Dachdecker, Schreiner
- Maler, Lackierer
- Landschaftsgärtner, Gartenbau
- Bauarbeiter, Maurer, Montagearbeiter
- Fabrikarbeiter, Schlosser, Maschinenbediener, Lagerarbeiter
- Gebäudereinigung
- Kfz-Mechaniker
- Kraftfahrer (LKW)
- Schaustellergewerbe
- Einige Teilnehmer arbeiten innerhalb von Gefängnissen oder Behindertenwerkstätten.

FRAUEN

- Näherin, Änderungsschneiderin, Industrienäherin
- Büglerin
- Hauswirtschaftlicher Bereich (Privat- oder Geschäftshaushalt), Reinigungsbereich (Putzfrau)
- Hotel- und Gaststättengewerbe
- Pflegebereich (Altenheim, Krankenhaus), Helferin im Kindergarten
- Fabrikarbeiterin, Packerin
- Verkäuferin
- Die meisten Frauen sind doppelt belastet durch ungeteilte Aufgaben in Haushalt, Kindererziehung und Arbeit.

Die Einstiegsanforderungen für viele Berufe sind gestiegen und angesichts des Mangels an Ausbildungsplätzen bei gleichzeitiger hoher Arbeitslosigkeit bleiben manche Jugendliche auf der Strecke. Abschluss, Zensuren und gute Kopfnoten spielen für die Auswahl in den engeren Bewerberkreis eine wichtigere Rolle als praktisch-handwerkliche Fertigkeiten. Schriftsprachliche Anforderungen müssen im Beruf und an der Berufsschule bewältigt werden, und sie sind insgesamt gestiegen.

Lebenssituation älterer funktionaler Analphabeten

Die Ausgliederung aus dem Arbeitsleben, die gering qualifizierte Jugendliche gleich zu Beginn ihrer Berufsbiografie erleben, erfahren die älteren funktionalen Analphabeten zunehmend häufiger nach vielen Jahren der Berufstätigkeit, so zum Beispiel bei der Schließung von Firmen, der Auslagerung von Arbeitsbereichen, durch Rationalisierungsmaßnahmen, aber auch durch Veränderungen am Arbeitsplatz (Automatisierung, EDV), die oft mit einem Mehr an Lese- und Schreibtätigkeiten verbunden sind. Für die älteren funktionalen Analphabeten ist der Verlust des Arbeitsplatzes äußerst dramatisch, da sie ohne formale Ausbildung und nach jahrzehntelanger einseitiger Tätigkeit in einem spezifischen Arbeitsbereich, ohne begleitende berufliche Qualifizierung und Fortbildung, mit unzulänglichen Kenntnissen im Lesen, Schreiben und oft auch im Rechnen, wenig Chancen haben, einen neuen Arbeitsplatz zu finden. All ihre Hoffnung, gesellschaftlich wieder integriert zu werden, wird auf den Lese-Schreibkurs fokussiert.

Situation in den neuen Bundesländern

Dramatisch hat sich die Situation vor allem in den neuen Bundesländern entwickelt, wo es bis zur Wende eine Arbeitsplatzgarantie für alle gab, nach der Wende aber eine wirtschaftliche Krise mit hoher Arbeitslosigkeit. Zusätzlich zerbrachen soziale Gebilde wie zum Beispiel das Kollektiv, in denen Selbstwertgefühl und Anerkennung möglich waren. Das Thema Analphabetismus war mit einem doppelten Stigma versehen, da es im Sozialismus keine Analphabeten geben durfte. Bis zur Wende wurde funktionaler Analphabetismus im eigenen Lande tabuisiert und als westliches Übel deklariert. Mit Wende, Wirtschaftskrise und Arbeitslosigkeit entstand die Notwendigkeit zum neuen Lernen, zu Umschulung und Qualifizierung. Menschen mit Schriftsprachproblemen wurden ›entdeckt‹.

Situation der Migrantinnen und Migranten

Qualifizierungsdruck und steigende gesellschaftliche Anforderungen stellen auch Migranten vor große Probleme. Besonders Frauen haben in ihrem Herkunftsland manchmal gar keine Schule besucht und sind deshalb in ihrer Muttersprache nicht alphabetisiert. Ihre mündlichen Sprachkenntnisse im Deutschen sind vielfach gering. Mütter können ihren Kindern nicht bei den Hausaufgaben helfen, was zu Lernproblemen in der Schule führen kann. Aufgrund sprachlicher Probleme und kulturell bedingter Beschränkung auf den Lebensbereich Haushalt und Familie sind diese analphabetischen Frauen oft von einem Kursbesuch ausgeschlossen.

Neben den Kursteilnehmern, die in ihrer Muttersprache nicht alphabetisiert sind, gibt es Migranten, die zwar in ihrer Herkunftssprache lesen und schreiben können, aber im Deutschen nur über unzulängliche Kenntnisse verfügen.

> »Nach den Ergebnissen von 1994 werden 90% der [ausländischen] Teilnehmenden in der deutschen Sprache alphabetisiert; 1987 erfolgte die Alphabetisierung zu 60% in Deutsch und zu 40% in der Muttersprache. In der Untersuchung von 1987 wurde hervorgehoben, daß es sich in der Bundesrepublik bei der Alphabetisierung von TeilnehmerInnen mit der Muttersprache Deutsch und bei Alphabetisierung von ausländischen TeilnehmerInnen um zwei unterschiedliche Bereiche der Erwachsenenbildung handelt. Im Vergleich zu anderen Industrieländern ist festzustellen, daß es dort nicht solch eine eindeutige Trennung in der Alphabetisierung gab. [...] Einerseits herrscht die oben beschriebene Trennung der Alphabetisierungsbereiche noch vor, andererseits sind zunehmend Übergänge zu verzeichnen. Im Verlauf der letzten Jahre hat sich die Kursstruktur verändert. Die Nachfragen von Zugewanderten der zweiten Generation, die große Lerndefizite aufweisen und daher keine Lehre beginnen können oder die Eingangsvoraussetzungen für Hauptschulabschlußmaßnahmen nicht erfüllen, häufen sich.«
> TRÖSTER, Monika: 1996, S. 23

Menschen mit geistiger Behinderung in Lese-Schreibkursen

Eine Befragung von 45 Volkshochschulen zum Thema Alphabetisierung für Menschen mit geistiger Behinderung hat u.a. folgende Ergebnisse gebracht:

> »Die Bandbreite reicht von Grundbildungskursen für Menschen ohne und mit geistiger Behinderung über integrative Kurse bis hin zu speziellen Kursen für geistig Behinderte in einem anderen Fachbereich oder in Kooperation mit Behindertenbildungseinrichtungen. Obwohl eine Trennung des Kursangebots nach ›behinderten‹ und ›nicht behinderten‹ Adressaten sehr verbreitet ist, gibt es fast ebenso häufig eine Öffnung der Lese- und Schreibkurse für einzelne behinderte TeilnehmerInnen. Dort wo kein Angebot für Menschen mit geistiger Behinderung existiert, nehmen sie am allgemeinen Grundbildungsangebot teil. Die gezielten Kursangebote für Menschen mit geistiger Behinderung sowohl im Grundbildungsbereich als auch in anderen Fachbereichen sind überwiegend organisiert in Kooperation mit den entsprechenden Behinderteneinrichtungen; häufig finden die Veranstaltungen in den Räumen der Behinderteneinrichtungen statt. In einigen Fällen sind die Kurse jedoch bewusst in die Räume der VHS gelegt, um die TeilnehmerInnen aus ihrer gewohnten Umgebung heraus in die Stadt, ›nach draußen‹, zu holen.«
>
> Bockrath, Angela: 1998, S. 18

Für behinderte Menschen gibt es Lese- und Schreibkurse, die vor allem die Ziele der Persönlichkeitsstärkung und der gesellschaftlichen Integration verfolgen. Behinderte Menschen können in Behinderteneinrichtungen, in speziellen Angeboten für Behinderte oder aber in integrativen Kursen in Weiterbildungseinrichtungen die Schriftsprache erlernen. Die Lerngruppen sind oft sehr heterogen, weil die Art der Behinderung und die Auswirkungen auf die schriftsprachlichen Kompetenzen und die Lernfähigkeit sehr unterschiedlich sind. Die Lebenssituation von behinderten Menschen ist allgemein durch eine starke Bindung an das Elternhaus oder andere Bezugspersonen geprägt, die durch fehlende Schriftsprachkompetenzen noch verstärkt wird. Durch die Betreuung und durch schlechte Perspektiven auf dem regulären Arbeitsmarkt ist die Motivation, das Lesen und Schreiben zu erlernen, nicht immer ausgeprägt (vgl. Alfa-Forum 39/1998: Alphabetisierung von Menschen mit geistiger Behinderung).

Lesen- und Schreibenlernen kann für den behinderten Menschen ein besonderer Erfolg werden, der das eigene Selbstbewusstsein stärkt und die Lebensqualität verbessert.

Analphabeten im Strafvollzug

Funktionale Analphabeten, die im Gefängnis leben – man schätzt, dass bis zu 20% dazugehören – unterliegen einem besonders großen Druck, da gängige Überlebensstrategien dort nicht angewendet werden können:

> »Die Justizvollzugsanstalt (JVA) ist eine Antragswelt, in der der Gefangene für alle Anliegen und Kontakte einen Antrag zu schreiben hat, z. B. für ein Gespräch mit dem Lehrer, Psychologen, Sozialarbeiter, aber auch für die Aushändigung eines Radiogeräts, eines Fernsehers oder anderer Gegenstände. Gespräche, Telefonate und Verhaltensmuster, wie sie ›draußen‹ praktiziert wurden – ›Ich habe meine Brille vergessen; können Sie mal helfen?‹ – sind im Vollzug nicht anwendbar. ›Drinnen‹ muß alles schriftlich erfolgen (›Schreiben Sie einen Antrag!‹). ›Drinnen‹ ist man abhängig von der Subkultur. Leistungen, wie z. B. das Ausfüllen des Antrags für die

Teilnahme am Alphabetisierungsunterricht, die ein anderer Gefangener für den Analphabeten erbringt, werden mit Tabak oder anderen ›Knastwährungen‹ bezahlt.«
BRAUKMANN, Ute: 1994, S. 52

Überlebensstrategien von Analphabeten im Alltag

Das Vermeiden von schriftsprachlichen Anforderungssituationen ist eine typische Strategie von funktionalen Analphabeten. Sie wollen so verhindern, dass ihr Problem entdeckt wird und sie sozial stigmatisiert werden. Sie haben Angst, dass sich Diskriminierungserfahrungen aus Kindheit und Schulzeit erneut wiederholen: Angst vor sozialem Ausschluss, vor Missachtung der eigenen Person, vor Demütigung und Bloßstellung, vor dem Verlust sozialer Integration und Anerkennung. Neben der Vermeidung schriftsprachlicher Ernstsituationen sind Delegation und Täuschung zwei weitere wichtige Überlebensstrategien.

»Ich schreibe nie. Das lass ich immer andere machen.«

Jede Person, die keine oder nur unzureichende schriftsprachliche Fertigkeiten besitzt, hat eine Person ihres Vertrauens, die in das Problem eingeweiht ist und die Rolle des Lesers und/oder Schreibers übernimmt. Oft sind dies die Ehefrau oder der Ehemann, eine Freundin, ein Freund oder Verwandte. Betroffene fühlen sich oft sehr abhängig von dem Delegationspartner und sind dies meistens auch.

Im Restaurant heißt es: »Für mich bitte dasselbe!«

Bei der Täuschung reagieren funktionale Analphabeten blitzschnell auf eine plötzliche schriftsprachliche Anforderungssituation. Beim Essen in einem Restaurant schauen sie wie lesend in die Speisekarte, warten ab, bis andere bestellen und wählen dann eins der genannten Gerichte (›Für mich bitte dasselbe‹). Täuschung kann aber auch eine jahrelang andauernde Überlebensstrategie sein, zum Beispiel in der Partnerschaft. So gibt es Kursteilnehmer, die seit Jahren ihrer Frau vorgaukeln, immer an einem bestimmten Wochentag zum Stammtisch oder zum Sportverein zu gehen. Tatsächlich gehen sie an diesen Abenden zum Alphabetisierungskurs in die Volkshochschule. Sie befürchten ein Auseinanderbrechen der Beziehung, sollte die Partnerin von den Lese-Schreibproblemen erfahren.

Das Vermeiden schriftsprachlicher Ernstsituationen wird im Laufe der Jahre selbst zu einem Verursachungsfaktor für den funktionalen Analphabetismus: Man kommt aus der Übung, verlernt, was man früher noch ansatzweise konnte, wird immer unsicherer und vermeidet verstärkt Situationen, in denen es um Schriftliches geht. Ein Kreislauf aus Angst und Vermeiden entsteht. Die Sorge vor dem Entdecktwerden führt sogar dazu, dass Beförderungsangebote abgelehnt werden und die Betroffenen lieber schlechter bezahlte Arbeit ausüben.

»Lieber schwer arbeiten als lesen und schreiben.«

Oft bedeutet das Vermeiden von möglicherweise bedrohlichen Situationen auch den Rückzug aus zahlreichen Aktivitäten und Kontakten. Gruppenreisen werden vermieden aus Angst vor Schreibspielen auf der Reise, eine Kur wird nicht beantragt aus Angst, bei der Ankunft Formulare ausfüllen zu müssen, der Besuch beim Zahnarzt wird wegen der schriftlichen Befragung zur Krankheitsgeschichte unterlassen, am Elternabend nimmt man nicht teil. Zur Wahl wird nicht gegangen, weil man mit dem Wahlzettel nicht klarkommt. Der Besuch von Weiterbildungsveranstaltungen setzt schriftsprachliche Kompetenz voraus, sodass Kurse zur beruflichen Fortbildung oder auch im privaten Interesse nicht belegt werden. Partnerschaften werden mit Misstrauen und großer Vorsicht begonnen, weil nicht klar ist, wie der Partner bzw. die Partnerin auf ein Geständnis der Schriftsprachprobleme reagieren wird. Scheu, frühzeitiger Rückzug aus Beziehungen oder Unaufrichtigkeit gegenüber dem Partner können damit verbunden sein. Freizeitmöglichkeiten sind sehr beschränkt, weil sie immer wieder auf Schriftsprache hin ›abgetestet‹ und dann meist verworfen werden müssen. Im Privaten wie im Beruflichen kommt es zu einer ganz erheblichen Selbstbeschränkung. Isolation und psychische Anspannung können die Folgen sein bis hin zu psychosomatischen Erkrankungen.

Dieses Verhalten von Betroffenen führt auch dazu, dass das Phänomen des Analphabetismus gesamtgesellschaftlich verdeckt ist.

»Herr M. berichtet von einer Begebenheit, die er durch Kombination von Täuschung und Delegation gemeistert hat: ›Als ich eine neue Stelle bekommen habe, da hat mir der Personalchef als erstes ein Formular gegeben, das ich ausfüllen sollte. Da sah ich zufällig ein viereckiges Kästchen, auf das ein Paßbild geklebt werden muß. Da habe ich gesagt: ‚Ein Paßbild habe ich nicht dabei, ich fahre eben schnell nach Hause und hole eins.' Und der Chef meinte aber, daß ich gar kein Foto brauche. Da habe ich gesagt: ‚Bei mir muß alles seine Ordnung haben, ich muß ein Paßbild haben, geben Sie mir ruhig den Bogen mit, dann fülle ich den zu Hause aus.' Na ja, zu Hause hat mir dann meine Frau geholfen. Das sind so kleine Tricks, da muß man ein bißchen geschickt sein.‹ «
HUBERTUS, Peter: 1997, S. 306f

Fast alles, was wir über die Lebenssituation von erwachsenen funktionalen Analphabeten wissen, haben wir von ihnen selbst erfahren. Aber es kostet sie Überwindung, darüber zu sprechen. Am liebsten würden sie das Problem verschweigen. Ohne diejenigen Menschen, die den Mut gefunden haben, Hilfsangebote und Institutionen aufzusuchen, wäre das Problem des funktionalen Analphabetismus über viele Jahre weitgehend unsichtbar geblieben. Die Schilderungen zeigen, welche Überwindung es kostet, Institutionen und Kurse aufzusuchen. Hier bedarf es einer kontinuierlichen und starken Motivierung der Betroffenen. Ohne ermutigende Öffentlichkeitsarbeit treten Menschen mit Lese-Schreibproblemen nicht in Erscheinung. Die Enttabuisierung des Analphabetismus kann ihnen helfen sich anzuvertrauen und Hilfsangebote wahrzunehmen. (➢ Kapitel 8: Öffentlichkeitsarbeit)

Literatur

ALFA-FORUM 39/1998: Alphabetisierung von Menschen mit geistiger Behinderung.

Alphabetisierung im Kölner Kooperationsmodell. Kursangebote, Teilnehmerstruktur und Wirksamkeit. Hrsg: Stadt Köln, Beratungsstelle für Weiterbildung Mülheim. Köln 1991.

Analphabetentum in Schleswig-Holstein. Antwort der Landesregierung auf die Große Anfrage der Fraktion der CDU. Schleswig-Holsteinischer Landtag, 14. Wahlperiode. Drucksache 14/2072, 24.03.1999.

BOCKRATH, Angela: Alphabetisierung von Menschen mit geistiger Behinderung an der VHS. Auswertung einer Fragebogen-Aktion. In: ALFA-FORUM 39/1998, S. 18–20.

BRAUKMANN, Ute: Alphabetisierungsarbeit im Strafvollzug. In: Analphabetismus und Alphabetisierung als gesellschaftliche und organisatorische Herausforderung. Eine Fachtagung. Hrsg.: Stark, Werner / Fitzner, Thilo / Schubert, Christoph. Stuttgart 1994, S. 51–56.

HUBERTUS, Peter: Analphabetismus und Alphabetisierung – und die Schulpsychologie? In: Dunkel, Lothar / Enders, Christine / Hanckel, Christoph (Hrsg.): Berichte aus der Schulpsychologie. Schule – Entwicklung – Psychologie. Schulentwicklungspsychologie. Kongreßbericht der 12. Bundeskonferenz 1996 in Münster. Bonn 1997, S. 304–311.

Ich bin keine Schreibmaschine. Fotografien von Barbara Seyerlein mit Texten der Portraitierten. Hrsg.: Arbeitskreis Orientierungs- und Bildungshilfe e.V. (AOB). Berlin 1996.

LEHMANN, Rainer H.: Qualifikationsdefizite in der erwerbsfähigen Bevölkerung in Deutschland. Einige Befunde des International Adult Literacy Survey. In: Stark, Werner / Fitzner, Thilo / Schubert, Christoph (Hrsg.): Junge Menschen in der berufsorientierten Alphabetisierung. Eine internationale Fachtagung. Stuttgart 1999, S. 66–72.

NAMGALIES, Lisa: Wie entsteht Analphabetismus? Lern- und Lebensgeschichten von Analphabeten. In: Namgalies, Lisa / Heling, Barbara / Schwänke, Ulf: Stiefkinder des Bildungssystems. Lern- und Lebensgeschichten deutscher Analphabeten. Hamburg 1990, S. 15–130.

TRÖSTER, Monika: Situationsanalyse. In: Alphabetisierung / Elementarbildung. Stand und Perspektiven [= DIE: Materialien für Erwachsenenbildung 7]. Hrsg.: Meisel, Klaus / Deutsches Institut für Erwachsenenbildung (DIE), Pädagogische Arbeitsstelle des Deutschen Volkshochschul-Verbandes. Frankfurt a. M. 1996, S. 15–33.

WEISHAUPT, Horst: Untersuchung zum Stand der Alphabetisierung und Elementarbildung in der Bundesrepublik Deutschland 1994. In: Alphabetisierung / Elementarbildung. Stand und Perspektiven [= Materialien für Erwachsenenbildung 7]. Hrsg.: Meisel, Klaus / Deutsches Institut für Erwachsenenbildung (DIE), Pädagogische Arbeitsstelle des Deutschen Volkshochschul-Verbandes. Frankfurt a. M. 1996, S. 34–58.

ZENKE, Karl G.: Lern- und Verhaltensprobleme von Auszubildenden aus der Sicht von Berufsschullehrerinnen und Berufsschullehrern. Möglichkeiten für Hilfen. In: Stark, Werner / Fitzner, Thilo / Schubert, Christoph (Hrsg.): Junge Menschen in der berufsorientierten Alphabetisierung. Eine internationale Fachtagung. Stuttgart 1999, S. 111–117.

5 Lernmotive funktionaler Analphabeten

Warum wollen die betroffenen Menschen lesen und schreiben lernen?

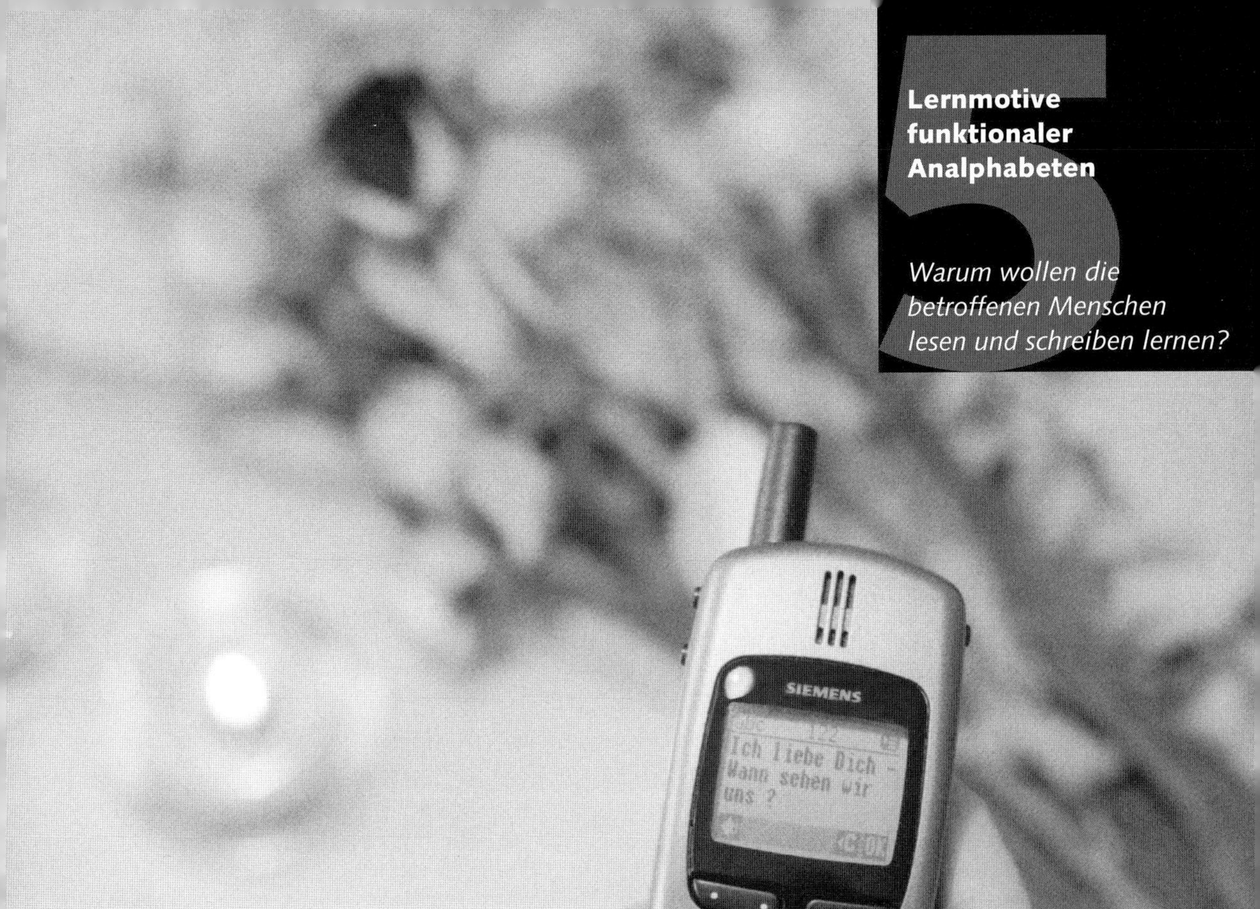

Oft sind kritische Ereignisse ein Auslöser dafür, dass Betroffene das Lesen und Schreiben erlernen wollen. Ein solches Ereignis ist zum Beispiel die Einschulung des eigenen Kindes oder der Verlust des Arbeitsplatzes. Zunehmend mehr stehen berufliche Motive im Vordergrund, die aus dem Druck durch Arbeitslosigkeit oder veränderte Anforderungen am Arbeitsplatz entstanden sind. Motivation und Information über Hilfsangebote müssen zusammentreffen, damit Menschen mit Lese- und Schreibproblemen den Weg in den Kurs finden können. Dazu bedarf es einer gezielten und kontinuierlichen Öffentlichkeitsarbeit, die sich an unterschiedliche Bezugsgruppen richtet.

Bericht eines Betroffenen

Ich bin seit einem Jahr in einem Schreib- und Lesekurs. Seit sechs Jahren bin ich bei einer Kunststofffirma beschäftigt. Angefangen bin ich als Maschinenführer und musste mit mehreren an einer Maschine arbeiten. Ich konnte nicht lesen und schreiben und musste genau aufpassen, dass die anderen davon nichts merkten. Das war gar nicht so einfach. Wenn andere am Lesen waren und sagten: ›Guck mal hier, was wir heute noch machen müssen‹, sagte ich: ›Das schaffen wir doch noch‹ und ging weiter. Ich hatte ein Gefühl, das kann man nicht beschreiben, denn ich wusste ja nicht, was da stand. Und seit einem Jahr bin ich Teamleiter und muss einige Leute am Arbeiten halten und muss auch lesen und schreiben. Wenn ich nicht in den Lesekurs gegangen wäre, hätte ich auf jeden Fall kündigen müssen. Sonst hätten die Arbeitskollegen einen doch fertig gemacht.

Ich bin seit ein Jahr, in
einem schreib und lesekurs.
Seit sechs Jahren bin ich bei
einner Kunstoff Frima
beschäftig. Angefangen bin
ich als Maschinenführer,
und mußte mit mehren
an einner Maskine arbeiten.
Ich konnte nicht lesen und
schreiben, und mußte genau
aufbassen, daß die anderen
davon nichts merkten. Das
war gar nicht so einfach,
wenn andere am lesen
waren und sagten, kuk mal
hier was wir heute noch
machen müssen, sagte ich
das schaffen wir doch noch,

Kritische Ereignisse als Lernimpuls

Marianne S. ist 43 Jahre alt und arbeitet seit 13 Jahren in einer Druckerei. Nach einer Umstrukturierung in der Firma verliert sie ihren Arbeitsplatz. Beim Arbeitsamt wird

> *»Vor meinem Kind will ich mich nicht noch ein Mal blamieren.«*

ihr vorgeschlagen, an einer Umschulung zur Busfahrerin teilzunehmen. Als Marianne S. getestet werden soll, erzählt sie unter Tränen, dass sie nicht schreiben kann. Zum Glück hat der Berater im Arbeitsamt von solchen Problemen gehört, und weil er viel mit der heimischen Volkshochschule zu tun hat, kann er Marianne S. an eine Person weitervermitteln, die für Lese- und Schreibkurse für Erwachsene zuständig ist. Marianne S. wurde durch ein kritisches Ereignis damit konfrontiert, ihre Schreibprobleme wieder bewusst wahrnehmen und angehen zu müssen. Solche kritischen Ereignisse sind oft der entscheidende Anlass für Betroffene, ihre Situation zu verändern.

Folie

Motive für die Teilnahme an Alphabetisierungs- und Grundbildungskursen
an der Volkshochschule Bielefeld *(Mehrfachnennungen möglich)*

Motive	1990 – 1993		1995		1999	
	Männer	Frauen	Männer	Frauen	Männer	Frauen
Berufliche Motive	44,4 %	31,8 %	61,9 %	30,0 %	75,0 %	46,2 %
Angst/Unsicherheit verlieren	14,4 %	29,5 %	14,3 %	40,0 %	8,3 %	17,9 %
Unabhängigkeit	14,4 %	17,0 %	14,3 %	10,0 %	4,2 %	10,7 %
Allgemeinbildung	15,6 %	10,2 %	9,5 %	13,3 %	–	–
Dem eigenen Kind helfen	3,3 %	9,1 %	–	3,3 %	4,2 %	10,7 %
Führerschein	7,8 %	2,3 %	–	3,3 %	–	–
Nachträglicher Hauptschulabschluss*					16,6 %	14,3 %

Absolute Zahl der Befragten: 210

* erstmals 1999 erhoben

Folie

Kritische Ereignisse, die dazu führen, dass Betroffene Hilfsangebote aufsuchen, sind zum Beispiel:

- Verlust des Arbeitsplatzes oder Angst davor
- Umstellung auf andere Maschinen oder Geräte in der Firma, deren Bedienung mit Schriftsprache verbunden ist
- Einschulung des eigenen Kindes und Überforderung, bei den Hausaufgaben zu helfen
- Wegfall der Hilfestellung durch die Bezugsperson, die Schriftsprachliches erledigt hat (zum Beispiel durch Scheidung, Todesfall, beim Krankenhausaufenthalt o. Ä.)
- schlechte Testergebnisse zum Beispiel beim Arbeitsamt oder beim Aufnahmetest für den nachträglichen Hauptschulabschluss
- Überforderungserlebnisse am Arbeitsplatz oder in Lernsituationen (zum Beispiel Umschulung)
- Beförderungsangebot am Arbeitsplatz und Angst vor den damit verbundenen Anforderungen im Schriftsprachlichen

Lernmotive

Aus den kritischen Ereignissen heraus ergeben sich auch die zentralen Motive für einen Kursbesuch. Zunehmend stärker stehen sowohl bei Frauen als auch bei Männern berufliche Motive im Vordergrund (vgl. Tabelle oben).

»Die Motive der TeilnehmerInnen hängen eng zusammen mit den eigenen biographischen Erfahrungen in der Vergangenheit und den aktuellen Anforderungen in der Gegenwart. Am häufigsten werden in den Beratungsgesprächen zwei Motive genannt: Angst, Unsicherheit und Schamgefühle verlieren zu wollen und die Absicht, die eigene berufliche Situation neu zu schaffen, abzusichern oder zu verbessern. Daneben spielt eine wichtige Rolle, unabhängig von den Menschen zu werden, die bislang die Ausführung von schriftsprachlichen Aufgaben übernommen haben. Bei Frauen steht als ein häufiges Motiv auch das Bedürfnis, den eigenen Kindern bei den Hausaufgaben helfen zu können. [...] In den Motiven spiegeln sich sehr deutlich gesellschaftliche Entwicklungen wider.«
Döbert, Marion: 1997, S. 132

Strukturelle Arbeitslosigkeit drängt Menschen in die Lese-Schreibkurse

Zu den gesellschaftlichen Entwicklungen gehören – folgenreich für schriftsprachunkundige oder -unsichere Menschen – die Veränderungen in der Arbeitswelt:

> »Mit der Entwicklung von der Produktions- hin zur Dienstleistungs-, Freizeit-, Informations- und Bildungsgesellschaft vollzieht sich ein Prozeß, an dessen Ende eine grundlegend veränderte Arbeitswelt stehen wird. Einfache und monoton wiederkehrende Arbeitsvorgänge verlieren an Bedeutung gegenüber der Verarbeitung und Anwendung von Informationen und theoretischem Wissen.«
> GARTZ, Michaele u.a.: 1999, S.10

Dabei ist allerdings zu erwähnen, dass der Wandel von der Produktions- zur Dienstleistungsgesellschaft nicht ein naturwüchsiger Prozess ist, sondern ganz erheblich durch die Verlagerung der produzierenden Industrie in andere Länder bedingt ist. Teilnehmer/innen an Lese-Schreibkursen sind oft unmittelbar durch solche Verlagerungen von Produktionsbereichen betroffen. Ein Beispiel aus einer Erstberatung vom 20.04.2000:

Horst P. (Jahrgang 1953) arbeitet seit 32 Jahren – direkt nach Verlassen der Sonderschule – in einer großen heimischen Firma, die Kugellager und Fahrradnaben produziert. Jahrzehntelang hat er in Schichtarbeit und Akkord gearbeitet. Für Weiterbildung gab es keinen Grund,

Arbeitslos und ohne Hoffnung

keine Zeit und keine Kraft. Zum Sommer 2000 werden 400 Mitarbeiter gekündigt. Dies ist bereits die zweite Kündigungswelle und diesmal ist Horst P. dabei. Die Produktion soll nach Tschechien verlegt werden. Das Arbeitsamt schlägt Horst P. eine Umschulung zum CNC-Fräser vor. Ihm wird plötzlich bewusst, dass er nicht gut genug schreiben kann, um einer Umschulung gewachsen zu sein. Durch einen Kurs ›Bewerbungstraining‹, der allen Entlassenen angeboten wurde, erfährt Horst P. von den Lese-Schreibkursen.

Horst P. ist 47 Jahre alt. Er muss mindestens zwei Jahre in den Kurs gehen, um eine Umschulung schaffen zu können. Vollzeitangebote zum Lesen- und Schreibenlernen gibt es – wie fast überall in Deutschland – nicht. Dann könnte es schneller gehen. Das Arbeitsamt sagt, dass ganz viele CNC-Fräser gesucht würden, aber auch 50-Jährige?

Menschen, die Probleme mit dem Lesen und Schreiben haben und über Jahre hinweg in den Arbeitsfeldern der ›monoton wiederkehrenden Arbeitsvorgänge‹ gearbeitet haben ohne innerbetriebliche Weiterbildungsangebote oder Anbindung an außerbetriebliche Bildungsprozesse, sind den neuen Qualifikationsanforderungen – besonders im Bereich der schriftsprachlich gebundenen Informationsverarbeitung – nicht gewachsen.

»Die DEKRA Akademie GmbH, einer der größten Anbieter für Aus- und Weiterbildung, analysiert seit 1994 quartalsweise die Entwicklung am Arbeitsmarkt, indem systematisch Stellenangebote ausgewertet werden. Verglichen mit den Bestandsdaten des Statistischen Bundesamtes (1996) ergibt sich im vierten Quartal 1996 eine problematische Verteilung der Stellenangebote auf die einzelnen Berufsfelder (vgl. DEKRA 1997). Es wird deutlich, daß Stellenangebote in den Berufsfeldern, in denen gering Qualifizierte Beschäftigungsmöglichkeiten gefunden haben, kaum vorhanden sind. Die DEKRA stellt eine starke Rückläufigkeit fest in den Berufsfeldern *Verarbeitung* (Holz-, Chemie-, Textil- und Metallverarbeitung, Elektriker und Anlagenbediener), *Erzeugung* (Landwirte, Ernährungsberufe, Bauberufe und Ausbauberufe) und *Infrastruktur* (Tätigkeiten des Lagerns, Transportierens, Reparierens und Sicherns).
Zugleich steigen die Qualifikationsanforderungen in den anderen Berufsfeldern sowie im Alltag insgesamt. [...] Die Qualifikationsspirale schraubt sich immer höher, während am untersten Ende der Qualifikationshierarchie Menschen mühsam Buchstaben erlernen oder ihre ersten eigenen Texte schreiben. Schriftsprache war für die Betroffenen immer mit Angst und Hilflosigkeitsgefühlen verbunden. In ihren Motivationen verbinden sie Schriftsprachlichkeit mit der *Hoffnung auf Teilhabe, Anerkennung und Wertschätzung* im gesellschaftlichen und kulturellen Leben.«
DÖBERT, Marion: 1997, S. 133f

Vier Lebensgeschichten – vier Lernmotive

Martha S. wird 1949 geboren. Ihr Vater war Bauarbeiter, die Mutter Putzfrau. Das Geld war knapp. Martha S. war erst zwei Jahre auf der Volksschule, kam dann nach längerer Krankheit auf die Sonderschule. Dort kam sie nicht mit, aber Geld für Nachhilfestunden war nicht vorhanden und die Eltern konnten nicht helfen. Auf Grund ihrer Zuckerkrankheit kann Martha S. nicht arbeiten gehen. Sie heiratet und bekommt eine Tochter. Als die Tochter Probleme im Lesen und Schreiben bekommt, organisiert Martha S. sofort eine Nachhilfelehrerin, denn sie selbst kann ihr nicht helfen. Inzwischen ist die Tochter berufstätig, verheiratet und hat selbst ein Kind. Marthas größte Freude ist das Enkelkind. Martha S. kann nur vertraute, leichte Wörter lesen. Sie geht in den Kurs, weil sie die Kochrezepte für Diätkost bei Zuckerkrankheit lesen können möchte.

is pin ri rl gl kmen
Um Lesn und sei
zu Lere

es wäre schön, wenn ich meine Rechtschreibfehler
in angemessener weise verbessern könnte.

Anna K. wird 1975 als Einzelkind geboren. Beide Eltern sind berufstätig. Sie haben keine Zeit, sich um die Hausaufgaben zu kümmern. Anna K. bekommt Nachhilfeunterricht, weil sie in Deutsch nicht mitkommt. Als das Geld fehlt, wird der Nachhilfeunterricht eingestellt. Auch auf der Gesamtschule hat Anna K. viele Rechtschreibprobleme, aber sie macht dort den Hauptschulabschluss. Anna K. macht an der Berufsschule für kaufmännische Verwaltung ihre mittlere Reife, besucht dann für ein Jahr die höhere Handelsschule und schließt eine Lehre zur Bürokauffrau ab. Ihr Arbeitsverhältnis wird kurz vor Ablauf der Probezeit gekündigt, weil Anna K. zu viele Rechtschreibprobleme hat. Besonders schwer fällt es ihr auch, Briefe frei zu formulieren und zu schreiben. Über das VHS-Programm erfährt sie von den Lese- und Schreibkursen und meldet sich an. Ihr Ziel ist es, Betriebswirtin im Personal- oder Rechnungswesen zu werden.

Lernbedürfnis und Bekanntheit von Hilfsangeboten müssen zusammentreffen

Nicht jeder Betroffene findet so schnell Hilfe wie Marianne S. durch den Berater beim Arbeitsamt (vgl. S. 74). Wenn ein kritisches Ereignis oder ein zu lang dauernder Leidensdruck dazu geführt hat, dass Betroffene ihre Situation verändern wollen, müssen sie in Erfahrung bringen, wo es Hilfsangebote gibt.

»In der Regel sind es spezifische Situationen, äußere Anforderungen oder konkrete Anlässe, durch welche sich aus den latent vorhandenen Lernmotiven trotz der bestehenden Ängste eine manifeste Bildungsteilnahme entwickelt. Dabei spielt die Frage eine zentrale Rolle, ob es geeignete Angebote für das Erlernen von Lesen und Schreiben gibt, ob diese bekannt und vertrauenswürdig sind und ob der Zugang zu ihnen in akzeptabler Weise möglich ist.«
NUISSL, Ekkehard: 1999, S. 553

Jörg B. wird 1968 geboren. Die Eltern haben kein Interesse an ihm und an seinen vier Geschwistern. Er bekommt keine Unterstützung bei den Hausaufgaben. Nach vier Jahren Grundschule wird er zur Sonderschule überwiesen, die er ohne Abschluss verlässt. Jörg B. geht zum Bund, arbeitet danach als Fabrikarbeiter. Dann ist er drei Jahre arbeitslos. Er macht eine Umschulung zum Berufskraftfahrer. Den Führerschein besteht er, jedoch nicht die theoretische Abschlussprüfung. Jetzt arbeitet er wieder in der Fabrik. Seine liebste Freizeitbeschäftigung ist das Chatten im Internet. Seine Frau schreibt immer für ihn. Jörg B. will nun unabhängig von ihr chatten können und geht deshalb in einen Schreibkurs.

Ich möcht gehn
gut schribn kömmen

ich Habe mit man fhata
unfalt wagn reparirt
unt ferauft
Türcegi igi ditigorum
faratfaren
Schwimmen
Rapariren

Mehmet R. wird 1982 in Deutschland geboren. Seine Eltern stammen aus der Türkei. Mehmet R. hat fünf Geschwister. Der Vater ist Maschinenarbeiter. Die Mutter kann den Kindern bei den Hausaufgaben nicht helfen. Sie selbst hat nie eine Schule besucht und ist Analphabetin. Von der Hauptschule geht Mehmet R. ohne Abschluss ab. Er spricht fließend Deutsch und Türkisch, aber hat große Probleme beim Schreiben, sowohl im Deutschen als auch im Türkischen. Eine Woche lang macht er ein Praktikum bei Mercedes. Seit 1999 nimmt er in der Volkshochschule an einer Berufsfindungsmaßnahme teil.

Öffentlichkeitsarbeit ist der beste Weg, um Betroffenen zu helfen, ein für sie passendes Lernangebot zu finden. Öffentlichkeitsarbeit richtet sich an verschiedene Bezugspersonen und gesellschaftliche Gruppen.

Öffentlichkeitsarbeit richtet sich:

- ➢ an die Betroffenen selbst
- ➢ an die Vertrauenspersonen
- ➢ an Multiplikatoren wie Behörden, Ärzte, Fahrschulen u.a.
- ➢ an Einrichtungen der Erwachsenenbildung
- ➢ an die Bildungspolitik und
- ➢ an die allgemeine Öffentlichkeit.

(➢ Kapitel 8: Öffentlichkeitsarbeit)

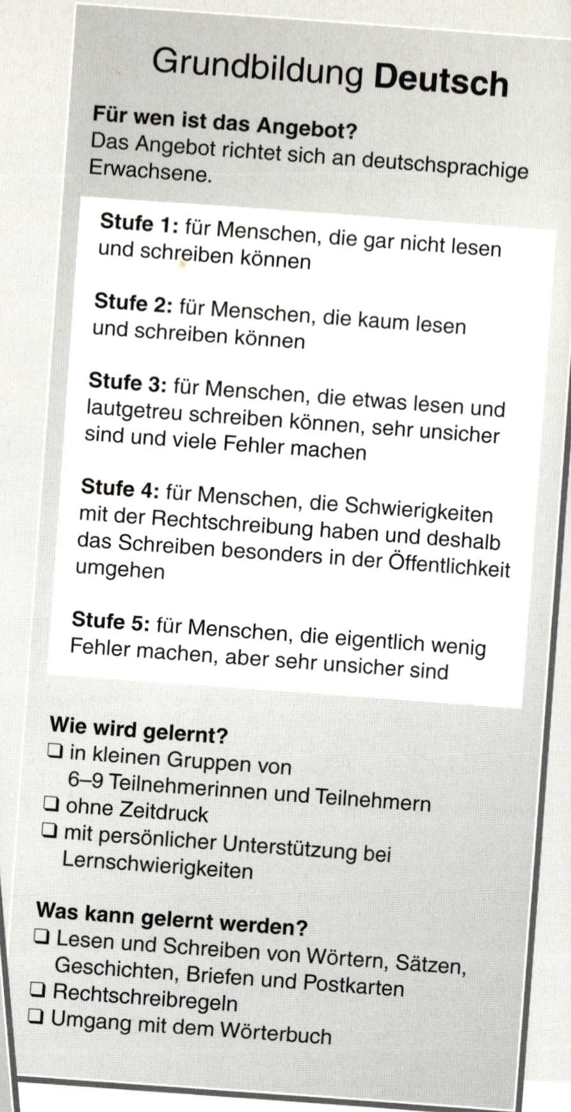

Grundbildung **Deutsch**

Für wen ist das Angebot?
Das Angebot richtet sich an deutschsprachige Erwachsene.

Stufe 1: für Menschen, die gar nicht lesen und schreiben können

Stufe 2: für Menschen, die kaum lesen und schreiben können

Stufe 3: für Menschen, die etwas lesen und lautgetreu schreiben können, sehr unsicher sind und viele Fehler machen

Stufe 4: für Menschen, die Schwierigkeiten mit der Rechtschreibung haben und deshalb das Schreiben besonders in der Öffentlichkeit umgehen

Stufe 5: für Menschen, die eigentlich wenig Fehler machen, aber sehr unsicher sind

Wie wird gelernt?
- in kleinen Gruppen von 6–9 Teilnehmerinnen und Teilnehmern
- ohne Zeitdruck
- mit persönlicher Unterstützung bei Lernschwierigkeiten

Was kann gelernt werden?
- Lesen und Schreiben von Wörtern, Sätzen, Geschichten, Briefen und Postkarten
- Rechtschreibregeln
- Umgang mit dem Wörterbuch

Die verschiedenen anzusprechenden Bezugsgruppen und Werbekanäle werden in folgendem Beispiel der Hamburger Volkshochschule deutlich:

»Unser blaues Infoblatt (Auflage 7 000) verschicken wir im Sommer an Behörden, Beratungsstellen und Vereine. Der Verteiler enthält ca. 300 Adressen. Jedes zweite Jahr werden die Ansprechpartner telefonisch überprüft, um keine Karteileichen anzusammeln und die Zahl der Infoblätter genau abzustimmen. Besonders die Sozialämter schicken Menschen daraufhin zu uns.
Vor oder in einigen Sozial- und Ortsämtern werden Informationsveranstaltungen durchgeführt, bei denen verschiedene Weiterbildungsträger über ihre Arbeit berichten. In einigen Ämtern haben wir die MitarbeiterInnen in Form eines Referats informiert. Im Zuge der Überlastung der MitarbeiterInnen wird dies allerdings immer weniger möglich.

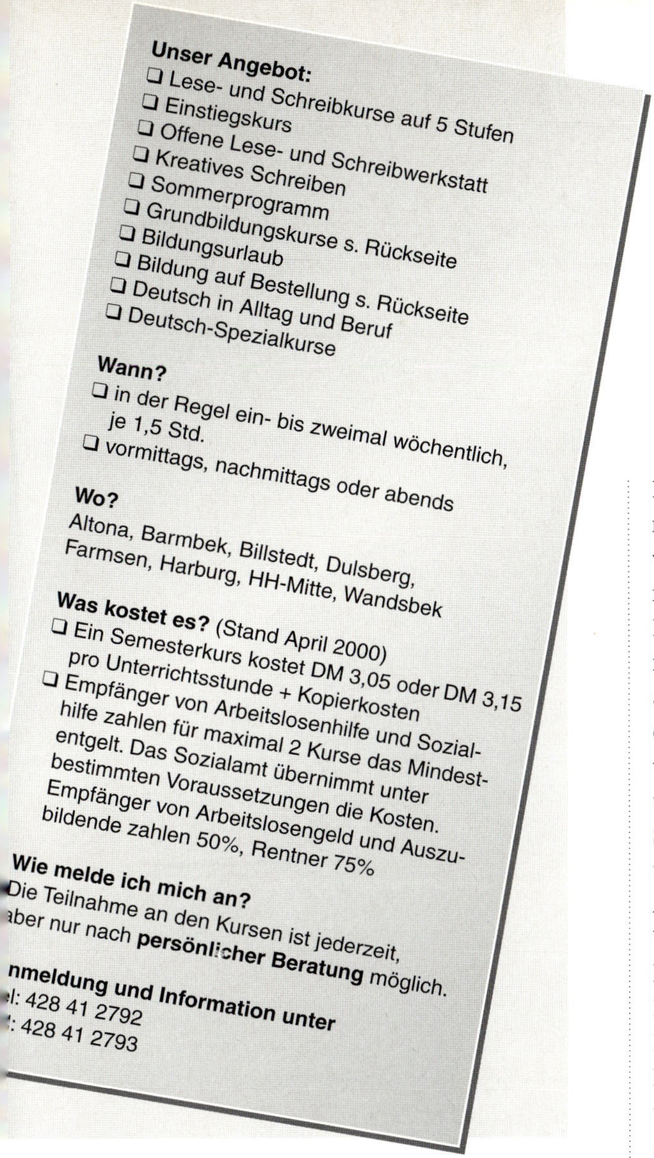

Unser Angebot:

- ❑ Lese- und Schreibkurse auf 5 Stufen
- ❑ Einstiegskurs
- ❑ Offene Lese- und Schreibwerkstatt
- ❑ Kreatives Schreiben
- ❑ Sommerprogramm
- ❑ Grundbildungskurse s. Rückseite
- ❑ Bildungsurlaub
- ❑ Bildung auf Bestellung s. Rückseite
- ❑ Deutsch in Alltag und Beruf
- ❑ Deutsch-Spezialkurse

Wann?

- ❑ in der Regel ein- bis zweimal wöchentlich, je 1,5 Std.
- ❑ vormittags, nachmittags oder abends

Wo?

Altona, Barmbek, Billstedt, Dulsberg, Farmsen, Harburg, HH-Mitte, Wandsbek

Was kostet es? (Stand April 2000)

- ❑ Ein Semesterkurs kostet DM 3,05 oder DM 3,15 pro Unterrichtsstunde + Kopierkosten
- ❑ Empfänger von Arbeitslosenhilfe und Sozialhilfe zahlen für maximal 2 Kurse das Mindestentgelt. Das Sozialamt übernimmt unter bestimmten Voraussetzungen die Kosten. Empfänger von Arbeitslosengeld und Auszubildende zahlen 50%, Rentner 75%

Wie melde ich mich an?

Die Teilnahme an den Kursen ist jederzeit, aber nur nach **persönlicher Beratung** möglich.

nmeldung und Information unter

l: 428 41 2792

: 428 41 2793

Infoblatt der Hamburger Volkshochschule

Die meisten Menschen finden über das Volkshochschul-Programmheft zu uns; entweder lesen sie es selbst, oder Angehörige und Freunde weisen sie darauf hin.

Zum Semesterbeginn erscheinen Artikel in den Wochenblättern, die viele Menschen lesen. Regelmäßig gibt es Anfragen der (meist) örtlichen Presse und der TV-Sender. Zur Vorabinformation geben wir den Journalisten ein Infoblatt über den Bereich Grundbildung und ein Blatt mit Informationen zum Thema Analphabetismus in Deutschland.

Entweder wird eine Mitarbeiterin des Bereichs interviewt und/oder ein Kursbesuch verabredet, bei dem dann die TeilnehmerInnen befragt werden. Wir haben in unseren Kursen TeilnehmerInnen gefunden, die sich für Interviews zur Verfügung stellen. Wir achten bei den Pressekontakten besonders darauf, daß die Telefonnummer genannt wird, unter der sich Kursinteressierte bei uns melden können. Auch in den Gelben Seiten findet man uns unter ›Hilfe für Lese- und Schreibunkundige‹.

Alle zwei Jahre gibt es in Hamburg eine Weiterbildungsmesse. Dort sind alle Weiterbildungsträger vertreten. Wir legen unser Info aus und nutzen die Gelegenheit zur Kontaktaufnahme mit anderen Trägern.

Dies gilt auch für die Familienmesse ›Du und Deine Welt‹, die jährlich stattfindet und auf der die VHS ebenfalls vertreten ist.

Dem Computerprogramm des Hamburger Weiterbildungsinformationssystems WISY sind unsere Telefonnummern und ein kurzer Informationstext zu entnehmen. Der Zugriff auf diese Datenbank ist zum Beispiel in den öffentlichen Bücherhallen möglich.

Demnächst soll eine Ausstellung über einen Bildungsurlaub unserer Teilnehmer an verschiedenen Stellen, zum Beispiel in der Schulbehörde, gezeigt werden.«

Schladebach, Almut: 1998, S. 8

Teilnehmerwerbung muss vielfältig und regelmäßig stattfinden, damit der lerninteressierte Mensch seinen Weg in den Kurs findet. An zahlreichen Einrichtungen der Erwachsenenbildung kann jedoch diese so sehr notwendige Öffentlichkeitsarbeit nicht geleistet werden, vor allem dann nicht, wenn der Alphabetisierungs-/Grundbildungsbereich nicht durch Hauptamtlichkeit in der Einrichtung vertreten wird. Einmalige punktuelle Maßnahmen bringen nichts ohne Einbindung in ein differenziertes, kontinuierliches Werbekonzept. Wo nicht geworben wird, bleibt das Problem des Analphabetismus versteckt. Auf der Strecke bleiben die Betroffenen, und wenn sie noch so motiviert sind. (➢ Kapitel 8: Öffentlichkeitsarbeit)

Literatur

DEKRA Akademie: Stellenmarktanalyse der DEKRA Akademie: Der deutsche Arbeitsmarkt im vierten Quartal 1996. Pressenotiz. Stuttgart 13.2.1997.

Döbert, Marion: Schriftsprachunkundigkeit bei deutschsprachigen Erwachsenen. In: Eicher, Thomas (Hrsg.): Zwischen Leseanimation und literarischer Sozialisation. Konzepte der Lese(r)förderung. Oberhausen 1997, S. 117–139.

Gartz, Michaele / Hüchtermann, Marion / Mrytz, Barbara: Schulabgänger. Was sie können und was sie können müßten [= Kölner Texte & Thesen 53], Institut der Deutschen Wirtschaft. Köln 1999.

Nuissl, Ekkehard: Lesen- und Schreibenlernen in der Erwachsenenbildung. In: Franzmann, Bodo u.a. (Hrsg.): Handbuch Lesen. München 1999, S. 550–567.

Schladebach, Almut: ›Ich habe so einen blauen Zettel bekommen‹. Teilnehmerwerbung an der Hamburger Volkshochschule. In: Alfa-Forum 38/1998, S. 8

6 Didaktik und Methodik des Alphabetisierungsunterrichts

Wie wird in Alphabetisierungskursen gelernt?

Ein wichtiges Prinzip in der Alphabetisierung und Grundbildung mit Erwachsenen ist die Verbindung von Schriftsprachvermittlung und Beratung. Im ersten Teil dieses Kapitels werden verschiedene Beratungsformen vorgestellt.
Der zweite Teil des Kapitels befasst sich damit, wie Erwachsene lesen und schreiben lernen. Sven Nickel macht in seinem Originalbeitrag deutlich, dass die besonderen Voraussetzungen der Adressaten eine differenzierte Vorgehensweise im Unterricht erfordern, in deren Mittelpunkt von den Lernenden selbst verfasste Texte stehen. Schreiben und Lesen werden von Anfang an in bedeutsamen Kontexten praktiziert, die den Lernmotiven der Betroffenen entsprechen. Ergänzend wird systematisch in Teilbereichen des Schriftspracherwerbs gearbeitet. Methodenpluralität ist dabei ein Muss.

Beratungsformen

Aufgrund der negativen Lernerfahrungen, des negativen Selbstbildes und der Stigmatisierungsängste ist der Gang in eine Weiterbildungseinrichtung für die Betroffenen eine sehr belastende Situation. Gegenüber einer fremden Person einzugestehen, dass man Probleme mit der Schriftsprache hat, stellt eine Bedrohung dar. Diese Ängste müssen in der Eingangsberatung aufgefangen werden. Mit behutsamer und einfühlsamer Gesprächsführung soll der Kursinteressent im Eingangsgespräch seine Situation und seine Lernbedürfnisse darstellen können, aber auch Informationen zum Kursgeschehen erhalten. Die Eingangsberatung hat so entlastende und informierende Funktion.

Aber auch im Lese-Schreibkurs selbst müssen immer wieder Gespräche über das Lernen, über Lernmotive, über Lernprobleme und Lernfortschritte stattfinden. Kursbegleitende Beratung hat aufarbeitende, rückkoppelnde und vorausschauend-planende Funktion, damit der Lernprozess transparent und überschaubar bleibt.

Aus der Lebenssituation der Lernenden heraus ergeben sich auch zahlreiche Fragestellungen und Probleme, die nicht immer im Rahmen des Kursgeschehens zu bearbeiten sind. Hier müssen sozialpädagogische Hilfestellungen einsetzen, die außerhalb des Unterricht angesiedelt sind.

Erst- oder Eingangsberatung

Weiterbildungseinrichtungen sind aus der Sicht von lese-schreibunkundigen Menschen Lernorte für ›Gebildete‹. Damit sind sie fremd und auch bedrohlich. Zugleich sind sie der Ort, an dem Hilfen angeboten werden. Die Betroffenen kommen daher mit gemischten, eher ängstlichen und misstrauischen Gefühlen in das Erstgespräch. Sie leben außerdem in der Vorstellung, dass wohl kaum jemand außer ihnen ähnliche Schwierigkeiten mit der Schrift hat. Deshalb ist die Scham, sich einem fremden Menschen anzuvertrauen, meist sehr groß.

»Aufgrund der unterschiedlichen Bedingungen in den Bildungseinrichtungen vor Ort bietet sich bezüglich Teilnehmerberatung vor bzw. zu Kursbeginn ein sehr heterogenes Bild. Manche Einrichtungen haben dem Kurs eine für alle Teilnehmer verbindliche Anfangsberatung im Einzelgespräch vorgeschaltet, andere Einrichtungen überlassen es dem Kursleiter, zu Kursbeginn mit den Teilnehmern zu sprechen, sei es in der Gruppe oder mit jedem einzelnen. Andernorts gibt es Bildungsberatungsstellen, die mit Teilnehmern, die zu ihnen kommen, im Sinne einer Kurswahlberatung sprechen und sie anschließend in einen geeigneten Kurs vermitteln. [...]
In der Anfangsberatung wird der erste persönliche Kontakt mit dem potentiellen Teilnehmer geknüpft. Im Beratungsgespräch werden dem Beratenden dabei informell meist eine Reihe von wichtigen Informationen vermittelt. Im einzelnen können dies Informationen sein über

- ➢ Versagenssituationen, die durch die Lese-/Schreibschwierigkeiten bedingt sind und das Selbstwertgefühl des Teilnehmers negativ beeinflussen,
- ➢ die Motivation, einen Kurs zu besuchen,
- ➢ persönliche Wünsche, Erwartungen, Ängste in bezug auf den Kurs,
- ➢ die Lebensgeschichte und die Lerngeschichte, die Vermutungen über Ursachen und Art der fehlenden Fähigkeiten, aber auch über genutzte und nicht genutzte Potentiale ermöglichen,
- ➢ die berufliche und private Lebenssituation,
- ➢ den Kenntnisstand der Teilnehmer.«

EBERT, Agnes u.a.: 1985, S. 29

Neben der Einstufung in einen geeigneten Kurs besteht die Aufgabe im ersten Beratungsgespräch auch darin, dem neuen Kursteilnehmer Mut zu machen, den letzten schwierigen Schritt zu wagen und zum vereinbarten Termin im Kurs zu erscheinen. Denn die Bedenken, ob die anderen nicht viel weiter sind als man selbst oder ob Bekannte anwesend sein werden, sind nicht einfach zur Seite zu schieben. In dem Vorgespräch geht es weiterhin darum, einige wichtige Informationen zu sammeln, die für eine teilnehmerorientierte Gestaltung des Unterrichts und besonders auch für die Gestaltung des ersten Kursabends von Bedeutung sind.

Kursbegleitende Beratung

Kursbegleitende Beratung ist notwendig, um für die Kursteilnehmer/innen den Lernprozess transparent zu machen. Wo steht der Lernende zu Beginn des Lernprozesses? Was bedeutet Lesen- und Schreibenkönnen bzw. es nicht zu beherrschen? Welches Ziel hat der Kursteilnehmer? Wie soll dieses Ziel erreicht werden?

Nach einiger Zeit geht es um andere Fragen: Welche Zwischenerfolge gibt es? Welche Lernprobleme tauchen auf? Was wurde am Ende des Semesters erreicht? Konnte das Gelernte im Alltag tatsächlich angewandt werden? Müssen Ziele ggf. korrigiert werden?

Lernberatungsgespräche dienen auch der Aufarbeitung von Lernbarrieren, die im Laufe der Jahre bei vielen entstanden sind. Eine angstfreie und förderliche Lernatmosphäre soll dadurch ermöglicht werden. Die Gespräche können in der Gruppe, aber auch als Einzelgespräche stattfinden.

Der Lernprozess selbst wird nicht selten von externen Bedingungen belastet. Dazu gehören Probleme am Arbeitsplatz genauso wie ein Ehemann, der den Kursbesuch seiner Frau verhindern möchte. In diesem Fall ist eine sozialpädagogische Beratung bzw. praktische Hilfestellung außerhalb des Kurses vonnöten. Lernberatung und sozialpädagogische Beratung greifen oft ineinander, denn Ängste und Vermeidungsstrategien beeinflussen stark den Lernprozess und die Anwendung bzw. Nichtanwendung des Gelernten außerhalb des Kurses.

Durch den Erwerb schriftsprachlicher Kompetenzen verändert sich die Beziehung zu der eingeweihten Vertrauensperson. Abhängigkeiten und eingespielte Rollenverteilungen werden aufgeweicht. Ein Beispiel: Hat die Frau eines leseunkundigen Mannes bisher seine Post geöffnet, möchte er nach den ersten Lernfortschritten dies selbst tun. Mit fortschreitenden Kenntnissen im Lesen und Schreiben wird er immer selbstständiger und löst sich aus den alten Abhängigkeiten. Die Beziehung in der Partnerschaft ändert sich und muss neu definiert werden, was jedoch nicht immer reibungslos gelingt.

Nicht selten entstehen dadurch Probleme in der Beziehung, und alte Muster werden wieder aufgenommen. Dadurch kommt jedoch der Lernprozess ins Stocken. Die Kursleiter/innen müssen überaus sensibel und personenzentriert mit solchen Schwierigkeiten umgehen können.

SVEN NICKEL:

Wie lernen Erwachsene lesen und schreiben?*

Das Spektrum der Alphabetisierungskurse ist vielfältig: Neben den allgemeinen Alphabetisierungskursen gibt es eine Reihe von besonderen Lernangeboten: Frauenkurse oder Vormittagskurse werden ebenso angeboten wie spezielle Veranstaltungen, etwa Schreibwochenenden oder ›Lesen und Schreiben mit dem PC‹. Vollzeitkurse, zum Beispiel mit beruflicher Orientierung, sind selten.

Die *allgemeinen* Alphabetisierungskurse an den Volkshochschulen finden in der Regel zweimal pro Woche nachmittags oder abends statt, eine Unterrichtseinheit dauert meistens eineinhalb Zeitstunden. Gelernt wird in Gruppen von etwa acht Teilnehmern. Eine kleine Gruppenstärke hat sich als sehr fruchtbar erwiesen, da sowohl den Lernbedürfnissen des/der Einzelnen Rechnung getragen werden kann, als auch gruppendynamisches Lernen möglich ist. (➢ Kapitel 7: Rahmenbedingungen)

Die Umgebung, in der sich die Lernenden aufhalten, sollte ebenso erwachsenengerecht sein wie die Unterrichtsmaterialien und die Methoden. Möglichst nichts darf an Schule erinnern, da dies in aller Regel äußerst negative Erinnerungen hervorruft. Eine angenehme Atmosphäre ist wichtig, damit die Teilnehmer/innen befreit an das Lernen gehen können. In vielen Kursen wird daher während des Kurses Kaffee oder Tee getrunken. Unterrichtsmaterialien (leicht lesbare Lektüre, Lernspiele, Lernprodukte u.a.) sollten möglichst offen ausliegen bzw. aushängen können. Jeglicher Lerndruck (wie er in der Schule zum Beispiel durch Zensuren erzeugt wird) entfällt.

Der Kurs dient den Lernenden als Ort der Kommunikation. Nicht selten entsteht dabei Raum, um über negative Lebens- und Lernerfahrungen zu berichten – in dem Gefühl, unter Gleichgesinnten zu sein, die einen verstehen. Dieses Element ist von außerordentlicher Wichtigkeit, denn die meisten Teilnehmer/innen treten mit dem Kursbeginn aus einer Isolation heraus. Die Erfahrung, mit ›dem Problem‹ nicht alleine zu sein, verändert ihr Selbstbild. Aus diesem Grund ist eine Stärkung des Selbstbewusstseins eine der ersten wahrnehmbaren Veränderungen.

Viele Wege führen zur Schriftsprache

Es gibt keine festgelegte oder gar verordnete Didaktik der Alphabetisierung. Vielmehr ist ein Methodenpluralismus, also die Ausprägung unterschiedlichster methodischer Facetten zu beobachten. Die in den Anfängen der Alphabetisierung als eigenes Konzept formulierten Methoden (*Morphemmethode:* Wortaufbau nach Morphemen, zum Beispiel: Arbeit–s–amt, ab–schreib–en; *Fähigkeitenansatz*: Förderung grundlegender elementarer Fähigkeiten) sind heute eher als integrierte Bestandteile der Alphabetisierung denn als eigenständige konkurrierende Konzepte zu verstehen. Auch in der Alphabetisierung gilt der Grundsatz,

* *Originalbeitrag, S. 86–98*

Unterricht nach der Morphemmethode

lernenden Menschen vielfältige Erfahrungen zu ermöglichen. Da jeder Mensch anders lernt, kann es keine ›einzig richtige‹ Methode geben. Die Suche nach der besten Methode wurde daher zugunsten der vielfältigen Zugänge zur Schrift aufgegeben.

Lernen bedeutet, etwas zu tun, was man noch nicht kann. Das Ziel des Lernens ist es, sich eine gewünschte Kompetenz anzueignen. Daraus speist sich die positiv geprägte Lernmotivation. Anders bei Menschen im Alphabetisierungskurs: Für sie bedeutet der Kursbesuch, sich mit einem Lerngegenstand auseinanderzusetzen, an dem sie bereits einmal gescheitert sind. Teilnehmer/innen in Alphabetisierungskursen berichten, dass ihnen nach Beendigung ihrer Schulzeit zunächst nicht bewusst gewesen sei, was es für ihren weiteren Lebensweg heißen würde, nicht lesen und schreiben zu können. Nicht nur, dass sie im familiären Raum kein schriftkulturelles Modell beobachten konnten, auch die Schule vermochte es nicht, ihnen den Sinn von Schrift erfahrbar zu machen. Die Lernenden haben nie den positiven Gebrauchswert von Schrift erlebt und erst später leidvoll erfahren, was es bedeutet, in unserer Gesellschaft *nicht* lesen und schreiben zu können. Diese Erfahrungen sind jedoch nicht gleichzusetzen mit einer positiven Erfahrung der kompetenten Schriftverwendung im Alltag.

Im Unterricht wird daher grundsätzlich – unter Berücksichtigung der oben skizzierten unterschiedlichsten Ausformungen – der Gebrauch von Schrift in den Mittelpunkt gestellt. Übungen (Teiloperationen) schließen sich an – nicht umgekehrt. Die Beherrschung der Kultur*technik* wird in der Regel als Voraussetzung für eine Teilhabe an der Schrift*kultur* (miss-)verstanden. Die geringen schriftkulturellen Erfahrungen der Lernenden geben einen Hinweis darauf, dass die Beherrschung der Kulturtechnik erst die Folge der Teilhabe an Schriftkultur sein kann.

Eigentexte als Mittelpunkt der Alphabetisierung

Ausgangspunkt des Alphabetisierungsunterrichts ist in den meisten Kursen der eigene Text. Angelehnt an die Konzepte des Spracherfahrungsansatzes und des freien Schreibens werden die Teilnehmer/innen von Anfang an angeleitet, ihre eigenen Gedanken schriftlich auszudrücken. Dieses Vorgehen ruft bei neuen Lernenden oft Befremden hervor: Sie denken von sich, dass sie nicht (gut genug) schreiben können. Vor allem können sie sich nicht vorstellen, dass ihre Gedanken es überhaupt wert sind, verschriftlicht zu werden. Und sie haben trotz ihrer negativen Erinnerungen an Schule genaue Vorstellungen davon, wie Lesen- und

Schreibenlernen funktionieren soll: durch Abschreiben, Diktate, Einsetzübungen etc. Die eher ganzheitlich orientierte Vorgehensweise, die ihren Ausgang von eigenen Texten nimmt, stößt nicht selten zunächst auf Befremden.

Die Arbeit mit Eigentexten hat aber den Vorteil, dass die Lernenden anhand der ihnen bedeutsamen und bekannten Inhalte lernen. Ihre sprachlichen Muster sind ihnen vertraut; die Auseinandersetzung mit persönlich bedeutsamen Inhalten motiviert. Die Lernpsychologie bestätigt, dass das Lernen an emotional bedeutsamen Inhalten – auch beim Schreibenlernen – erfolgreicher ist. Deswegen verbietet es sich, erwachsenen Lernern sprachlich reduzierte Fördermaterialien zuzumuten. ›Ali holt Salami‹ oder ähnlich bagatellisierte Lesetexte sind angesichts der Vorerfahrungen der Lernenden nicht dazu geeignet, die Bedeutsamkeit von Schrift erfahrbar zu machen.

Für Lerner/innen mit einem sehr geringen Kompetenzniveau, die (noch) nicht selbst verschriften können bzw. sich dies nicht zutrauen, schreibt die Kursleiterin das auf, was der Teilnehmer oder die Teilnehmerin ihr erzählt. Der Vorteil dieses stellvertretenden Schreibens ist, dass auch bei geringer Lese- und Schreibkompetenz eigene Texte entstehen, die dann zum Beispiel zum Lesenlernen herangezogen werden. Allmählich lernen die Teilnehmer/innen, Teile selbsttätig zu verschriften: die Anfangsbuchstaben der Wörter, Stichwörter, häufige Funktionswörter u.a. Der so entstandene Eigentext ist Grundlage für weitergehende Operationen mit Schrift: Anhand der eigenen Wörter können Buchstaben gefestigt, Analyseübungen durchgeführt, Wörter auswendig gelernt werden u.v.m. Den Lernenden soll möglichst schnell ein Kompetenzerlebnis vermittelt werden, denn Erfolg ist Grundlage jedes gelingenden Lernprozesses.

Stellvertretendes Schreiben

Für fortgeschrittene Teilnehmer/innen (die bereits über eine Laut-Buchstaben-Zuordnung verfügen und mindestens lautgetreu verschriften können) ist der Eigentext ebenfalls Grundlage für die an die Würdigung des Textes anschließende systematische Erarbeitung der Rechtschreibung.

In der ersten Niederschrift eines Eigentextes werden ›Fehler‹ ausdrücklich geduldet. Sie sind sogar ausgesprochen wichtig. Denn ›Fehler‹ sind nicht nur Abweichungen von der orthographischen Norm, sondern entwicklungspsychologisch betrachtet Annäherungen im Sinne von Näherungslösungen an die Normschrift.

Schriftspracherwerb – so die heutige Überzeugung – ist ein konstruktiver Akt, eine Art Denkentwicklung. Im Laufe der Auseinandersetzung mit Schrift durchlaufen Lernende verschiedene Stadien, in denen sich ihr Wissen über Schrift verändert. Indem sie sich mit Schrift auseinandersetzen, erfahren sie nicht nur die Sinnhaftigkeit der Schriftverwendung, sondern bilden auch Hypothesen (›innere Regeln‹) über den Aufbau des Schriftsystems (s. Kasten S. 89).

Diese Erkenntnis steht in Gegensatz zum ›Lernen von Außen nach Innen‹, das nach dem Prinzip des berühmten Trichter-Modells in der Vergangenheit propagiert wurde und dem damit verbundenen Prinzip der Fehlervermeidung. Entsprechend gründet ein auf den Umgang mit Schrift bezogenes Erklärungsmuster für die unzureichende Schreibkompetenz der Betroffenen darin, dass diese in ihrer Kindheit aufgrund ihrer schriftkulturellen Deprivation und ihres Vermeidungsverhaltens zu wenig (!) ›Fehler‹ gemacht haben, als dass sie aus ihren ›Fehlern‹, d.h. aus ihrem Umgang mit Schrift hätten lernen und ihre subjektive Theoriebildung über Schriftsprache hätten differenzieren können.

Wesentliches zur Schreibentwicklung

Im Laufe der Auseinandersetzung mit Schrift müssen Lernende drei grundlegende Einsichten in den Aufbau unserer Schrift gewinnen:

1. Schrift ist ein von anderen Zeichensystemen abgrenzbares System mit spezifischem Charakter.

2. Schrift ist Abbild gesprochener Sprache mit fest definierten Korrespondenzen von Phonemen und Graphemen (phonologisches Grundprinzip). Die Lautstruktur der gesprochenen Sprache lässt sich in Schrift überführen. Ein Phonem kann eindeutig durch einen einzigen Buchstaben [/b/ → ›b‹], aber auch durch ein aus mehreren Buchstaben bestehendes Graphem [/ʃ/ → ›sch‹] gekennzeichnet werden. Verschiedene Phoneme (/e/, /ə/, /e:/ in ›Bett‹, ›Soße‹, ›Regen‹) können durch das gleiche Graphem (›e‹), aber ein Phonem [/f/] kann auch durch verschiedene Grapheme (›f‹, ›v‹) abgebildet werden.

3. Schrift ist keine 1:1–Abbildung gesprochener Sprache, sondern unterliegt übergreifenden Regelhaftigkeiten. Die beiden wesentlichen sind das morphologische Prinzip (zum Beispiel Stammschreibung: Hunde – Hund, alt – älter) und das grammatische Prinzip (zum Beispiel Groß- und Kleinschreibung: essen – das Essen). Daneben existieren noch weitere Regelhaftigkeiten, etwa Schärfung (durch Doppelkonsonanten wie in ›offen‹) oder Dehnung (durch das Dehnungs-h wie in ›Stahl‹) oder die Verdopplung des Vokals (wie in ›Beet‹).

Die gewonnene Einsicht drückt sich in der bevorzugten Verwendung unterschiedlicher, aufeinander folgender Strategien aus:

■ *zu 1: logographemische Strategie*
Lerner/innen orientieren sich an markanten oder individuell bedeutsamen Merkmalen der geschriebenen Sprache. Der Zugriff zur Sprache ist also vorwiegend visuell geprägt.

■ *zu 2: alphabetische Strategie*
Mit zunehmender Einsicht in den Lautbezug der Schriftsprache und der wachsenden Ausbildung graphemisch-phonologischer Korrespondenzregeln verfeinern sich die phonetisch geprägten Zugriffe. Zunächst wird meist der Anlaut erkannt (›A‹ für ›Arbeit‹), bevor zunehmend mehr phonetische Einheiten verschriftet werden. Dabei lassen sich mehrere Zwischenstufen ausmachen, zum Beispiel die konsonantische ›Skelettschrift‹ (›RS‹ für ›Rose‹, ›MT‹ für ›Mutter‹), später die streng phonetische Phase (›Mota‹ für ›Mutter‹, ›Aeima‹ für ›Eimer‹) und die phonetische Umschrift (›Muter‹ für ›Mutter‹), welche bereits den Übergang zur nächsten Strategie markiert.

■ *zu 3: orthographische Strategie*
Aufbauend auf eine zunehmend lautgetreue Verschriftung erwerben Lerner/innen nichtlautliche Besonderheiten der deutschen Orthographie (zum Beispiel Kennzeichnung von Dehnung und Schärfung, Konventionen wie <st>, das morphematische Prinzip der deutschen Sprache usw.). Die Aneignung orthographischer Prinzipien stellt einen langwierigen Prozess dar, d.h. diese Phase ist begleitet von einer integrativen Automatisierung der einzelnen Regeln.

Innerhalb dieser unterschiedlichen Strategien sind mehrere Feinabgrenzungen möglich. Entwicklungs- bzw. Stufenmodelle sind theoretische Konstruktionen, d.h. die einzelnen Stufen existieren nicht in Reinform. Lerner/innen bedienen sich dominierender Strategien, die je nach Wortmaterial oder Kontext unterschiedlich sein können. Ein Rückgriff auf niedrigere Strategien ist jederzeit möglich. Da lese- und schreibunsichere Menschen trotz der Brüche und Lücken in ihrer Lernentwicklung immer wieder neue Elemente von Schrift aufgenommen haben, realisieren sie ihre Verschriftungen auf sehr vielen unterschiedlichen (Zwischen-)Stufen gleichzeitig.

Zu Aspekten der (Recht-)Schreibentwicklung vgl. auch: ALFA-Forum 37/1998; BÖRNER, Anne: 1995; NICKEL, Sven: 1998; SCHEERER-NEUMANN, Gerheid: 1998.

Auswahl geeigneter Schreibanregungen für Jugendliche und Erwachsene

- Authentisch-kommunikatives Schreiben: *Briefe / E-Mails an Teilnehmer/innen anderer Kurse, Briefe an öffentliche Entscheidungsträger, Leserbriefe*
- Projektionen ermöglichendes Schreiben: *Schreiben zu Fotos von Menschen, ›Wenn ich drei Wünsche frei hätte...‹ ›Wenn ich zaubern könnte...‹*
- Kreatives Schreiben: *zu Kunstbildern, Karikaturen, Sprüchen, Fotos, Musik*
- Identifikatorisches Schreiben: *›Stell dir vor, du wärst ein Tier – welche Eigenschaften hättest du?‹*
- Schreiben zu personenbezogenen Themen / autobiografisches Schreiben: *Interessengebiete und Hobbys, Angst, Freundschaft, Liebe und Partnerschaft, Wie bin ich? – Wie möchte ich sein?, Der Roman meines Lebens (mit den Kapiteln: Meine Kindheit, Schulzeit, die Zeit danach, seit ich in der Gruppe bin)*
- Schreiben zu berufsbezogenen Themen: *Mein Traumberuf bzw. Berufswunsch, Arbeit / Arbeitslosigkeit*
- Gruppendynamische Schreibspiele: *Schreiben reihum (jeder schreibt einen Satz und gibt das Blatt weiter) u.a.*
- Funktionelle Lese- und Schreibanlässe: *Schecks, Führerschein, Stadtpläne, Landkarten, Anträge, Karten und Briefe, Einkaufszettel, Notizzettel*

Guck in die Wolken!
Ganz lange! Dann
kommt dir auf einmal eine Idee:
„Die dicke Wolke da sieht ja aus wie..."
Versuche es selber!
Schreibe deine Ideen auf!

Umgang mit Fehlern

Auch im Alphabetisierungkurs wird systematisch an der Rechtschreibkompetenz gearbeitet. Doch entscheidend ist die Reihenfolge: Nach dem Schreiben eines Textes und seiner Würdigung innerhalb der Lerngruppe schließt sich die systematische Arbeit an der Orthographie an. Die Lernenden sollen Fehler möglichst selbst korrigieren; diese Auseinandersetzung mit abweichenden Schreibungen hat sich als produktiv erwiesen. Voraussetzung dafür ist allerdings, dass der Kursleiter den Text entsprechend aufbereitet und individuelle Hilfestellungen gibt. Teilnehmer/innen, die zumindest lautorientiert verschriften, können überprüfen, wo ein Buchstabe fehlt, ein falscher verwendet oder einer zu viel geschrieben wurde. Je nach Kompetenzniveau reicht es aus, wenn die Kursleiterin eine Zeile, das betreffende Wort oder die exakte Stelle im Wort markiert.

Fortgeschrittenen Lernern, die an ihren orthographischen Kompetenzen arbeiten, kann es helfen, wenn die Kursleiterin die Art des Fehlers nennt. Hinweise auf die Fehlerart können das Bewusstsein für orthographische Besonderheiten schärfen. Es ist nicht das Ziel, dass die Lernenden alle Fehler in einem Text finden und verbessern. Von der Kursleiterin müssen Schwerpunkte gesetzt werden, die in engem Zusammenhang mit dem Stand der Lernentwicklung stehen. Die Eigentexte dienen als Grundlage für die weitere systematische Arbeit.

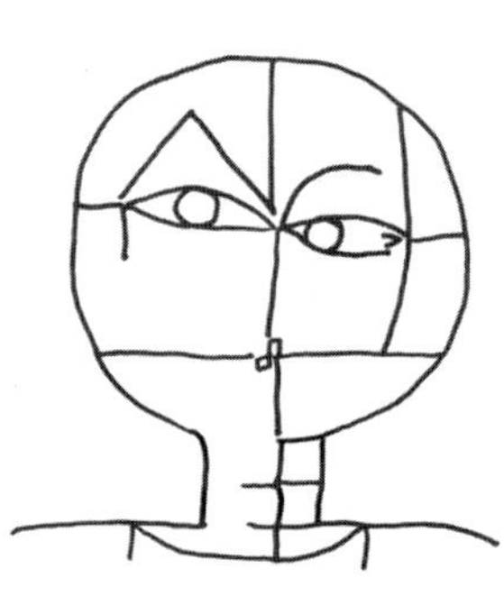

Male die Figur fertig! Dann
gib ihr einen Namen und
erzähl etwas über ihr Leben!

Schreibimpulse

Bevor es zu Eigentexten kommen kann, müssen in aller Regel Schreibimpulse gegeben werden, denn schriftfernen Menschen geht es verstärkt so, wie es auch Schreibkundige gelegentlich erleben: leeres Blatt, Stift in der Hand – und kein passender Gedanke. Es ist nicht immer einfach, eine Schreibidee zu entwickeln und den Anfang zu finden. Um diese Schwelle zu überwinden, sind sogenannte offene Schreibanregungen sinnvoll. Darunter sollen Anregungen verstanden werden, die einen möglichst weiten Interpretationsspielraum für die Teilnehmer/innen zulassen, sodass diese nicht durch eine schon vorher implizit festgelegte Handlungsstruktur auf einen Textaufbau festgelegt werden (vgl. zu geeigneten Schreibanregungen Kasten links).

Schreiben erfordert, Sprache stärker als beim verkürzten Sprechen zu entfalten – eine Anforderung, die vielen Anfängern mit wenig literaler Erfahrung sehr schwer fällt. Was sonst durch Mimik, Gestik und Intonation mitgeteilt wird, muss beim Schreiben ebenfalls berücksichtigt werden. Diese Anforderung verzögert und intensiviert die Auseinandersetzung mit dem Schreibinhalt. Schreiben läuft daher bewusster ab als Sprechen.

Personales Schreiben

Eine von mehreren Möglichkeiten, die Artikulation biografischer Elemente (vor allem als Projektionen) zu ermöglichen, ist es, Einzelbilder anzubieten, die einen momentanen Ausschnitt aus einem Handlungsablauf andeuten. Die Vorstellung einer Handlung entsteht dabei in der schreibenden Person: Was war vorher, was passiert jetzt? Bilder existieren in ihrer Bedeutung nur zusammen mit der Bedeutung, die der Betrachter ihnen beimisst.

Die Umdeutung des Selbstbildes und der Schriftspracherwerb können inhaltlich miteinander verknüpft werden, indem Schreibaufgaben zur Auseinandersetzung mit den eigenen Wünschen, Gefühlen und Gedanken anregen. Großformatige Fotos von Personen (zum Beispiel Modefotografien) ermöglichen Anregungen wie ›Was denkt oder fühlt die Person gerade?‹. Der dadurch entstehende Spielraum lässt es zu, eigene Erfahrungen mit bestimmten Situationen auf eine abgebildete Figur zu projizieren. Bei derartigen Anregungen können die Lernenden über ihre eigenen Träume, Wünsche, Hoffnungen, Erfahrungen oder Ängste schreiben, diese aber – wenn gewünscht – hinter fiktiven Handlungsträgern verstecken.

Daniela B. (32) schreibt zu dem Bild aus dem Kinofilm ›Das Leben ist schön‹:

»Wir machen eine Reise in die Schweiz.
Wir sind aufgestanden und haben gemeinsam gefrühstückt.
Der Mann sagt: ›Schatz, wollen wir in die Stadt gehen, wollen wir unser Kind auch mitnehmen? Wollen wir zu Fuß gehen oder mit dem Fahrrad fahren?‹
Und dann sagt die Frau: ›Ihr könnt mit dem Fahrrad fahren, ich gehe lieber zu Fuß, weil ich noch woanders hin möchte.‹«

Die Erzählperspektive ›Wir‹ zu Beginn des Textes macht Identifikation und Projektion besonders deutlich. Daniela war zu dieser Zeit auf der Suche nach einer neuen Liebe, mit der sie glücklicher und selbstbestimmter leben wollte als in der bestehenden Beziehung. Partnerschaft und Kinder waren ihre bestimmenden Themen.

Wie in zahllosen weiteren Fällen hat hier eine Schreiblernerin in einer offenen Schreibanregung (bei der nicht ausdrücklich zur Thematisierung des eigenen Lebens angeregt wurde) das eigene Ich, d.h. ihre eigenen Erfahrungen, ihre Sehnsüchte und ihre Wünsche auf das Bild bzw. auf die Handlungsträger des Bildes projiziert. Solche Texte können unter Umständen Anstoß sein, um über bestimmte Themen mit der Kursleiterin oder auch innerhalb der Gruppe zu sprechen.

Dass Teilnehmer zu ein- und demselben Bild ganz unterschiedliche Bedeutungen konstruieren, wird im nächsten Beispiel deutlich: Während Hans die maritim anmutende Stimmung der Ruhe und Sinnlichkeit des Bildes mit Urlaub in Zusammenhang bringt, sind für Michael der Stapel Bücher und die schier unglaubliche Menge schwarzer Buchstaben präsent, die in ihm seine Angst vor Schrift (re-)aktiviert.

Hans Z. (65) schreibt zu dem Bild (teilweise mit Unterstützung seines Kursleiters):

Quint Buchholz, BuchBilderBuch © Sanssouci Verlag, Zürich.

»Ulaub ist das Beste, was der Mesch im Leben hat. Das Bilt ~~erinh~~ erinaht ~~nich~~ mich an Ulaub zeit. abends an schäk [= Steg] wen die Labe [=Lampe] aufleuchtet.«

Michael O. (32) hingegen ›sieht‹ in dem Bild etwas ganz anderes. Er erzählt zu dem Bild:

»Da ist ein Tisch, dahinter viel Wasser und Himmel mit einer Möwe. Alles ist blau gehalten. Auf dem Tisch liegen viele Bücher. Oben steht eine Lampe. Rechts neben den Büchern steht ein Tasse. Wenn ich so viele Bücher auf einem Haufen sehe, wird mir ganz anders. Dann schnürt es mir die Kehle zu. Wenn ich mir vorstelle, ich müsste die alle lesen…«

Vom Gedanken zum Text

Schreiben ist ein hoch komplexer Vorgang: Zunächst muss eine Schreibidee gefunden und sprachlich konkretisiert werden. Während des Verschriftens müssen Wortwahl, Lesbarkeit der Schrift, Satz- und Textaufbau sowie Orthographie, ein eigener Schreibstil und die Gestaltung des Textes beachtet werden, ohne den ›roten Faden‹ zu verlieren. Und schließlich muss der entstandene Text auch der Überprüfung standhalten, ob er denn nun der eigentlichen Schreibabsicht entspricht. Tut er dies nicht, folgt eine Überarbeitung.

Viele dieser Prozesse überschneiden sich und laufen parallel ab. Dieses komplexe Geschehen überfordert nicht wenige Schreibanfänger/innen. Aufgrund der geringen literalen Erfahrungen fühlen sich die Teilnehmer/innen oft unsicher, ›wie‹ sie es denn nun aufschreiben sollen. Zur Entlastung wird der Schreibprozess daher in Phasen zerlegt und die Teilnehmer/innen erhalten individuelle Hilfestellungen. So können sie sich beispielsweise auch zu zweit auf eine Schreibanregung einlassen. Im Gespräch konkretisiert sich dann die Schreibidee. Um diesen Rahmen der Textplanung nicht zu verlieren, können sie zunächst Stichwörter aufschreiben oder ihre Sätze auf Kassette sprechen. Erst dann setzt das Schreiben des Textes ein. Anschließend erfolgt – mit Unterstützung der Kursleiterin – die orthographische sowie ggf. eine inhaltliche Überarbeitung. ›Steht‹ der Text, wird er nochmals abgeschrieben, um ihn ansehnlich präsentieren zu können.

Neue Möglichkeiten der Entzerrung des Schreibprozesses bietet die Textverarbeitung am Computer. Mit ihrer Hilfe bleibt ein Text veränderbar, inhaltliche Änderungen oder Ergänzungen können zu jeder Zeit vorgenommen werden. Zudem können orthographische Verbesserungen komfortabel und spurenlos erfolgen.

schriftsprachlichen Anforderungen begegneten die Lernenden in der Öffentlichkeit bisher durch Täuschung (›Ich habe meine Brille vergessen‹) oder Delegation (›Mach du das doch bitte‹). Der Kurs stellt für sie einen Schutzraum dar, in dem sie ihr Schriftsprachhandeln sukzessive erweitern können. Dabei werden sie ermutigt, dieses mehr und mehr in ihren Alltag zu übertragen.

Nachdem viele Lernende über Jahre und Jahrzehnte gelernt haben, Schrift in ihrer Umwelt zu übersehen, ist es ein ganz enormer Akt des Lernens, Schrift wieder bewusst wahrzunehmen. Das Übertragen des Gelernten in den Alltag ist ein wesentliches Prinzip und muss in kleinen Schritten geübt werden: Lernende werden gebeten, auf bestimmte Buchstaben in ihrer Lebensumwelt zu achten (in Werbung, auf Konserven usw.), großformatige Werbungen selbst zu entziffern, Telefonnummern aus dem Telefonbuch herauszusuchen, Notizzettel zu schreiben u.a. Umgekehrt werden mögliche Interessengebiete der Lernenden, die gleichzeitig potentielle Gebiete schriftsprachlichen Handelns sind, in die Kurse einbezogen. (➢ Kapitel 5: Lernmotive)

Funktionelle Alphabetisierung

Mit Hilfe der Eigentexte sollen die Teilnehmer/innen u.a. lernen, ihre Angst vor Schrift zu verlieren und sich zuzutrauen, etwas für sich oder für andere aufzuschreiben. Im Alltag sind die Anlässe eher funktional: Anträge, Notizzettel, Einkaufszettel, Postkarten oder die Fragebögen für die theoretische Führerscheinprüfung werden als häufige Lese- und Schreibanlässe genannt. All das wird geübt; konkret anstehende Anlässe wie das Ausfüllen von Formularen oder das Schreiben von Geburtstagskarten können zum individuellen Lerninhalt eines Kursabends gemacht werden. Diesen

Ich murmle eine Entschuldigung und
renne weg.
Er denkt sicher, die Frau spinnt.
Aber er spinnt auch:
ganze Fische zu essen.

Als ich zurückkomme,
ißt er immer noch.
Doch als er mich sieht,
deckt er sofort die Fische
mit einem weißen Tuch zu.
„Bleib doch, Gisela",
bittet er mich.
Ich bleibe.

30

31

Leicht lesbare Lektüre

Vom Schreiben zum Lesen

Lesen und Schreiben sind als zwei Seiten einer Medaille zu verstehen: Alles, was geschrieben wird, wird mit der Absicht geschrieben, dass andere es lesen (oder man selbst). Alles was gelesen wird, wurde zuvor geschrieben.

Entsprechend ist das Schreiben in der Alphabetisierung kein Selbstzweck. Nach erfolgter Überarbeitung dienen die Eigentexte als Lesetexte, sowohl für den Verfasser als auch für andere Teilnehmer/innen. Seit den Anfängen der Alphabetisierung werden diese Texte in Leseheften oder Teilnehmerzeitungen vervielfältigt und anderen Kursen zugänglich gemacht.

Die Schreibwerkstatt für neue Leser und Schreiber e. V. hat besonders gelungene Texte als gedruckte Lesehefte veröffentlicht. Noch heute vertreibt der Bundesverband Alphabetisierung e. V. leicht lesbare Lektüre, die von Lernenden selbst geschrieben wurden. Ebenfalls leicht zu lesen sind die u. a. im Ernst Klett Verlag erschienenen Lektüren.

›Lesen und Schreiben von Anfang an‹, so der programmatische Titel vieler Alphabetisierungskurse, besitzt demnach eine doppelte Aussage: Lesen und Schreiben soll nicht nur von Grund auf gelernt werden, Lesen und Schreiben wird auch von Anfang an praktiziert.

Bei Kenntnis der Kriterien für eine einfache Lesbarkeit (vgl. Kasten, S. 97) können Kursleiter/innen auch selbst Texte (zum Beispiel Zeitungsartikel) vereinfachen. Dabei lassen sich die lesetechnischen Erleichterungen graduell modifizieren und unterschiedlichen Stufen der Lesekompetenz anpassen.

Ich klingele an der ersten Tür.
Ein dicker Mann im Unterhemd
steht vor mir.

„Ich habe ein Präsent für Sie“, sage ich
und halte die Palme hin.

Er reißt mir die Palme aus der Hand
und knallt sofort die Tür zu.

Ich klopfe und klopfe,
aber er macht nicht wieder auf.

Dann gehe ich zum Treff,
wo der Bulli wartet.

Ich muss mir ja eine neue Palme holen.
Aber die muss ich nun selbst bezahlen.

16

17

Leicht lesbare Lektüre

Es geht nicht darum, Texte für Leseanfänger so weit wie irgend möglich zu vereinfachen. Vielmehr müssen die unterschiedlichen Vereinfachungsmöglichkeiten gemäß der steigenden Lesekompetenz der Lerner/innen sukzessive zurückgenommen werden, denn das Lesen vereinfachter Texte ist nur ein Durchgangsstadium auf dem Weg zur umfassenden Lesekompetenz. Natürlich ist das Lesen der Texte zu ergänzen durch Leseübungen, um zum Beispiel das Verhältnis zwischen schnellem und genauem Lesen auszubalancieren, die Kontextausnutzung anzuregen, sinnverstehendes Lesen zu unterstützen usw. Eine gute Möglichkeit zur Analyse der erreichten Lesekompetenz und der Verwendung von Lesestrategien ist es, die Lernenden in regelmäßigen Abständen auf Kassette lesen zu lassen und anschließend das Band mit ihnen gemeinsam abzuhören.

Lernen sozial gestalten

Die Unterstützung der individuellen Lernprozesse erfordert in der Alphabetisierung einen hohen Grad an Individualisierung. Gleichzeitig ist Lernen aber auch ein sozialer und kooperativer Akt. In der konkreten Praxis müssen die individuellen Lernprozesse daher so koordiniert werden, dass kooperatives Lernen, eine positive Gruppenerfahrung und die Bewusstwerdung der eigenen Person ermöglicht werden. Aber auch das konkrete Schriftsprachhandeln kann gruppenbezogen stattfinden, zum Beispiel mit Hilfe von Schreibspielen oder mit gruppenbezogenen Anregungen wie einem ›Gruppenbuch‹ mit Fotos aus der Gruppe, die als Schreibanregung dienen. Bleibt die Arbeitsphase individuell ausgestaltet, können zumindest Kursbeginn und vor allem Kursende gemeinsam gestaltet werden. Zum Kursende werden die unterschiedlichen Lernprodukte vorgestellt, eine konstruktive Kritik der Gruppe schließt sich an. Selbst wenn kein Lern*produkt* zu präsentieren ist, kann eine Reflexion zumindest über den Lern*prozess* erfolgen: Was habe ich heute gemacht? Was habe ich heute gut gemacht? Was hat mir heute Spaß gemacht? Habe ich heute mit jemand anderem gut zusammenarbeiten können? Was kann ich nächstes Mal anders machen? usw.

Diese Prozessreflexion ist von nicht zu unterschätzender Wichtigkeit. Denn Alphabetisierung von Erwachsenen ist mehr als nur Lesen und Schreiben lehren. Sie ist potentiell auch Persönlichkeitsbildung, Förderung des Selbstwertgefühls und Unterstützung der sozialen Integration.

Was ist einfach zu lesen?
Kriterien leicht lesbarer Lektüre

Typograpie und Layout

- größere Schrifttype als üblich (etwa 14 bis 18 Punkt)
- eindeutige Schrifttype (ohne Serifen und ›Schnörkel‹)
- etwas größerer Abstand zwischen Buchstaben und Wörtern
- Platz zwischen den Zeilen (1,5zeilig)
- häufige Absätze
- kein Blocksatz, sondern linksbündiger Flattersatz
- Zeilenumbruch nach Sinnabschnitten
- auf den Text bezogene Illustrationen

Sprachstruktur

- einfache Wortstruktur (Vermeidung von Konsonantenhäufungen und seltenen Graphemen, möglichst wenig mehrgliedrige Schriftzeichen und Kurzvokale)
- einfache Satzstruktur (Vermeidung von Einschüben, komplizierten Nebensätzen usw.)
- begrenzte, aber unterschiedliche Satzlänge (max. 7 bis 8 Wörter) zur Entlastung des Kurzzeitgedächtnisses
- begrenzte Länge des Textes
- überschaubare Menge an Information in einem Satz bzw. auf einer Seite
- Zwischenüberschriften als Gliederungshilfe
- hohe Redundanz (zum Beispiel Wiederholung von Wörtern oder Wortstämmen)
- Verwendung bekannter Begriffe (Alltagssprache), Vermeidung von Ausdrücken, die bei den Lernenden unüblich sind

Motivation

- Ich-Zentrierung: Wenn möglich, sollten Texte den Lernenden Gelegenheit geben, Biografisches (Erfahrungen, aber auch Wünsche, Hoffnungen, Fantasien oder Ängste) zu thematisieren
- Information: Texte sollten neben bekannten Elementen neue, bedeutsame Informationen enthalten
- Gebrauchsorientierung: Texte sollten Handlungsperspektiven eröffnen

Literatur

ALFA-FORUM 37/1998: Rechtschreiben nach der Reform.

BÖRNER, Anne: Sprachbewußtheit funktionaler AnalphabetInnen am Beispiel ihrer Äußerungen zu Verschriftlichungen. Frankfurt a.M. 1995.

BRÜGELMANN, Hans / BRINKMANN, Erika: Die Schrift erfinden. Konstanz 1998.

EBERT, Agnes u. a.: Handreichungen für Kursleiter. Hrsg.: Pädagogische Arbeitsstelle des Deutschen Volkshochschul-Verbandes. Bonn und Frankfurt a. M. 1985.

GENUNEIT, Jürgen: Lesetexte für Leseungewohnte. In: Crämer, Claudia / FÜSSENICH, Iris / SCHUMANN, Gabriele (Hrsg.): Lesekompetenz erwerben und fördern. Braunschweig 1998, S. 151–163.

HUBERTUS, Peter: Schreiben mit funktionalen Analphabeten in der Erwachsenenbildung. In: Stark, Werner / Fitzner, Thilo / Schubert, Christoph (Hrsg.): Wer schreibt – der bleibt. Und wer nicht schreibt? Ein internationaler Kongress. Stuttgart 1998, S. 133–149.

KAMPER, Gertrud: Wenn LESEN und SCHREIBEN und LERNEN schwerfallen... Beiträge und methodische Hilfen zur Grundbildung. Hrsg.: Schreibwerkstatt für neue Leser und Schreiber e.V. Münster 1997.

KREFT, Wolfgang (Hrsg.): Methodische Ansätze zur Schriftsprachvermittlung. Deutscher Volkshochschul-Verband. Bonn / Frankfurt a.M. 1985.

KRETSCHMANN, Rudolf u.a.: Analphabetismus bei Jugendlichen. Ursachen, Erscheinungsformen, Hilfen. Stuttgart, Berlin, Köln 1990.

NICKEL, Sven: Computer als Hilfe beim Schriftspracherwerb Erwachsener. In: ALFA-FORUM 40/1999, S. 9–13.

NICKEL, Sven: Zugriffe funktionaler Analphabeten auf Schrift. Eine Untersuchung von Schreibstrategien mit der ›Hamburger Schreib-Probe‹. In: ALFA-FORUM 38/1998, S. 20–24.

SCHEERER-NEUMANN, Gerheid: Schriftspracherwerb: ›The State of Art‹ aus psychologischer Sicht. In: Huber, Ludowika / Kegel, Gerd / Speck-Hamdan, Angelika (Hrsg.): Einblicke in den Schriftspracherwerb. Braunschweig 1998, S. 31–46.

THAMM, Jürgen: Texte verfassen mit geistig- und lernbehinderten Jugendlichen. Ein identitätsorientiertes Konzept offenen Unterrichts. Bad Heilbrunn 1995.

7 Institutionelle Rahmenbedingungen in der Alphabetisierungsarbeit

Wie sehen die Voraussetzungen für die Einrichtung von Alphabetisierungsangeboten aus?

Es gibt keine bundesweite gesetzliche Regelung für ein flächendeckendes Angebot im Bereich der Alphabetisierung und Grundbildung für Erwachsene. Die Angebote und ihre Infrastruktur sind in den jeweiligen Bundesländern unterschiedlich. Standards für die Ausbildung der Kursleiter/innen, für Unterrichtsmaterialien, Beratung und Unterrichtsorganisation sind ansatzweise immer wieder in Projekten und punktuell vor Ort entwickelt, aber nicht für eine bundesweite Anwendung weiterentwickelt oder realisiert worden. Es gibt keine einheitliche und gesicherte Finanzierung.

Rechtliche Voraussetzungen

In Deutschland gibt es keine bundesweite gesetzliche Regelung für ein flächendeckendes Angebot von Alphabetisierungs- und Grundbildungskursen. In den neuen Bundesländern müssen verstärkt Aktivitäten stattfinden. Der Qualifizierungsdruck für die dortige Bevölkerung ist nach der Wende besonders groß.

»Das Phänomen des (funktionalen) Analphabetismus war in der ehemaligen DDR ein Tabu, doch seit der Wende ist die Thematik im Zusammenhang mit der Arbeitslosigkeit zunehmend ins öffentliche Bewußtsein gerückt. Im Vergleich zu den Anfängen der Alphabetisierung in den alten Ländern stellte sich die Situation in den neuen Ländern anders dar. Für die Betroffenen hat sich die Situation sozusagen über Nacht schlagartig und gravierend verändert, während es sich im Westen um einen mehrjährigen Prozeß handelte.
In dem alten System waren für alle BürgerInnen Arbeitsplätze garantiert, und alle waren in einem sozialen Netz aufgefangen, zum Teil auch aufbewahrt, doch nun sind viele von der Massenarbeitslosigkeit betroffen oder zunehmend bedroht. Da sich mit den gesellschaftlichen Anforderungen auch die gesamten Lebensverhältnisse grundlegend verändert haben, sind die Auswirkungen nicht nur quantitativ, sondern auch qualitativ in größeren Dimensionen zu sehen. Für Menschen, die nun aufgrund unzureichender Lese- und Schreibfähigkeiten ihre Arbeit verlieren und sich zudem völlig neu orientieren müssen, trifft das in besonderem Maße zu.«
TRÖSTER, Monika: 1996, S. 24

Zwar gibt es immer wieder Berichte, Parteianfragen, Vorträge und Projektförderungen seitens des Bundesbildungsministeriums zum Thema Analphabetismus und Alphabetisierung, eine Verfügung oder gesetzliche Verankerung zur Etablierung eines flächendeckenden Angebots gibt es jedoch nicht.

Weiterbildung steht unter der Hoheit der Länder. Es obliegt den Ländern in ihren Länderverfassungen, Erwachsenenbildungs- oder Weiterbildungsgesetzen Regelungen über die Angebotsstruktur im Bereich der Erwachsenenbildung zu treffen. Bestimmte Regelungen für den Bereich der Alphabetisierung / Grundbildung gibt es dort jedoch nicht oder sie sind nur zwischen den Zeilen erkennbar. In den Weiterbildungsgesetzen werden eher globale Zielsetzungen und Förderrichtlinien formuliert.

In der Novellierung des Weiterbildungsgesetzes von Nordrhein-Westfalen sind allerdings erstmals konkretere Ausformulierungen dahingehend zu finden, dass auch die kompensatorische Grundbildung in das Pflichtangebot gehört. Einrichtungen der Weiterbildung sind durch das Gesetz jedoch nicht verpflichtet, Alphabetisierungs- und Grundbildungskurse anzubieten. Da dieser Bereich aber als Pflichtangebot gefördert werden soll, ist es für die Einrichtungen attraktiver geworden, dieses Angebot in das Programm aufzunehmen.

Im niedersächsischen Erwachsenenbildungsgesetz hat die Alphabetisierung den Status von ›gemeinwohlorientierter‹ Bildungsarbeit und gilt damit als besonders zu förderndes Programm. Vor diesem Hintergrund konnte in Niedersachsen in den letzten fast zwanzig Jahren ein besonders hoher Grad an Professionalisierung in der Alphabetisierung entwickelt werden. Auch in Schleswig-Holstein gibt es im Ländervergleich besonders günstige Bedingungen für die Alphabetisierungsarbeit.

Die regionalen Beratungs- und Unterrichtsstützpunkte

›Wer lesen und schreiben lernen will, muß in erreichbarer Nähe ein Kursangebot finden können.‹ Dieser hohe Anspruch war der Ausgangspunkt für die Überlegungen bei der Entwicklung eines Konzeptes, das eine annähernd flächendeckende Versorgung mit Alphabetisierungsangeboten in Schleswig-Holstein sicherstellen kann. In einem Flächenland ist das Vorhaben nicht leicht einzulösen, die Wege sind oft weit, die Verkehrsverbindungen nicht immer gut. Häufig steht für die Betroffenen die Wahrung der Anonymität gegen die gute Erreichbarkeit in einer Volkshochschule, die auch von den Freunden oder Nachbarn besucht wird.

Mit finanzieller Förderung aus Mitteln des Landes Schleswig-Holstein und des Europäischen Sozialfonds ist in den vergangenen Jahren begonnen worden, dieses Konzept zu realisieren.

Kernstück ist die Verbindung von hauptberuflich arbeitenden ›regionalen Beratungs- und Unterrichtsstützpunkten‹ und nebenberuflich durchgeführten Kursen an örtlichen Volkshochschulen. Die ›regionalen Beratungs- und Unterrichtsstützpunkte‹ arbeiten an fünf Volkshochschulen [...]. Sie sind ortsübergreifend für ihre Region zuständig, die sich an den Kreisgrenzen, aber auch am tatsächlichen Einzugsgebiet im Umkreis von etwa 50 km orientiert.

Die Aufgaben der Kolleginnen und Kollegen, die in den Regionalstellen mit jeweils einer halben Angestelltenstelle tätig sind, umfassen:

- Information und Beratung der betroffenen und interessierten Bevölkerung
- Beratung und Unterstützung der Volkshochschulen bei der Einrichtung und Durchführung von Kursen
- Beratung und Unterstützung der Kursleiter/innen in der Region
- Öffentlichkeitsarbeit und Werbung
- eigene, bei Bedarf flexible und mobile Unterrichtstätigkeit
- Fragen der finanziellen Unterstützung auf Kreis- und Gemeindeebene
- Zusammenarbeit mit dem Landesverband der Volkshochschulen Schleswig-Holsteins.

Oft sind es Freunde oder Verwandte, die den ersten Kontakt zu einer der Beratungsstellen herstellen. Die Beratungsstellen informieren dann über möglichst wohnortnahe Unterrichtsmöglichkeiten an einer Volkshochschule und beraten und unterstützen den Betroffenen, bis ein passender Kurs gefunden ist. In besonderen Fällen können die Kolleginnen und Kollegen der Beratungsstellen auch Einzelunterricht anbieten, wenn im Moment kein Kurs in erreichbarer Nähe angeboten wird oder ein/e Teilnehmer/in zusätzliche Hilfe z.B. bei einer Bewerbung oder bei der Vorbereitung auf eine Prüfung benötigt.

Die regionale Öffentlichkeitsarbeit hat ebenfalls einen hohen Stellenwert. Dazu gehört die Durchführung von Ausstellungen ebenso wie die Organisation von Konferenzen für Kursleiter/innen, die Zusammenarbeit mit öffentlichen Einrichtungen ebenso wie der regelmäßige Kontakt zur Presse. Obwohl Artikel in Zeitungen von Betroffenen nicht selbst gelesen werden können, haben sie oft eine überraschend weitreichende Wirkung, vor allem, wenn auf das regionale Beratungsangebot mit Telefonnummer hingewiesen wird.

Die Information der Politikerinnen und Politiker ›vor Ort‹, der Austausch mit den Verantwortlichen auf der Ebene der Kommune und der Kreise ist ein wichtiger Weg, um Verständnis für die Betroffenen und ideelle und finanzielle Unterstützung für die Arbeit zu erreichen.

An der Finanzierung des Programms beteiligen sich

- das Land Schleswig-Holstein
- der Europäische Sozialfonds
- die Kreise
- die Kommunen
- die Volkshochschulen
- die Teilnehmerinnen und Teilnehmer

in unterschiedlicher Form und Höhe.

Erwachsene lernen lesen und schreiben, ca. 1997, S. 14f

> ***So sollte es nicht sein!***
>
> *A am VHS-Haupteingang:* ›Guten Tag, ich suche so'n Büro, Sie wissen, ich will mich mal erkundigen?‹
> *Putzfrau:* ›Zweiter Stock, dritte Tür links; Sie sehen dort das Schild ›Anmeldung‹. Aber jetzt ist schon 17 Uhr; ich glaube nicht, daß noch jemand da ist.‹
>
> *A klopft an der Tür mit dem großen Schild:*
> ›Herein‹
> ›Ich suche die Anmeldung?‹
> ›Hier ist der Geräteraum, haben Sie das Schild nicht gesehen? Die Anmeldung ist gegenüber!‹
>
> *A endlich hinter dem Anmeldetresen; eine Sachbearbeiterin, die ihren Schreibtisch gerade abräumt, versucht die Anmeldung noch schnell entgegenzunehmen.*
> A: ›Ich habe gehört, daß hier so Deutschkurse laufen?‹
> S: ›Ja, wir haben im nächsten Semester zwei Grundkurse, drei Rechtschreibkurse und zwei Analphabetenkurse; in welchen möchten Sie denn gern?‹
> A: ›Vielleicht in einen Grundkurs, aber ich bin mir noch nicht sicher.‹
> S: ›Ich gebe Ihnen mal unser VHS-Programm und ein Anmeldeformular mit, da steht dann alles drin. Kommen Sie morgen wieder, wenns geht aber vor 16.30 Uhr.‹
> A: ›Hmm, danke, aber ich kann schlecht vor halb fünf kommen.‹
> S: ›Dann schreiben Sie mir mal Ihre Adresse auf, ich nehm Sie dann auf die Vormerkliste.‹
> A: ›Ich komme lieber doch noch mal.‹
>
> *S (inzwischen aufmerksam, da sie einen ›Problemfall‹ wittert):*
> S: ›Es ist vielleicht besser, wenn Sie mal unseren pädagogischen Mitarbeiter morgen tagsüber anrufen; er ist zwar häufig außer Haus, aber vielleicht erreichen Sie ihn. Notieren Sie mal seine Durchwahl-Nummer...‹
>
> *(Während S mit einem Kuli und einem Zettel auf A zugeht, beschließt A, den Rest des Lebens Analphabet zu bleiben und geht.)*
>
> Bastian, Hannelore u.a.: 1984, S. 26f

Da bestehende Gesetze nicht verpflichtend in die kommunalen Entscheidungen eingreifen, ist die Einrichtung von Alphabetisierungs- und Grundbildungsangeboten beliebig und steht in Abhängigkeit von den jeweiligen Entscheidungsträgern und Haushaltslagen. Zwar gibt es verschiedene Träger, die Alphabetisierungskurse anbieten (vgl. Tröster: 1997). Dazu gehören – mit größter Verbreitung – die Volkshochschulen, aber auch Vereine wie der ›Arbeitskreis Orientierungs- und Bildungshilfe‹ und ›Lesen und Schreiben‹, beide in Berlin, und Einrichtungen des Internationalen Bundes für Sozialarbeit, der Arbeiterwohlfahrt, Behinderteneinrichtungen und Justizvollzugsanstalten. Die Alphabetisierung in Deutschland ist aber noch weit entfernt von einem flächendeckenden und kontinuierlichen Angebot, obwohl regional gute Ansätze dazu entwickelt sind.

Die Anmeldesituation

Die institutionellen Rahmenbedingungen in der Alphabetisierungsarbeit müssen den Voraussetzungen, Problemen und Bedürfnissen der Bezugsgruppe in besonderer Weise gerecht werden. So muss der Zugang zur Bildungseinrichtung und der Einstieg in einen Kurs möglichst unbürokratisch und in einer Vertrauen erweckenden Atmosphäre erfolgen. Da es die Betroffenen enorme Überwindung kostet, in eine Weiterbildungseinrichtung zu gehen, müssen sie auch außerhalb gängiger Anmeldezeiten einen Ansprechpartner finden. Eine Voraussetzung dafür ist, dass alle Mitarbeiter/innen in der Einrichtung grundlegende Informationen über die Bezugsgruppe funktionaler Analphabeten erhalten.

Personen, die in einen Lese-Schreibkurs wollen, drücken diese Absicht in der Regel nicht klar und deutlich aus, sondern sprechen meist

Unbürokratisch und vertraulich

scheu und leise und fragen eher: ›Haben Sie Deutschkurse?‹ Geschultes Personal erkennt das Problem und leitet zur Beratung hin. Ein Beratungsgespräch vor Kursbeginn sollte unbedingt erfolgen, da Kursinteressenten in einer vertraulichen und personenzentrierten Situation Ängste, die sich auf das Kursgeschehen beziehen, durch Aussprache und Nachfragen abbauen können. (➢ Kapitel 6: Unterricht)
Das Anmeldeverfahren selbst sollte möglichst unbürokratisch sein und kann von den gängigen Formalitäten, wie zum Beispiel dem Ausfüllen eines Anmeldescheins, abweichen.

Beratung

Beratung ist mehr als nur Informationsvermittlung. Besonders das Erstgespräch löst oft starke Emotionen aus, da sich Betroffene erstmals einer fremden Person anvertrauen. Berater/innen müssen daher in einer personenzentrierten Gesprächsführung geschult sein. Dies gilt auch für Kursleiter/innen in der Alphabetisierung und Grundbildung, da auch kursbegleitend Beratung stattfinden muss. (➢ Kapitel 6: Unterricht)

Die Eingangsberatung kann in denjenigen Weiterbildungseinrichtungen leichter und angemessen geleistet werden, in denen ein/e hauptamtlich tätige/r Mitarbeiter/in für die Alphabetisierung zuständig ist. So ist gewährleistet, dass Lerninteressenten auch bei spontanem Entschluss zum Kursbesuch eine/n kompetente/n Ansprechpartner/in antreffen.

Diese Person hat im Idealfall einen Überblick über das gestaffelte Kursangebot, kennt die Niveaustufen und die Zusammensetzung der Kursgruppen und kann auf dem Hintergrund dieser Kenntnisse zukünftige Teilnehmer/innen dem Lernstand und den Lerninteressen entsprechend angemessen beraten. Die beratende Person kann in Form von Längsschnitt-Statistiken Entwicklungen verfolgen, was Alter, Lebenssituation, Lerninteressen, Eingangsniveau der Teilnehmenden angeht. Die Angebotsplanung kann damit fundierter gestaltet und der Nachfrage besser gerecht werden. Fakt ist jedoch, dass es an zahlreichen Weiterbildungseinrichtungen gar keine Alphabetisierungs- und Grundbildungsangebote gibt und dass in vielen Einrichtungen keine hauptamtliche Person als Berater/in zur Verfügung steht.

Findet das erste Gespräch erst zu Kursbeginn statt, ist die Situation für die Lernenden mit sehr viel mehr Anspannung verbunden. Es kostet auch weitaus größere Überwindung, überhaupt zum ersten Kursabend zu gehen, da der/die Lerninteressierte nicht weiß, was auf ihn/sie zukommt. Auch die Anforderungen an die Kursleiter/innen sind in diesem Fall sehr groß, da sie keine Vorinformation über das Lernniveau, die Interessen und die Lebenssituation des neuen Teilnehmers hat, gleichzeitig jedoch Ängste und Vorbehalte auffangen muss, um einen gruppendynamischen Zusammenhalt und eine Unterrichtssituation herzustellen.

Wichtig ist auch die kursbegleitende Lernberatung, die dazu dient, den Lernprozess transparent zu gestalten durch Feed-Back, Lernzielgespräche, Beratung bei Lernproblemen und vielem mehr. Hinzu kommt die sozialpädagogische Beratung außerhalb des Kurses. (➢ Kapitel 6: Unterricht)

Aufgrund dieser erforderlichen Beratungsleistungen und aufwändiger Unterrichtsvorbereitung erhalten Kursleiter/innen in der Alphabetisierung in der Regel einen erhöhten Honorarsatz.

Kursgröße

Die optimale Kursgröße liegt bei sechs bis acht Teilnehmenden pro Lehrkraft. Größere Gruppen sind angesichts der heterogenen Lernstände, Lerngeschwindigkeiten, Interessen und Zielsetzungen der Lernenden nicht empfehlenswert. Auch problematische Lebenslagen, Lernprobleme und andere beratungsfordernde Faktoren sprechen gegen größere Kursgruppen.

Kleine Lerngruppen sind optimal

Dem steht oft eine festgelegte Mindestteilnehmerzahl bei Volkshochschulkursen entgegen, die für die Bewilligung von Fördergeldern vorausgesetzt wird. Es empfiehlt sich, Sonderregelungen für Alphabetisierungs- und Grundbildungskurse zu erwirken, da dies für das Zustandekommen der Kurse vor allem im ländlichen Raum und für einen sinnvollen Unterricht notwendig ist. Kurse sollten auf jeden Fall auch dann beginnen können, wenn die Mindestteilnehmerzahl noch nicht erreicht ist, da gerade in diesem Angebotsbereich die Lernenden nicht zu einem Stichtag in der Weiterbildungseinrichtung erscheinen.

Gerade im ländlichen Bereich ist es wichtig, mit denjenigen Lernenden zu beginnen, die sich anmelden, denn werden sie nach Hause geschickt, weil die Mindestteilnehmerzahl nicht erreicht wird, kommen sie nicht ein zweites Mal. Auf diese Weise käme nie ein Alphabetisierungskurs zustande. Auf das Führen von Wartelisten bis zum Erreichen der Mindestzahl sollte möglichst verzichtet werden. Der/die vertröstete Kursinteressent/in hat viele Hürden bis zum Erstgespräch überwinden müssen. Er/sie wird es kaum noch einmal tun. Die Erfahrung hat gezeigt, dass nach einiger Zeit und aufgrund von zusätzlicher Öffentlichkeitsarbeit oder Mundpropaganda die förderungsrelevante Mindestzahl meistens doch noch erreicht wird.

Kursmodelle

Wie der Unterricht zeitlich organisiert wird, wie lange ein Kurs dauert und wie die Kurse zusammengesetzt werden, hängt von zahlreichen verschiedenen Faktoren ab. So ist es in größeren Weiterbildungseinrichtungen im städtischen Raum eher möglich, mehrere Kursniveau-Stufen und variable Zeitmodelle (zum Beispiel Angebote für Schichtarbeiter/innen) anzubieten. Die verschiedenen Kursmodelle stehen in Abhängigkeit zur Anzahl der Kurse, der finanziellen Ausstattung der Einrichtung sowie der Bedeutung, die dem Alphabetisierungs- und Grundbildungsbereich beigemessen wird. Typisch für die meisten Alphabetisierungsangebote ist folgende Kursorganisation:

- Die Teilnehmer/innen werden nach Eingang der Anmeldungen in den laufenden Kurs aufgenommen. Im ländlichen Bereich ist oft nur ein einziger Kurs im Angebot.
- Der Kurs findet zweimal wöchentlich mit je zwei Unterrichtsstunden statt.
- Die Teilnahme am Kurs ist zeitlich nicht begrenzt. Bei Kursen mit Gebühren muss lediglich das Entgelt neu entrichtet werden, wenn das nächste Semester beginnt.
- Über den Ausstieg aus dem Kurs entscheidet der/die Lernende.

Dieses wohl häufigste Kursmodell entspricht nicht unbedingt den Lerninteressen und Lebensweltbedingungen der Lernenden, sondern ist Folge von finanzieller Beschränkung, mangelnder Öffentlichkeitsarbeit – denn die ist meist der Hauptgrund dafür, wenn es angeblich keine Teilnehmer/innen gibt – und geringer Wertschätzung des Bereichs in einer Weiterbildungseinrichtung.

Ein gut ausgebautes Alphabetisierungs- und Grundbildungsangebot ist durch folgende Merkmale gekennzeichnet, die in der Realität nur in wenigen meist großstädtischen und eng vernetzt arbeitenden Weiterbildungseinrichtungen realisiert sind:

- Lese- und Schreibkurse auf verschiedenen Niveaustufen, von Kursen für sogenannte Null-Anfänger über Kurse für Fortgeschrittene bis zu Rechtschreibkursen

- ›Rechnen von Anfang an‹
- Angebote im Bereich ›Soziale Kenntnisse und Fertigkeiten‹ (zum Beispiel ›Schreiben ohne Angst‹, Selbstpräsentation und Bewerbung)
- Vollzeitangebote für arbeitslose Teilnehmer/innen
- Kursangebote speziell für Frauen, möglichst mit Kinderbetreuung
- variable Kursmodelle für Schichtarbeiter/innen
- kursübergreifende Angebote wie Exkursionen, Feiern, Zeitungsprojekte u.a.
- Vorbereitung auf den Führerschein
- Umgang mit dem Computer
- Kurse zur Vorbereitung auf den nachträglichen Erwerb des Hauptschulabschlusses

Kursdauer

Eingangsvoraussetzungen, Lernziele, Lerngeschwindigkeit und Lernprobleme der Teilnehmer/innen sind sehr unterschiedlich. Die Kursdauer kann daher nicht für alle Lernenden einheitlich festgelegt werden.

»Die Kursdauer hängt von sehr unterschiedlichen Faktoren ab, so daß allgemeine Angaben dazu nicht gemacht werden können. Einige TeilnehmerInnen finden bereits nach kurzer Zeit Zugang zu verschütteten Kenntnissen und Fähigkeiten und machen entsprechend schnelle Lernfortschritte, andere fangen tatsächlich ›von vorne‹ an und brauchen längere Zeit. In den seltensten Fällen verläuft ein Lernprozeß gradlinig. Negative Lernerfahrungen, Lernblockaden, im konkreten Fall unpassende Methoden, psychosoziale Probleme können zu Einbrüchen, Rückschritten, Stillständen führen. Kontinuierliche Lernberatungen stellen eine gute Unterstützung dar, brauchen aber Zeit [...]. Für die Einrichtungen bedeutet dies: Ein Kurs sollte mindestens für ein bis zwei Jahre konzipiert werden. Wenn er nach dieser Zeit nicht weitergeführt werden kann, ist es wichtig, die TeilnehmerInnen in einen anderen Kurs, ggf. an einer anderen Einrichtung, zu vermitteln. Die positiven Auswirkungen eines langfristig bestehenden Angebots sind inzwischen bekannt: Immer wieder kommt es vor, daß TeilnehmerInnen nach mehrmonatiger oder sogar mehrjähriger Unterbrechung wieder in der VHS erscheinen und hochmotiviert weiterlernen.«

PETERS, Monika / TRÖSTER, Monika: 1994, S. 39

Räume und Ausstattung

Wegen der meist negativen Schulerfahrungen der Teilnehmer/innen sollte eine möglichst unverschulte Atmosphäre hergestellt werden. Klassenräume in Schulen sind denkbar ungeeignet. Die Räume sollten erwachsenengerecht eingerichtet und nicht zu groß sein. Gelegenheit zum Aufbewahren von Materialien (Papier, Stifte, Bücher, Hefte u.a.) und zum Kaffee- und Teekochen sollte vorhanden sein. Von außen einsehbare Räume sind wegen des Anonymitätsbedürfnisses der Teilnehmer/innen nicht geeignet. Regale oder Schränke für Unterrichtsmaterialien, Bücher und Unterrichtsprodukte wären sinnvoll, sind angesichts der multifunktionalen Nutzung von Räumen in Weiterbildungseinrichtungen aber wohl ebenso selten wie moderne Computer für Alphabetisierungskurse.

Kursleiter/innen

Kursleiter/innen in der Alphabetisierung sind überwiegend als ›Einzelkämpfer/innen‹ ohne eine spezielle Ausbildung tätig. Ein Berufsbild existiert auch nach fast zwanzig Jahren Alphabetisierung nicht. Die Arbeit von Unterrichtenden in der Alphabetisierung setzt aber Qualifizierung und regelmäßige Fortbildungen voraus. Anforderungen an die Tätigkeit sind:

- Kenntnisse und Fertigkeiten in der Erwachsenenpädagogik
- sprachtheoretische Kenntnisse (zum Beispiel Funktion von Sprache, Strukturen der Schriftsprache u.a.)
- Kenntnisse und Fertigkeiten im Prozess der Schriftsprachvermittlung (Lerntheorie, Diagnostik, Didaktik, Methodik)
- Kenntnis von Unterrichtsmaterialien sowie Kreativität bei der Entwicklung eigener adressatenspezifischer Materialien
- Beratungskompetenz und personenzentrierte Gesprächsführung
- sozialpädagogische und gruppendynamische Kenntnisse und Fertigkeiten (Umgang mit problematischen Teilnehmern, Hilfe bei der Bewältigung von Alltagsproblemen u.a.)
- personenbezogene Fähigkeiten (zum Beispiel Teamfähigkeit, Fortbildungsbereitschaft, Geduld, Flexibilität u.a.)

Die Anforderungen an die Unterrichtenden stehen in keinem angemessenen Verhältnis zu ihrer Beschäftigungssituation.

> »Kursleiter arbeiten auf Honorarbasis. Sitzungs- und Fortbildungszeiten werden nicht bezahlt bzw. führen sogar zu Verdienstausfall. Es gibt in den Semesterferien lange Verdienstpausen ohne Sicherheit, ob es im nächsten Semester weitergeht.«
> FUCHS-BRÜNINGHOFF, Elisabeth / KREFT, Wolfgang: 1988, S. 1

Was Brüninghoff und Kreft bereits 1988 beklagen, hat sich bis zum Jahr 2000 sogar noch zugespitzt. Wie es derzeit aussieht, müssen Kursleitende knapp 20 Prozent ihres Einkommens allein für die Rentenversicherung aufwenden, Beiträge für die Krankenversicherung leisten und sich selbst um ihre Altersversorgung kümmern. Dabei beträgt das durchschnittliche Stundenhonorar nur etwa 35 DM.

Die meisten Unterrichtenden in der Alphabetisierung sind Sozial- oder Diplompädagogen und Lehrer/innen, die sich auf eigene Kosten auf die Tätigkeit vorbereitet haben und weiterqualifizieren. In den Bundesländern sind die Landesverbände der Volkshochschulen unterschiedlich stark darin engagiert, den Unterrichtenden in der Alphabetisierung / Grundbildung Fortbildungsmöglichkeiten anzubieten. Auf der Homepage des Bundesverbandes Alphabetisierung e.V. befindet sich ein Veranstaltungskalender mit Seminaren, Vorträgen und anderen Veranstaltungen (www.alphabetisierung.de).

Modelle, in denen Kursleiter/innen als hauptamtlich beschäftigte Weiterbildungslehrer/innen eingestellt wurden, waren äußerst erfolgreich: Die Schnittstellen zwischen Planung,

Alphabetisierungslehrer/innen als ›Zehnkämpfer‹

Beratung, Kurs, kursübergreifenden Aktivitäten, Öffentlichkeits- und Lobbyarbeit konnten optimal ausgefüllt werden und haben zu einer Verstetigung und Qualitätsverbesserung im Bereich der Alphabetisierung / Grundbildung in den jeweiligen Institutionen beigetragen. Über ein punktuelles Modell hinaus ist das Weiterbildungslehrer/innen-Konzept aus Kostengründen jedoch nicht weiterverfolgt worden. Im Unterschied zu den, zwar manchmal zeitlich befristeten, aber gesicherten Beschäftigungsverhältnissen der Unterrichtenden in den Niederlanden und Belgien haben die Kursleiter/innen in Deutschland denselben ungesicherten Status wie in den Anfängen der Alphabetisierung vor fast 20 Jahren. Ausnahmen gibt es etwa in Niedersachsen, wo nach Angaben des Landesverbandes der Volkshochschulen an mindestens 15 der rund 70 Volkshochschulen die Alphabetisierung durch ungefähr 20 hauptamtliche Mitarbeiter/innen betreut wird.

Planendes Personal

In den Einrichtungen, in denen es Alphabetisierungs- und Grundbildungskurse gibt, ist die pädagogische Verantwortung für den Bereich meist anteilig einem Fachbereichsleiter oder einer Fachbereichsleiterin übertragen, etwa der Fachbereichsleitung für den Sprachenbereich. Nur in einigen – eher großstädtischen – Weiterbildungseinrichtungen sind Pädagogen ausschließlich für das Management des Alphabetisierungs- und Grundbildungsbereichs zuständig. Aufgaben der Bereichsleitung sind:

- Angebotsplanung
- Auswahl von Kursleiter/innen
- Mitarbeiterfortbildung und Weitergabe von Informationen an die Kursleiter/innen
- Beratung von Kursinteressenten
- Öffentlichkeitsarbeit
- Lobbyarbeit (zum Beispiel bei Kommunalpolitikern, in der eigenen Einrichtung, in Verbänden usw.)
- Mitarbeit in regionalen und überregionalen Netzwerken

An den Weiterbildungseinrichtungen, in denen die Verantwortung für den Bereich bei hauptberuflichem Personal liegt, sind Alphabetisierung und Grundbildung eher in ihrer Stabilität

Hauptamtlichkeit sichert Kontinuität

und Kontinuität gesichert als in anderen Einrichtungen. Bei der Fluktuation von Honorarkräften verschwinden Know-How, der persönliche Kontakt, Informationsbezüge (zum Beispiel zu den Behörden vor Ort) und meist auch die Lobby für die Betroffenen. Wird die Öffentlichkeitsarbeit unterbrochen, melden sich auch meist keine Lerninteressenten mehr. Die Existenzbedrohung des Bereichs ist damit vorprogrammiert.

Unterrichtsmaterial

Materialien für den Unterricht mit erwachsenen funktionalen Analphabeten müssen bestimmten Voraussetzungen entsprechen, um die Betroffenen nach gescheiterter Lernbiografie erneut zum Lernen zu motivieren und ihren besonderen Interessen begegnen zu können. Materialien für Jugendliche müssen dabei anders gestaltet sein als die für Erwachsene, solche für Migrantinnen und Migranten anders als die für deutsche Muttersprachler. Unterrichtende arbeiten überwiegend mit kopierten Arbeitsblättern, die selbst erstellt und – bei guten Bedingungen – in gemeinsamen Ordnern gesammelt und von den anderen Unterrichtenden mitbenutzt werden können. Diese Arbeitsweise ist flexibel und abwechslungsreich. Dennoch sollte in den Alphabetisierungs- und Grundbildungskursen auch der Umgang mit gedruckten Unterrichtsmaterialien eingeübt werden. Dazu bedarf es eines größeren Angebots an Büchern und Materialien.

Texte, die gemeinsam mit den Lernenden im Unterricht entwickelt worden sind, werden als wichtige Materialien genutzt, anhand derer das Lesen gelernt und Schrift erarbeitet wird. (➢ Kapitel 6: Unterricht) Leicht lesbare Lektüren werden u. a. vom Bundesverband Alphabetisierung e.V. herausgegeben. Eine Übersicht über Unterrichtsmaterialien, leicht lesbare Texte, Lernsoftware und Fachliteratur ist im ALFA-KATALOG zusammengestellt, der auf der Homepage des Bundesverbandes Alphabetisierung e.V. (www.alphabetisierung.de) eingesehen oder heruntergeladen werden kann.

Finanzierung

In den alten und in den neuen Bundesländern gibt es erhebliche Unterschiede, was die Finanzierung der Alphabetisierungs- und Grundbildungskurse angeht. Landesmittel, Mittel aus dem kommunalen Haushalt, Drittmittel wie Fördergelder vom Arbeitsamt oder EU-Mittel und Gebühren der Teilnehmer/innen bilden oft eine Mischfinanzierung, wie die unten stehende Tabelle zeigt.

In den neuen Bundesländern sind Teilnehmerentgelte der wichtigste Finanzierungsfaktor für die Kurse. Dies liegt darin begründet, dass den Trägern im Osten weniger Eigenmittel zur Verfügung stehen als im Westen. In der Folge gibt es in den neuen Bundesländern weniger entgeltfreie Kurse.

»Angaben zu den Teilnehmergebühren wurden für Alphabetisierungskurse für Deutsche und Ausländer erhoben. Im Vergleich zwischen alten und neuen Ländern ist der in den neuen Ländern niedrigere Anteil gebührenfreier Alphabetisierungskurse für Deutsche (20%) und für Ausländer (11%) auffällig (gegenüber 38% bzw. 39% in den alten Ländern). Sofern Gebühren erhoben werden und Angaben vorliegen, sind die durchschnittlichen Gebühren je Stunde bei Kursen für Deutsche und Ausländer und zwischen alten und neuen Ländern recht ähnlich.«
Weishaupt, Horst: 1996, S. 48

Nach dem Wegfall vieler Arbeitsbeschaffungsmaßnahmen zur Alphabetisierung geht derzeit in den neuen Bundesländern ein Teil des Angebots wieder verloren.

Teilnehmer/innen in Alphabetisierungs- und Grundbildungskursen sind zunehmend mehr von Arbeitslosigkeit betroffen, arbeiten in ungesicherten Arbeitsverhältnissen oder – besonders die Frauen – als geringfügig Beschäftigte. Daneben gibt es auch Lerner/innen, die in gesicherten Arbeitsverhältnissen beschäftigt sind. Jugendliche funktionale Analphabeten sind

Kursgebühren mit Symbolwert

überwiegend ohne Arbeit und finanzielle Eigenständigkeit. Entgelte für Alphabetisierungskurse sollten daher – wenn überhaupt erhoben –

Finanzierung der Alphabetisierungskurse für Deutsche und Ausländer

Alphabetisierungskurse für ...	Eigenmittel	TN-Gebühren	Gemeinde	Kreis	Land	Bund	EU	Sondermittel
Deutsche insgesamt	38,0	19,0	7,0	3,8	24,7	5,0	0,1	2,4
– Alte Länder (N=155)	42,8	15,7	8,1	1,5	28,8	2,4	0,1	1,6
– Neue Länder (N=39)	18,9	32,4	2,6	12,9	12,5	15,1	0,0	5,6
Ausländer insgesamt	33,2	25,1	4,7	1,3	13,0	8,4	-	13,0
– Alte Länder (N=102)	36,4	22,1	5,8	1,3	13,6	4,3	-	14,8
– Neue Länder (N=22)	18,0	38,7	0,0	1,4	10,2	27,3	-	4,5

alle Einrichtungen, in v.H.

Weishaupt, Horst: 1996, S. 48

grundsätzlich eher einen symbolischen Wert für den Teilnehmenden selbst haben. Auf keinen Fall sollten sie der Finanzierung der Kurse dienen, was in der Folge den Ausschluss vieler lernbereiter Menschen bedeuten würde.

Die aktuellen Rahmenbedingungen in der Alphabetisierungsarbeit zeigen, dass es noch immer keine übergreifende Vernetzung in diesem Bereich gibt. Standards divergieren oder sind kaum entwickelt, zum Beispiel für die Qualifizierung der Unterrichtenden, für Unterrichtsmaterialien, für die Versorgung mit Alphabetisierungs- und Grundbildungsangeboten überhaupt, für die Qualität der Angebote und anderes mehr. Zuständigkeiten werden immer wieder variabel wahrgenommen oder an andere Stellen delegiert.

Literatur

BASTIAN, Hannelore / LURZ, Dieter / MAHLER, Hans Dieter / MÜLLER, Horst-M. / PRESSEL, Gisela / SCHWAN, Dieter: Institutionelle Bedingungen [= Zur Theorie und Praxis der Alphabetisierung 2]. Hrsg.: Pädagogische Arbeitsstelle des Deutschen Volkshochschul-Verbandes. Bonn und Frankfurt a. M., 1984.

Erwachsene lernen lesen und schreiben. Alphabetisierung in Schleswig-Holstein. Zweite, überarbeitete Auflage. Hrsg.: Landesverband der Volkshochschulen Schleswig-Holsteins, ohne Ort und Jahr, ca. 1997.

FUCHS-BRÜNINGHOFF, Elisabeth / KREFT, Wolfgang: Zehnkämpfer mit Widersprüchen. In: Informationen. Alphabetisierung und elementare Qualifikationen 5/1988, S. 1–3.

PETERS, Monika / TRÖSTER, Monika: Initiierung von Kursen [= Handreichungen für Alphabetisierung und Elementarbildung 1]. Deutsches Institut für Erwachsenenbildung. Frankfurt a. M. 1994.

TRÖSTER, Monika: Situationsanalyse. In: Alphabetisierung/Elementarbildung. Stand und Perspektiven [= DIE: Materialien für Erwachsenenbildung 7]. Hrsg.: Meisel, Klaus / Deutsches Institut für Erwachsenenbildung (DIE), Pädagogische Arbeitsstelle des Deutschen Volkshochschul-Verbandes. Frankfurt a. M. 1996, S. 15–33.

TRÖSTER, Monika (Hrsg.): Alphabetisierung und Elementarbildung in der Bundesrepublik Deutschland. Institutionenverzeichnis. Stuttgart 1997.

WEISHAUPT, Horst: Untersuchung zum Stand der Alphabetisierung und Elementarbildung in der Bundesrepublik Deutschland 1994. In: Alphabetisierung/Elementarbildung. Stand und Perspektiven [= DIE: Materialien für Erwachsenenbildung 7]. Hrsg.: Meisel, Klaus /Deutsches Institut für Erwachsenenbildung (DIE), Pädagogische Arbeitstelle des Deutschen Volkshochschul-Verbandes. Frankfurt a. M. 1996, S. 34–58.

8 Öffentlichkeitsarbeit und Alphabetisierung

Wie werden Betroffene und Öffentlichkeit informiert?

Öffentlichkeitsarbeit ist Aufklärung, Information, Teilnehmer- und Bildungswerbung gleichzeitig. Sie soll zur Enttabuisierung des Themas beitragen, den Betroffenen helfen, ihren Weg in den Kurs zu finden und einen Beitrag zur Verstetigung der Alphabetisierung leisten. Öffentlichkeitsarbeit kann sich vor Ort, im regionalen Verbund oder überregional an unterschiedliche Adressatenkreise wenden. Eine Fülle von Beispielen soll Anregungen dazu geben.

Teilnehmerwerbung und Öffentlichkeitsarbeit

Teilnehmerwerbung und Öffentlichkeitsarbeit zum Thema Analphabetismus und Alphabetisierung greifen eng ineinander. Teilnehmerwerbung hat das Ziel, den Betroffenen den Weg in die Lese-, Schreib- und Grundbildungskurse aufzuzeigen und sie zur Teilnahme zu ermutigen. Öffentlichkeitsarbeit soll ein Bewusstsein für die Problematik schaffen, die Bevölkerung dafür sensibilisieren und über Hilfsangebote informieren. Erst wenn eine breite Öffentlichkeit über die Thematik informiert ist und unzureichende Schriftsprachkenntnisse kein Tabu-Thema mehr sind, werden die von Analphabetismus Betroffenen in stärkerem Maße als bisher die vorhandenen Lernangebote wahrnehmen.

Öffentlichkeitsarbeit richtet sich an verschiedene Personen, Bezugsgruppen und Institutionen. Am effektivsten ist Öffentlichkeitsarbeit im Verbund aller Möglichkeiten. Sie ist gerichtet auf

- die Betroffenen selbst
- die Vertrauensperson, die jede/r Betroffene hat
- Multiplikatoren
- Einrichtungen der Erwachsenenbildung
- die Bildungspolitik
- die allgemeine Öffentlichkeit.

Betroffene

Aufgrund ihrer beruflichen und privaten Lebenssituation haben Menschen mit Lese- und Schreibproblemen meist keinen Kontakt zu Weiterbildungseinrichtungen. (➢ Kapitel 4: Lebenswelt) Sie können am ehesten über audiovisuelle Medien angesprochen werden. Bewährt haben sich zum Beispiel Interviews mit Teilnehmer/innen, die bereits in einem Lese-Schreibkurs sind und anderen Mut machen wollen. Bei allen Formen von Öffentlichkeitsarbeit sollte eine Telefonnummer genannt werden, an die sich Lerninteressierte oder deren Vertrauenspersonen wenden können. Die Resonanz zum Beispiel auf Fernsehsendungen darf nicht unterschätzt werden. So haben sich etwa nach der Talkshow ›Hans Meiser‹ zum Thema ›Jeden Tag die Hölle. Ich kann nicht lesen und schreiben‹ im März 2000 über 150 Betroffene und Interessierte an das ALFA-TELEFON des Bundesverbandes Alphabetisierung e.V. gewandt. Viele Menschen lassen aber auch einen längeren Zeitraum vergehen zwischen der Sendung und dem Entschluss, die Beratungsnummer anzurufen. Für Betroffene bedeutet es eine ungeheure Überwindung, sich gegenüber einer fremden Person zu ›outen‹. Die Erfahrungen der Erwachsenenbildner/innen zeigen, dass die Wahrscheinlichkeit, sich zu einer Beratung durchzuringen, größer ist, wenn die eingeweihte Vertrauensperson dazu ermutigt und den Impuls gibt. Die Möglichkeit, dies am ALFA-TELEFON (02 51/53 33 44) zunächst anonym zu tun, stellt für viele Betroffene einen großen Vorteil dar.

Nach der Talkshow läuft das Telefon heiß

Vertrauenspersonen

Vertrauenspersonen gehören zu den privaten Multiplikatoren, die ihrerseits über verschiedene Formen der Öffentlichkeitsarbeit von den Hilfsangeboten erfahren. Eingeweihte Vertrauenspersonen sind Ehepartner, Geschwister, Freunde oder einzelne Arbeitskollegen, die die Lese- und Schreibprobleme ›managen‹, indem sie die schriftsprachlichen Anforderungen stellvertretend für die Betroffenen wahrnehmen. Vertrauenspersonen geben oft den letzten Anstoß, die Situation endlich zu verändern. Das Verhältnis zwischen dem schriftsprachunkundigen oder -unsicheren Menschen und seiner Bezugsperson ist oft ambivalent.

> »Fast alle Gesprächsteilnehmer berichten, daß sie einen Menschen haben, an den sie schriftsprachliche Anforderungen delegieren, mit denen sie weiterhin konfrontiert werden (z. B. schriftliche Unterlagen für das Arbeits- oder Sozialamt, Briefe und dergleichen). Von zehn Interviewpartnern erledigt nur einer schriftsprachliche Anforderungen weitestgehend selbst, da er von Kindheit an auf sich selbst gestellt war und das Lesen und Schreiben soweit beherrscht, daß er Formulare u.ä. ausfüllen kann. Bei allen anderen übernehmen entweder Eltern, Großeltern oder

Ehe-Partner/innen die schriftsprachlichen Aktivitäten. Diese persönlichen Abhängigkeitsverhältnisse aufgrund der mangelnden Schriftsprachkenntnisse werden von den Befragten widersprüchlich erlebt:
Einerseits sind die Delegationspartner besondere Vertrauenspersonen, da sie oft als einzige von den Lese-(Recht-)Schreibproblemen wissen und den Tn trotzdem beistehen und sie unterstützen. In drei Fällen sind noch nicht einmal die eigenen Kinder darüber informiert, daß ein Elternteil Analphabet ist. Andererseits erleben sie sich jedoch gerade von diesen Personen in besonderer Weise abhängig und fühlen sich speziell ihnen unterlegen. Dieses persönliche Abhängigkeitsverhältnis führt z.T. zu Diskriminierungen durch die Partner, wie das vor allem die befragten Frauen berichten.«
NAMGALIES, Lisa: 1990, S. 89f

Die lese-schreibunkundige Person erlebt eine Diskrepanz zwischen ihrer Abhängigkeitsrealität und ihren Autonomiewünschen. Wie der/die Delegationspartner/in sich verhält und was er/sie rät, ist sehr bedeutungsvoll für die betroffene Person. Es ist daher besonders wichtig, über Maßnahmen der Öffentlichkeitsarbeit diese persönlichen Helfer zu erreichen.

Multiplikatoren

Multiplikatoren sind Menschen, die vor allem beruflich mit funktionalen Analphabeten zu tun haben können. Dazu gehören unter anderem Mitarbeiter/innen aus folgenden Einrichtungen:

- Arbeitsamt
- Sozialamt
- Jugendamt
- Gesundheitsamt
- Bürgerberatung
- Gewerkschaften/Betriebs- und Personalräte/Vertrauensleute
- Schulen
- Träger beruflicher Qualifizierungsmaßnahmen
- Sozialdienste in Kliniken
- Arztpraxen
- Kirche / kirchliche Gemeindedienste
- Psychologische Beratungsstellen / Schulpsychologische Beratungsstellen
- Erziehungsberatungsstellen
- Kreiswehrersatzamt
- Justizvollzugsanstalt
- Straßenverkehrsamt

»Der Vorteil der Multiplikatorenansprache besteht darin, daß die Lese- und Schreibschwächen von Analphabeten zunächst unabhängig von der Weiterbildungseinrichtung in vertraulichen Gesprächen mit Sozialarbeitern, Verwaltungsfachkräften, Pfarrern usw. ›auffallen‹, wobei die Entscheidung, etwas für die Behebung des Problems zu tun, von den Betroffenen selbst gründlich überlegt werden kann. Insofern leistet der Multiplikator wichtige ›Vor-Motivierungsarbeit‹ und kann durch entsprechend gezielte Informationen den Kontakt zur Weiterbildungseinrichtung bzw. zum Kursleiter erleichtern und herstellen.«
HAUPT, Sabine u.a: 1984, S.16

Einrichtungen der Erwachsenenbildung

Einrichtungen der Erwachsenenbildung sind einerseits Adressat von Öffentlichkeitsarbeit, insbesondere bei überregionalen Kampagnen oder übergreifenden Aktivitäten, andererseits sind sie selber aktive Gestalter von Öffentlichkeitsarbeit im Bereich der Alphabetisierung.

Öffentlichkeitsarbeit macht nur dann Sinn, wenn auch ein entsprechendes Angebot an Beratung und an Kursen für funktionale Analphabeten bereitsteht. Die Einrichtung von Alphabetisierungskursen sollte dabei bestimmten Kriterien entsprechen. (➢ Kapitel 7: Rahmenbedingungen)

In der Folge von gezielten Maßnahmen und Kampagnen ist fast immer mit einer erhöhten Nachfrage nach Angeboten zu rechnen. Darauf müssen die Einrichtungen der Erwachsenenbildung eingestellt sein. Besonders bei überregionalen Kampagnen – wie zum Beispiel bei der Kampagne ›Schreib dich nicht ab. Lern lesen und schreiben!‹ des Bundesverbandes Alphabetisierung e.V. – muss übergreifende Öffentlichkeitsarbeit bezogen auf die Einrichtungen selbst stattfinden. Diese müssen auf eine Kampagne vorbereitet und in sie mit einbezogen werden. Sie erhalten Musterartikel, werden durch Fachpublikationen oder Fortbildungsangebote beraten, wie sie vor Ort Teilnehmer/innen für die Lese-Schreibkurse gewinnen können.

*»Schreib dich nicht ab.
Lern lesen und schreiben!«*

Öffentlichkeitsarbeit bezogen auf die Institutionen heißt aber auch, Impulse zur Einrichtung von Alphabetisierungskursen zu geben und über notwendige Standards zu informieren. Diese motivierende Öffentlichkeitsarbeit ist besonders wichtig, da es nach wie vor kein flächendeckendes Angebot an Alphabetisierungs- und Grundbildungskursen in Deutschland gibt.

Bildungspolitik

Um ein flächendeckendes, kontinuierliches und abgesichertes Angebot an Alphabetisierungs- und Grundbildungskursen in Deutschland durchsetzen zu können, bedarf es länderübergreifender bildungspolitischer Vereinbarungen mit dieser Zielsetzung. Einen geregelten Ausbildungsgang wie zum Beispiel in Belgien oder in den Niederlanden gibt es in Deutschland nicht. Öffentlichkeitsarbeit heißt in Bezug auf die Bildungspolitik Lobbyarbeit für ein flächendeckendes Angebot, für Professionalisierung und Verstetigung der Alphabetisierung und Grundbildung in Deutschland. Diese Lobbyarbeit wird schwerpunktmäßig vom Bundesverband Alphabetisierung e.V. durchgeführt. (➢ Kapitel 9: Aufgaben)

Allgemeine Öffentlichkeit

Öffentlichkeitsarbeit kann immer auf die verschiedenen Adressaten vor Ort, regional oder überregional konzipiert bezogen werden. Am wirksamsten ist ein Netzwerk von wechselnden Aktivitäten auf den verschiedenen Ebenen. Einige Beispiele für Öffentlichkeitsarbeit werden im Folgenden skizziert.

Beispiele für verschiedene Adressaten und verschiedene regionale Ebenen von Öffentlichkeitsarbeit

	Vor Ort	Regional	Überregional
Betroffene	■ Radio-Interview mit Kursteilnehmer/innen aus einem Lese-Schreibkurs, Angabe der Nummer des Beratungstelefons ■ Brennpunktarbeit (z.B. Arbeitslosenfrühstück oder Bildungswerbung in der Justizvollzugsanstalt) ■ Kinospots	■ Nutzung regionaler Rundfunk- und Fernsehsender	■ Fernsehspots mit Hinweis auf das ALFA-TELEFON ■ Kinospots in den Cinemaxx- und anderen Kinos
Vertrauenspersonen	■ Kursausschreibung im Volkshochschul-Programm ■ Aktion ›öffentlicher Schreiber‹ ■ Weiterbildungsbörsen	■ Ausstellungen und Vorträge zum Thema	■ Plakate ■ Zeitungsartikel ■ Zeitschriftenartikel ■ Radio ■ Fernsehen
Multiplikatoren	■ Informationsbroschüren ■ Persönliche Kontakte ■ Weiterbildungsbörsen ■ Veranstaltungen für Multiplikatoren ■ Info-Stände in Behörden	■ Fortbildungsveranstaltungen, z.B. für Lehrer/innen	■ Nutzung von Internet wie z.B. Website des Bundesverbandes Alphabetisierung e.V. ■ Beiträge in Fachzeitschriften
Erwachsenenbildungseinrichtungen	■ Fortbildungen für pädagogisches und Verwaltungspersonal	■ Publikationen und Aktionen (z.B. Fortbildungen) der VHS-Landesverbände	■ Beiträge in Fachzeitschriften der Erwachsenenbildung ■ Internet-Nutzung ■ Fortbildungsangebote der Dachverbände und anderer Träger
Bildungspolitik	■ Persönlicher Kontakt zu und Informationen an Kommunalpolitiker/innen	■ Persönlicher Kontakt zu und schriftliche Informationen an Kultus- und Bildungsministerien ■ Tagungen	■ Lobbyarbeit z.B. durch den Bundesverband Alphabetisierung e.V. über direkte Kontakte, schriftliche Information und Aktionen bei den Bundesministerien (BMBF, BMFSFJ, BMA), bei der Bundesanstalt für Arbeit und anderen
Allgemeine Öffentlichkeit	Mediennutzung ■ Öffentliche Aktionen (z.B. Lernfeste, öffentlicher Schreiber) ■ Ausstellungen ■ Plakate z.B. in öffentlichen Verkehrsmitteln ■ Sozialarbeit in sozialen Brennpunkten	Mediennutzung	Mediennutzung, auch Internet ■ Anzeigenaktion wie z.B. ›14 Steine‹ ■ Spielfilme zum Thema ■ Aktionen wie z.B. ›Demonstration‹ auf dem Evangelischen Kirchentag (vgl. S. 118)

Öffentlichkeitsarbeit heißt nicht nur Bildungswerbung, sondern auch Aufklärung, vor allem auch mit der Zielrichtung der Enttabuisierung des Themas. Funktionaler Analphabetismus entwickelt sich u.a. im Spannungsfeld von individuellen schriftsprachlichen Kompetenzen und von außen herangetragenen schriftsprachlichen Anforderungen. Steigen diese Anforderungen, müssen sich die individuellen Profile ebenfalls verändern. Geschieht dies nicht – zum Beispiel auf Grund fehlender Zeit, Motivation oder Energie für Weiterbildung – , entsteht eine Kluft zwischen Anforderung und bereitstehender Fertigkeit. (➢ Kapitel 1: Definitionen)

Fast jeder Mensch ist im Laufe seines Lebens an mehreren Wendepunkten mit einem veränderten Anforderungsprofil konfrontiert. Der Begriff des lebenslangen Lernens ist Ausdruck dieser kontinuierlich oder sprunghaft sich wandelnden Anforderungen. Vor diesem Hintergrund tritt auch funktionaler Analphabetismus nicht als außergewöhnliche Sensation, sondern als Ausdruck gesellschaftlicher Prozesse in Erscheinung. Dies zu vermitteln ist wichtiges Anliegen einer breit angelegten Öffentlichkeitsarbeit.

Ausstellungen

Ausstellungen sind medienwirksame ›Zugpferde‹ für Öffentlichkeitsarbeit. In Verbindung mit Vorträgen und Informationsveranstaltungen sind sie eine gute Plattform breit angelegter Öffentlichkeitsarbeit. Hinweise auf Ausstellungen zum Thema finden sich im Internet unter www.alphabetisierung.de.

Printmedien / audiovisuelle Medien

Eine Bereitschaft zur Aufnahme der Thematik in Zeitung, Rundfunk und Fernsehen ist vor allem dann vorhanden, wenn es einen aktuellen oder einen sensationellen Aufhänger gibt. Ein aktueller Anlass ist zum Beispiel der Weltalphabetisierungstag am 8. September eines jeden Jahres. Ein Musterartikel kann dazu Anregungen geben (siehe rechte Seite).

Das Thema Analphabetismus ist für Journalisten und Redakteure oft unter sensationellem Gesichtspunkt interessant. Es ist aber vorsichtig damit umzugehen, wenn ›ein echter Analphabet‹ als Gesprächspartner/in gewünscht wird. Oft enden solche Aktionen mit Frustration und Enttäuschung bei den Betroffenen: mit großem Aufwand aufgenommene Sendungen, die nicht ausgestrahlt werden, nicht eingehaltene Anonymisierung der Person und darauf folgende Schwierigkeiten am Arbeitsplatz und im Privatleben, keine vorherige Einsicht in Zeitungsbeiträge u.v.m. (vgl. Alfa-Rundbrief 35/1997: Analphabeten in Presse, Funk und Fernsehen).

Jugend ohne Schrift – Menschen ohne Zukunft?

Lebensbegleitendes Lernen in der Volkshochschule

■ Seit einigen Jahren steigt die Zahl der Jugendlichen, die eine allgemein bildende oder berufliche Schule ohne Hauptschulabschluss verlassen. 82.968 Schülerinnen und Schüler haben im Jahr 1998 die Schulpflicht absolviert, aber keinen Hauptschulabschluss – und damit keinen Nachweis grundlegender Kenntnisse – bekommen.
Der Bundesverband Alphabetisierung e.V. weist auf die dramatische Tragweite dieser Entwicklung hin: Jugendliche ohne Hauptschulabschluss finden kaum noch einen Arbeitsplatz. Berufsfelder, in denen bislang auch weniger Qualifizierte Arbeit finden konnten – zum Beispiel im Baugewerbe, in der Landwirtschaft oder in der Metallverarbeitung – gehen im Stellenmarktangebot immer weiter zurück. Dagegen werden vermehrt Stellen frei im Bereich der Verkaufs- und Finanzierungsberatung oder im Tätigkeitsfeld Entwicklung. In jedem dritten Stellenangebot ist EDV gefragt. Ohne fundierte Kenntnisse im Lesen und Schreiben läuft in diesen Berufsfeldern jedoch nichts. Die Kenntnisse im Lesen und Schreiben bei Schulabgängern ohne Abschluss sind oft so unzulänglich, dass die Jugendlichen möglichst jede Situation meiden, in der sie lesen und schreiben müssen.
Bis ins hohe Erwachsenenalter hinein leben sie in ständiger Angst vor Fehlern und davor, als Fast-Analphabeten von anderen erkannt und verachtet zu werden. Immer wieder müssen Ausreden wie ›Brille vergessen‹ oder ›Schriftliches macht meine Frau‹ herhalten, um das belastende Geheimnis zu bewahren. Im Alter von 30 bis 40 Jahren halten es viele nicht mehr aus: Die Sorge, den Job zu verlieren oder keine Arbeit mehr zu finden, verstärkt die ohnehin vorhandene Angst, aus der sozialen Gemeinschaft ausgeschlossen zu werden.
Hilfe bieten bundesweit vor allem die Volkshochschulen. Auch die Volkshochschule [Name einsetzen] hat in ihrem Angebot Kurse für Menschen, die das Lesen, Schreiben oder auch Rechnen in einem zweiten Anlauf von Anfang an erlernen wollen. In Aufbaukursen können auch diejenigen lernen, die sich im Umgang mit der Schriftsprache einfach nur sicherer fühlen möchten.
Informationen zum Thema und den Kursangeboten gibt Frau / Herr XY, Volkshochschule, Tel. [einsetzen]. Vertraulichkeit ist gewährleistet.
Unter der Nummer 02 51/53 33 44 informiert das ALFA-TELEFON des Bundesverbandes Alphabetisierung e.V. über Lernmöglichkeiten in ganz Deutschland.

nach: ALFA-FORUM 38/1998, S. 16

Musterartikel zum Thema »Analphabetismus«

Auf der einen Seite ist es für die Alphabetisierungsarbeit unverzichtbar, dass in den Medien über das Phänomen des funktionalen Analphabetismus in Deutschland berichtet wird. Andererseits ist es aber auch für die Kursteilnehmenden nicht immer einfach, den Wünschen der Journalisten nachzukommen, mit Betroffenen zu sprechen. Besonders die Lokalsender haben eine gute Verbreitung vor Ort und können für die Ansprache von Betroffenen und Multiplikatoren gewählt werden. Wie bei den Printmedien auch ist es ganz wichtig, eine Telefonnummer angeben zu lassen, unter der Hilfesuchende und Interessierte einen Ansprechpartner erreichen können. Besonders am Tag der Veröffentlichung / Ausstrahlung und in den Tagen danach sollte diese Person auch tatsächlich erreichbar sein.

Keine Werbung ohne Telefonnummer!

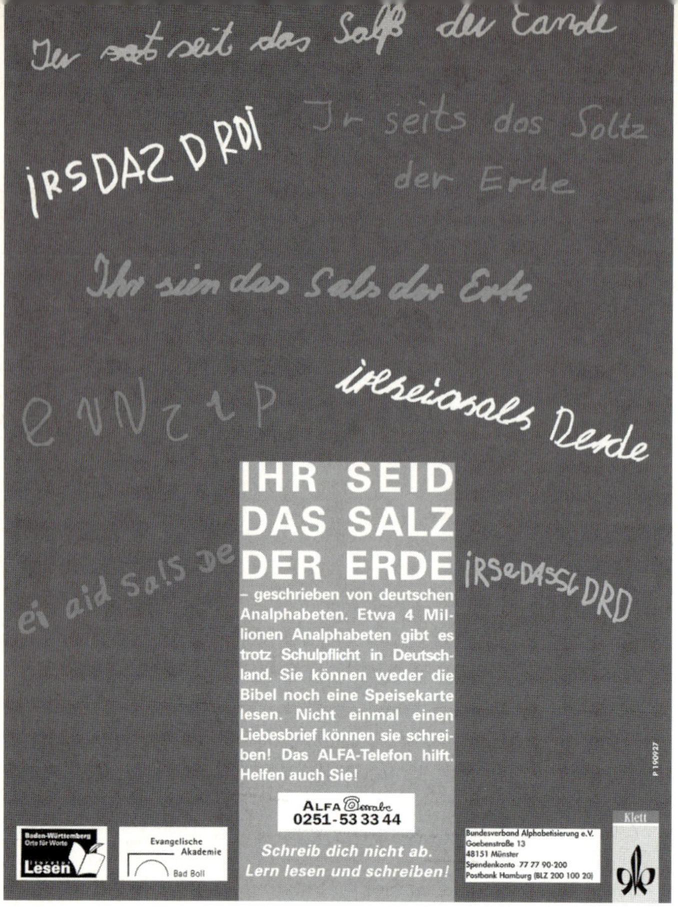

Plakate

Einzelne Plakate punktuell aufzuhängen bringt wenig. Effektiver dagegen ist es, wenn die Weiterbildungseinrichtungen einer Region im Verbund auch mit anderen Trägern zusammen Plakataktionen starten. Das spart obendrein Kosten. Plakatwerbung in Nahverkehrsmitteln – etwa während der Kampagne ›Erwachsene lernen lesen und schreiben‹ in Schleswig-Holstein vom Herbst 1999 – hat sich besonders bewährt.

Informations-Flyer und Postkarten

Faltblätter, die über die Thematik und das bestehende Alphabetisierungsangebot informieren sollen, müssen gezielt eingesetzt werden, da sie sonst nicht beachtet werden. Gezielter Einsatz heißt, einen Verteiler für bestimmte Zielgruppen, wie Ärzte, Mitarbeiter/innen in Behörden oder kirchlichen Sozialdiensten aufzubauen und mit einem Faltblatt zu informieren. Faltblätter können aber auch im Rahmen von Aktionen (zum Beispiel Lernfesten, Weiterbildungsbörsen u. Ä.) eingesetzt werden. (➢ Kapitel 5: Lernmotive) Postkarten zur Alphabetisierung werden meistens mit anderen Aktionen kombiniert. So zum Beispiel mit Großplakaten in Düsseldorf 1990, den Aktionswochen in den Cinemaxx-Kinos oder mit Bänkelgesang und Luftballonaktionen 1999 (vgl. ALFA-FORUM 38/1998: Alphabetisierungswerbung vor Ort; SCHOLZ, Achim: 1999; ENGSTER, Hermann / MENZ, Hiltrud: 1999).

Aktionen

Die Aktion ›Öffentliche Schreiber‹ wurde in zahlreichen Orten Deutschlands sehr medienwirksam durchgeführt. Dabei wird auf dem Wochenmarkt ein Stand aufgebaut unter dem Motto ›Wir schreiben für Sie.‹ Ein Kalligraph bietet seine Schreibkünste an und andere ›Schreiber‹ formulieren Einladungskarten und Briefe oder helfen bei Behördenschreiben. Verkleidung mit Frack und Zylinder und eine

Liebesbriefe, Einladungen und Grüße formulierten die Stadtschreiber Jürgen Genuneit, Marion Döbert und Michael Rietfort gestern auf dem Kesselbrink. Am Samstag wird die Aktion fortgesetzt. Foto: Wehmeyer

Rund 7 200 Bielefelder sind Analphabeten / VHS-Aktion auf dem Kesselbrink:

Liebesgrüße vom Stadtschreiber

Bielefeld (co). Altmodisch wirken sie, die Leute mit den hohen Zylindern. Und antiquiert ist auch ihr Handwerkszeug. Die lauten Stimmen der Stadtschreiber, die gestern auf dem Kesselbrink ihre Dienste anboten, waren nicht zu überhören: „Wir verfassen Grußkarten, Einladungen und auch Liebesbriefe." Die Aktion beleuchtet ein aktuelles Pro-

gen Papier aus seiner Mappe. „Das Schreiben mit der Hand braucht etwas mehr Zeit", erläutert der VHS-Kursleiter und taucht mit der Feder immer wieder ins Tintenfaß.

Langsame Schwünge übers Papier

berg dichtet, Hobby-Kalligraph Michael zieht in langsamen Schwüngen die Feder übers Büttenpapier. Wunderschön.

Nach kurzer Zeit stapeln sich die Wünsche. „In einer Stunde ist der Brief fertig. Kommen Sie doch später noch mal wieder", vertröstet Michael Rietberg ... den. Die

Standgestaltung im Sinne der alten Stadtschreibereien sorgen für optisches Aufsehen. Am Stand gibt es neben dem Schreibservice auch Informationen und Beratung zum Thema Analphabetismus und Alphabetisierung. Eine andere Aktion ist die ›Demonstration der Analphabeten‹, wie sie vom Bundesverband Alphabetisierung e.V. auf dem Evangelischen Kirchentag 1999 in Stuttgart durchgeführt worden ist.

Demonstration der Analphabeten

Da die ›Analphabeten‹ nicht schreiben können, sind ihre Transparente leer oder zeigen drei Kreuze. Die Irritation ist der Werbeaufhänger; das Nachfragen der Passanten bietet Anlass zu Information und Gesprächen zum Thema Analphabetismus (Genuneit, Jürgen: 1999).

Besonders medienwirksam ist es, wenn Persönlichkeiten des öffentlichen Lebens wie zum Beispiel Bürgermeister/innen in die Aktionen einbezogen werden. Ebenfalls vorteilhaft ist auch das Zusammenwirken mehrerer regionaler Akteure wie zum Beispiel Bibliotheken, Kulturamt, Schulen, Firmen. Letztere können eventuell als Sponsoren selbst wiederum werbewirksames ›Zugpferd‹ sein.

Vorträge und Fortbildungen

Vorträge können so konzipiert sein, dass sie sich an ein Fachpublikum oder an Laien wenden. Bei einem Laien-Publikum sollten die Vorträge das Thema Analphabetismus und Alphabetisierung eher erzählend und humorvoll und weniger theoretisch fachlich behandeln. Eine Einbindung in Aktionen oder Ausstellungen führt mehr Publikum zum Thema als nur die Einladung zu einem Vortrag. Fortbildungen zum Thema wenden sich an Multiplikatoren oder Fachkräfte. Bei der Vermittlung von Referenten für Vorträge und Fortbildungen ist der Bundesverband Alphabetisierung e.V. behilflich. (➢ Anhang)

Überregionale Aktivitäten

Besonders effektiv ist es, sich an überregionalen Aktivitäten zu beteiligen. Übergreifende Öffentlichkeitsarbeit wird vom Bundesverband Alphabetisierung e.V. durchgeführt. In Zusammenarbeit mit der Werbeagentur Grey Düsseldorf wurde die Kampagne ›Schreib dich nicht ab. Lern lesen und schreiben!‹ entwickelt, die in den Bereichen Fernsehen und Printmedien einen Schwerpunkt setzt. Für das Fernsehen wurden mehrere Spots produziert, die Situationen zeigen, in denen Menschen ohne ausreichende Lese- und Schreibkenntnisse einen schweren Stand haben: Eine junge Frau kann einen Liebesbrief nicht lesen, ein Vater kann ein Gedicht nicht lesen, das seine Tochter verfasst hat, und ein Lagerarbeiter stellt eine Palette auf ein Regal, das prompt zusammenbricht, weil er das Warnschild nicht lesen konnte. Die Spots wollen den Betroffenen Mut machen, ihre Situation zu verändern und sich an das Alfa-Telefon zu wenden, wo sie beraten und an Einrichtungen mit Alphabetisierungskursen vermittelt werden. Die Spots wollen aber auch beispielhaft aufzeigen, dass Betroffene mit ihren Lese- und Schreibproblemen ein wenig offener umgehen sollten und durchaus Verständnis für ihre Situation finden. Die Spots wurden in verschiedenen Fernsehsendern und 1999 in allen Cinemaxx-Kinos gezeigt.

Die gesamte Kampagne konnte nur dadurch realisiert werden, dass alle Beteiligten – Schauspieler, Produktionsfirma, Werbeagentur, Sender – das Vorhaben kostenlos unterstützt haben. Zwei Spots können in der Kinofassung beim Bundesverband Alphabetisierung e.V. ausgeliehen werden.

Bildungspolitische Lobbyarbeit

Politische Lobbyarbeit kann vor Ort, regional und überregional stattfinden. Der persönliche Kontakt zu einer Person aus Kommunal-, Landes- oder Bundespolitik ist dabei in der Regel wirksamer als das Übersenden von Informationsmaterial. Politiker/innen sind oft ausgesprochen interessiert, mehr über das Thema zu erfahren, etwa wenn sie authentische Schreibbeispiele von Teilnehmern vor sich sehen oder die Lebenssituation von Betroffenen im direkten Gespräch kennen lernen. Das Interesse nimmt zu, wenn Betroffenheit ausgelöst werden kann. Sehr wirksam ist es auch, wenn Politiker/innen selbst in Aktionen einbezogen werden. Auf regionaler oder Landesebene haben sich mehr oder weniger enge Kooperationen von Erwachsenenbildungseinrichtungen gebildet, die Alphabetisierungsangebote bereithalten und Lobbyarbeit betreiben. In Nordrhein-Westfalen ist dies der Fachkreis Alphabetisierung NRW (www.wuppertal.de/faks). Bundesweit wird die Lobbyarbeit schwerpunktmäßig vom Bundesverband Alphabetisierung e.V. verfolgt.

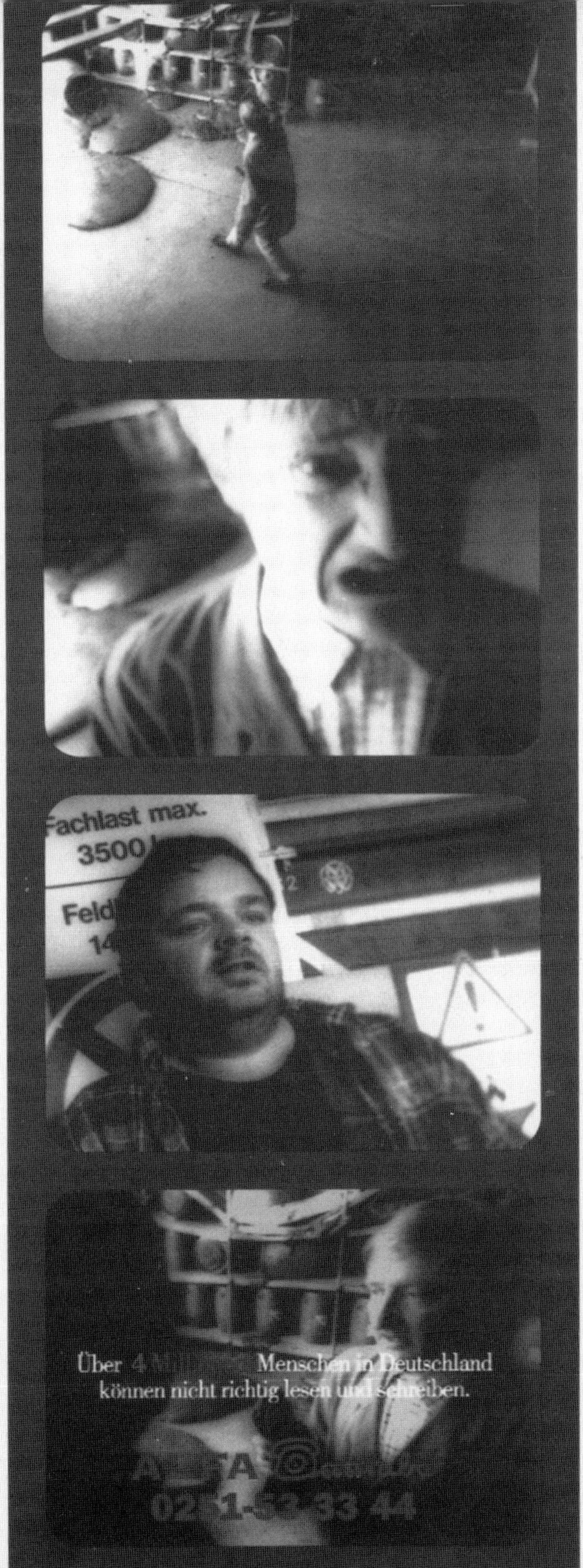

Chef:
Herrgott, was ist denn nur los…
gestern verreckte mir die Karre…
heute Krach mit der Alten…
und jetzt dieser Scheiß!

Chef:
Sag mal, siehst du dieses Schild nicht, kannst du nicht lesen oder was?

Chef:
Du kannst nicht lesen?
Rupert:
Bin ich entlassen?

Chef:
Da muß man was machen.
Komm!
Rupert:
Und Sie glauben, ich schaff' das?
Chef:
Ganz bestimmt!
Off: Schreib dich nicht ab.
Lern lesen und schreiben.

TV-Spot „At work"

Literatur

ALFA-FORUM 38/1998: Alphabetisierungswerbung vor Ort.

Alfa-Rundbrief 35/1997: Analphabeten in Presse, Funk und Fernsehen.

ENGSTER, Hermann / MENZ, Hiltrud: Bänkelgesang zum Weltalphabetisierungstag an der VHS Göttingen. In: ALFA-FORUM 42/1999, S. 30f.

GENUNEIT, Jürgen: ›Gebt uns die Schrift!‹ Bericht vom 28. Deutschen Evangelischen Kirchentag in Stuttgart. In: ALFA-FORUM 40/1999, S. 36f.

HAUPT, Sabine u.a.: Teilnehmermotivierung und Öffentlichkeitsarbeit [= Zur Theorie und Praxis der Alphabetisierung 4]. Hrsg.: Pädagogische Arbeitsstelle des Deutschen Volkshochschul-Verbandes. Bonn und Frankfurt 1984.

NAMGALIES, Lisa: Wie entsteht Analphabetismus? Lern- und Lebensgeschichten von Analphabeten. In: Namgalies, Lisa / Heling, Barbara / Schwänke, Ulf: Stiefkinder des Bildungssystems. Lern- und Lebensgeschichten deutscher Analphabeten. Hamburg 1990, S. 15–130.

SCHOLZ, Achim: Weltalphabetisierungstag in Niedersachsen. In: ALFA-FORUM 42/1999, S. 29.

9 Probleme und Aufgaben der Alphabetisierung in Deutschland

Was muss anders werden, damit es besser wird?

Das Bundesbildungsministerium fördert seit vielen Jahren Projekte im Bereich der Alphabetisierung und Elementar- bzw. Grundbildung, wodurch das Thema zunehmend mehr in das öffentliche Bewusstsein getreten ist und teilweise die Infrastruktur des Angebotes über einen gewissen Zeitraum verbessert werden konnte. Eine flächendeckende Alphabetisierung und Grundbildung wäre aber auf eine kontinuierliche finanzielle Absicherung durch Länder und Kommunen angewiesen. Nicht nur Kursangebote, sondern auch übergreifende Aufgaben wie Öffentlichkeitsarbeit und Serviceangebote brauchen eine organisierte Form mit finanzieller Absicherung. Neben der Verstetigung und Flächendeckung des Angebots muss die Qualität der Alphabetisierungspraxis selber weiter professionalisiert werden.

Überwindung des politischen Ressortdenkens

Die Ursachen für funktionalen Analphabetismus zeigen deutlich auf, dass dieser im Kontext benachteiligender gesellschaftlicher Bedingungen entsteht. Diese Bedingungen finden sich vor allem in der familiären Lebenswelt der Betroffenen, in der Schule und später in der Arbeitswelt. Maßnahmen zur Verbesserung können nur im Bündnis von Familien-, Sozial-, Bildungs- und Arbeitspolitik erfolgen. So lange jedoch in Kategorien von Schuld und Monokausalität kommuniziert wird (›Schule hat Schuld‹, ›Familie hat Schuld‹), werden Verantwortlichkeiten von einem Ressort zum anderen verschoben. Ein wichtiger Beitrag zur Prävention von Analphabetismus ist die Verhinderung und Beseitigung von Armut und Arbeitslosigkeit. Auch dies kann jedoch nur in gemeinsamer politischer Anstrengung Aussicht auf Erfolg haben.

Alphabetisierung gesetzlich und finanziell absichern

Über die Notwendigkeit einer guten Grundbildung besteht bei den verschiedenen gesellschaftlichen Interessengruppen Übereinstimmung:

- Industrie und Handwerk betonen die Notwendigkeit ausreichender Grundbildung für den Wirtschaftsstandort Deutschland.
- Die Gewerkschaften betonen die Bedeutung von Grundbildung für den Erhalt demokratischer Grundwerte und als Voraussetzung für gleichberechtigte Partizipation in der Gesellschaft.
- Bildungspolitik und Erwachsenenbildung betonen das Recht des Menschen auf Lesen und Schreiben und auf grundlegende Bildung.
- Vertreter/innen gesellschaftlicher Randgruppen (zum Beispiel aus Behinderteneinrichtungen oder Justizvollzugsanstalten) betonen den wichtigen Integrationswert von Grundbildung.

Unstrittig ist, dass jede Interessengruppe Alphabetisierungs- und Grundbildungsangebote hoch bewertet. Die Umsetzung der Bewertungen und Forderungen scheitert jedoch immer wieder an der fehlenden Zuständigkeit für Präventionsmaßnahmen und flächendeckende Lernangebote.

Aufgrund der geltenden Zuständigkeitsregelungen nach dem Grundgesetz fällt eine flächendeckende und kontinuierliche Alphabetisierung und deren Förderung in den Zuständigkeitsbereich der Länder. Diese beschränken ihre

Volkshochschulen mit mindestens einem Kurs für Analphabeten BRD (ab 1991 mit neuen Ländern)

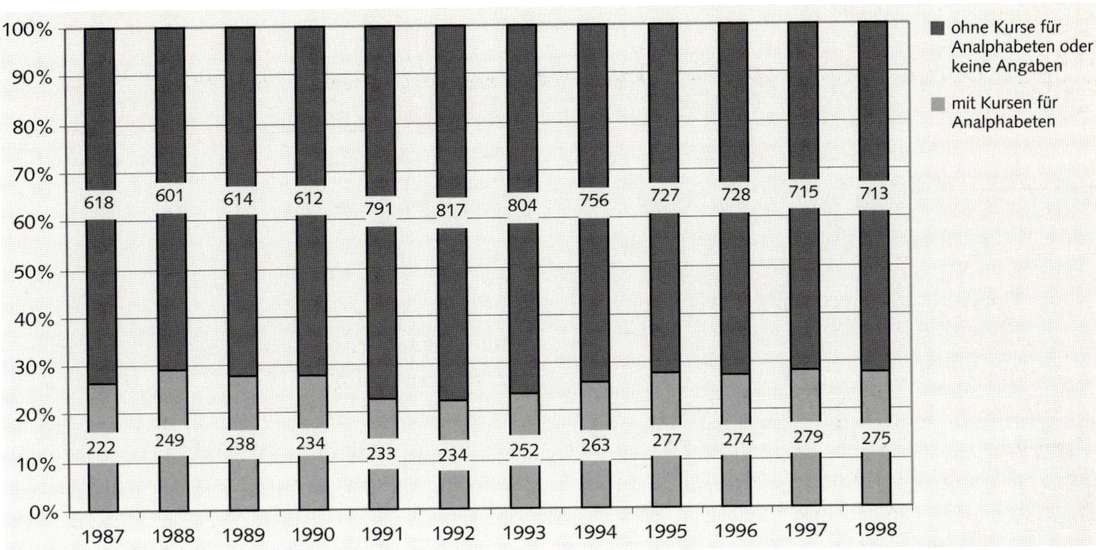

Volkshochschulstatistik 2000

Aktivitäten jedoch auf landesspezifische Prioritäten, die im Alphabetisierungsbereich sehr unterschiedlich gewichtet werden. Die für die Qualität der Alphabetisierung wichtige übergreifende Fortbildungs-, Service-, Öffentlichkeits- und Lobbyarbeit durch eine finanziell gesicherte Dachorganisation fällt somit aus allen vorhandenen Fördermöglichkeiten heraus.

Es obliegt in der Regel jeder Einrichtung, selbst zu entscheiden, ob Alphabetisierungskurse angeboten werden sollen und wie sie aus den Haushaltsmitteln finanziert werden. So gibt es immer noch viel zu wenige Alphabetisierungskurse.

- ➢ Besonders im ländlichen Bereich und in den neuen Bundesländern besteht hoher Handlungsbedarf für die Einrichtung von Alphabetisierungs- und Grundbildungskursen.
- ➢ In den alten Bundesländern muss der Bestand gesichert und flächendeckend ausgebaut werden.
- ➢ Ohne gesetzliche Regelung verläuft die Einrichtung von Kursen eher willkürlich, unzureichend und diskontinuierlich in Abhängigkeit von der jeweiligen Haushaltslage. Dies gilt es zu verändern.

Alphabetisierungsangebote je nach Haushaltslage

Kombiniert man die Einwohnerzahl der einzelnen Bundesländer (Statistisches Jahrbuch 1999) und die Informationen zu den durchgeführten Alphabetisierungskursen (VHS-Statistik 1999), stellt sich heraus, dass die Stadtstaaten Hamburg und Berlin im Verhältnis zur Einwohnerzahl relativ viele Kurse durchführen. Von den Flächenländern führt Niedersachsen die Spitze in der Versorgung mit Kursen an, gefolgt von Schleswig-Holstein. Das ist sicherlich darauf zurückzuführen, dass in diesen beiden Bundesländern der Professionalisierungsgrad in der Alphabetisierung auch im Ländervergleich am höchsten ist (s. Tabelle auf S. 126).

Relation von Bevölkerungszahl und durchgeführten Alphabetisierungskursen 1998

Land:	Bevölkerung in 1000	Alphabetisierungskurse	Kurse auf 1 Mio. Einwohner
Baden-Württemberg	10.426	56	5,4
Bayern	12.087	62*	5,1
Berlin	3.399	164	48,2
Brandenburg	2.590	27	10,4
Bremen	668	10	15,0
Hamburg	1.700	115	67,6
Hessen	6.035	95	15,7
Mecklenburg-Vorpommern	1.799	44	24,5
Niedersachsen	7.866	551	70,0
Nordrhein-Westfalen	17.976	518	28,8
Rheinland-Pfalz	4.025	122	30,3
Saarland	1.074	27	25,1
Sachsen	4.489	103	22,9
Sachsen-Anhalt	2.674	96	35,9
Schleswig-Holstein	2.766	147	53,1
Thüringen	2.463	16	6,5
Deutschland	82.037	2153	26,4

** Die Angaben zu Bayern sind nicht in der VHS-Statistik enthalten. Sie beruhen auf Informationen des Bayerischen Volkshochschul-Verbandes.*

Zusammengestellt von Peter Hubertus

Noch längst nicht überall in Deutschland ist es funktionalen Analphabeten möglich, Lese- und Schreibkurse in erreichbarer Nähe aufzusuchen. Es ist daher ein wichtiges Ziel, flächendeckend Alphabetisierungskurse anzubieten. Aus der Alphabetisierungsbewegung heraus müssen immer wieder konkrete politische Zuständigkeit und finanzielle Absicherung eingefordert werden. Verstärkte Aufklärungsarbeit bei Politik, Wirtschaft und Gewerkschaften ist dazu ebenso notwendig wie die Mobilisierung der Betroffenen und einer breiten Öffentlichkeit durch groß angelegte Alphabetisierungskampagnen. Gebündelte Lobbyarbeit muss darauf gerichtet sein, Flächendeckung und Verstetigung von Alphabetisierungs- und Grundbildungsangeboten zu erreichen. Ohne verbindliche finanzielle Zuständigkeit und Absicherung ist aber die Aufklärungsarbeit genau so gefährdet wie die Alphabetisierungsarbeit selbst.

Prävention von Analphabetismus in den Schulen

Gefordert wird für die Prävention eine Veränderung des Erstlese- und Schreibunterrichts durch bessere Aus- und Fortbildung der Lehrer/innen sowie Veränderungen in der Schulstruktur. Besonderes Augenmerk muss auf die ersten drei Schuljahre gelegt werden. Der Lese-Schreibunterricht muss individueller zugeschnitten werden, insbesondere wenn Kinder mit traditionellen Methoden das Lesen und Schreiben nicht lernen. Ihnen müssen andere Inhalte und Wege des Lernens angeboten werden. Im Förderunterricht darf nicht mit derselben Didaktik und Methodik gearbeitet werden wie im normalen Unterricht. Auch in späteren Schuljahren muss es innerhalb der Schule Lernangebote zum nachträglichen Erwerb der Schriftsprache geben. Lehrer/innen müssen mehr Zeit für grundlegende pädagogische Arbeit und Zuwendung zum Kind erhalten. Überfrachtung von Lehrplänen und Bürokratisierung des Lehrer/innenalltags müssen verhindert werden. An Schulen mit besonderen Problemlagen müssen Lehrer/innen Unterstützung bekommen durch Schulsozialarbeiter/innen bzw. anderes pädagogisches und psychologisches Fachpersonal. Klassengrößen müssen pädagogisch sinnvoll gestaltet sein.

Das Alfa-Telefon

Hier gibt es eine kontinuierliche telefonische Beratung: das Alfa-Telefon (02 51/53 33 44). In einem Gesamtkonzept von überregionaler Öffentlichkeitsarbeit ist es die zentrale Anlaufstelle.

Kontinuierliche Öffentlichkeitsarbeit

Ohne Zusammentreffen von Lernmotivation auf Seiten der lese-schreibunkundigen Menschen einerseits und Informationen über Hilfsangebote andererseits können Betroffene ihre Situation nicht ändern. Öffentlichkeitsarbeit schlägt

Neue Medien zur Selbsthilfe nutzen

zwischen beiden die Brücke. (➢ Kapitel 8: Öffentlichkeitsarbeit) Überregionale Kampagnen und Aktionen zur Aufklärung und Teilnehmerwerbung wurden in den letzten Jahren vom Bundesverband Alphabetisierung e.V. mit tatkräftiger Sponsorenunterstützung durchgeführt.

Ein Ziel des Bundesverbandes Alphabetisierung e.V. besteht darin, die Bildung von Selbsthilfegruppen im gesamten Bundesgebiet zu fördern und Chat-Rooms im Internet für Menschen mit Lese- und Schreibproblemen zu initiieren. Die Kommunikation der Betroffenen untereinander muss gefördert werden, da sie als Experten ihrer eigenen Situation als Multiplikatoren und Berater/innen besonders wichtig sein können.

Bundesverband Alphabetisierung e.V. stärken

Der Bundesverband Alphabetisierung e.V. ist der einzige bundesweit tätige Verein in Sachen Service, Beratung, Information, Fortbildung, Öffentlichkeitsarbeit und politischer Lobbyarbeit zur Stärkung der Alphabetisierung und Grundbildung in Deutschland. Er berät Betroffene mit Hilfe des bundesweit erreichbaren ALFA-TELEFONS, informiert Weiterbildungseinrichtungen, Kursleiter/innen und die interessierte Öffentlichkeit durch seine Fachzeitschrift ALFA-FORUM, initiiert Ausstellungen, Events und Medienauftritte und ist Träger von Lobbyarbeit im politischen Raum. (➢ Kapitel 8: Öffentlichkeitsarbeit; ➢ Anhang) Der Bundesverband Alphabetisierung e.V. übernimmt damit wichtige öffentliche und gesellschaftliche Aufgaben; seine einzige Finanzierungsquelle sind Mitgliederbeiträge und einzelne Sponsorengaben. Die Mitarbeiter/innen arbeiten weitgehend ehrenamtlich. Zur Sicherung der Leistungen bedarf es dringend einer stabilen öffentlich abgesicherten Finanzierung.

Berufsbild und Fortbildungskonzepte entwickeln

Es gibt kein Berufsbild und keinen Ausbildungsgang für Alphabetisierungspädagogen. In Anlehnung an unser Nachbarland Belgien könnte eine solches Konzept entwickelt werden. Im Jahr 1990 wurde dort durch ein Dekret veranlasst:

- ➢ die flächendeckende Einrichtung von regionalen Zentren für Erwachsenengrundbildung
- ➢ die Einrichtung einer Dachorganisation zur Betreuung der Zentren
- ➢ die Verpflichtung zu einem praxisbegleitenden Training für das Personal in den Grundbildungszentren

Dieses praxisbegleitende Training wurde bei den Hochschulen angesiedelt. Die Karel de Grote Hogeschool in Antwerpen bietet eine Postgraduierten-Fortbildung für Praktiker/innen in den Grundbildungszentren an. Das Aufbaustudium schließt mit einem Diplom ab.

> »Ziele des Ausbildungsgangs:
>
> - ➢ Vermittlung von Kenntnissen über die Lebenswelt und Lebensbedingungen der verschiedenen bildungsbenachteiligten Bezugsgruppen
> - ➢ Vermittlung von Kenntnissen und Fertigkeiten bei der Gestaltung von Lern- und Unterrichtsprogrammen für bildungsbenachteiligte Erwachsene
> - ➢ Vermittlung von Kenntnissen und Fertigkeiten in der Leitung von Lernprogrammen in *drei* der folgenden Bereiche (Basislevel): Niederländisch (lesen und schreiben), Niederländisch als Zweitsprache, Soziale Kenntnisse und Fertigkeiten, Rechnen

- Vermittlung von Kenntnissen und Fertigkeiten in der Anleitung von Unterricht in *zwei* der folgenden Arbeitsfelder (fortgeschrittenes Niveau): Niederländisch (lesen und schreiben), Niederländisch als Zweitsprache, soziale Kenntnisse und Fertigkeiten, Rechnen
- Spezialisierung der Kenntnisse und Fertigkeiten in *einem* der oben genannten Felder
- Befähigung, sowohl im Bereich der allgemeinen Bildung als auch im Bereich von spezialisierten Anforderungen, wie z.B. in der berufsorientierten Grundbildung unterrichten zu können
- Befähigung zur Teamarbeit mit Kollegen inner- und außerhalb der Grundbildungszentren.«

GOVAERTS, Ward: 2000, S. 10

Die Mitarbeiter/innen in den Grundbildungszentren haben feste oder zeitlich befristete Arbeitsverträge und verfügen über eine solide Ausbildung. Hingegen ist die Situation von Alphabetisierungspädagogen in Deutschland durch ungesicherte Honorarverträge, ›Learning by doing‹, Improvisieren, individuelles Recherchieren nach Methoden und Materialien sowie durch lediglich punktuelle Fortbildungsmöglichkeiten gekennzeichnet. Eine fundierte Aus- und Fortbildung der Pädagogen in der Alphabetisierung und Grundbildung ist aber Voraussetzung und Bestandteil einer Verstetigung und eines flächendeckenden Lernangebotes für bildungsbenachteiligte Menschen in Deutschland.

Alphabetisierung in Gesamtkonzept von Grundbildung einbinden

Der Blick in die Nachbarländer zeigt, dass bereits ausgearbeitete Konzepte einer Grundbildung für Erwachsene vorliegen. Alphabetisierungsmaßnahmen sind dort Teil eines differenzierten und gestuften Modulsystems, das sich auf die Bereiche Lesen/Schreiben, Rechnen, soziale Kenntnisse und Fertigkeiten bezieht. Solche Module wurden auch für den Bereich der berufsorientierten Grundbildung entwickelt.

In Deutschland hingegen ist der Begriff der Grundbildung kaum systematisch definiert. Ende 1995 fand in der Evangelischen Akademie Bad Boll eine Fachtagung zum Thema Grundbildung und Alphabetisierung statt (Grundbildung für alle in Schule und Erwachsenenbildung, 1997). Die Vertreter/innen aus der Wirtschaft äußerten klare Vorstellungen darüber, was elementares Grundwissen in der Arbeitswelt sein soll (vgl. dazu S. 130). Aus dem Bereich der Erwachsenenbildung liegt bisher dagegen kein gültiges Modell vor. Definitionen von Grundbildung sind oft so weit gefasst, dass alles mögliche Lernen darin untergebracht werden kann. Damit aber wird Grundbildung nicht mehr abgrenzbar und didaktisierbar. Eine Definition, die zwischen der zu engen Beschränkung auf Anforderungen des Arbeitsmarktes einerseits und zu globaler ›Philosophie‹ auf der anderen Seite liegt, sollte in Anlehnung an internationale Konzepte entwickelt werden.

Grundbildung zwischen Arbeitswelt und Philosophie?

Was müssen Schulabgänger können?
Forderungen der Wirtschaft an die Schulen

1. ELEMENTARES GRUNDWISSEN

1.1 **Grundlegende Beherrschung der deutschen Sprache in Wort und Schrift**
Als Mindeststandard ist die Fähigkeit zu nennen, einfache Sachverhalte mündlich und schriftlich klar formulieren und aufnehmen zu können.

1.2 **Beherrschung einfacher Rechentechniken**
Hierzu gehören die vier Grundrechenarten, Rechnen mit Dezimalzahlen und Brüchen, Umgang mit Maßeinheiten, Dreisatz, Prozentrechnen, Flächen-, Volumen- und Masseberechnungen und fundamentale Grundlagen der Geometrie. Hinzukommen sollten die Fähigkeiten, einfache Textaufgaben zu begreifen, die wichtigsten Formeln anzuwenden und mit Taschenrechnern umzugehen.

1.3 **Grundlegende naturwissenschaftliche Kenntnisse**
Grundkenntnisse in Physik, Chemie, Biologie und Informatik, aus denen Verständnis für die moderne Technik und eine positive Grundeinstellung zu ihr entwickelt werden können.

1.4 **Grundkenntnisse wirtschaftlicher Zusammenhänge**
Die Schule und erst recht Einrichtungen der Erwachsenenbildung müssen grundlegende Informationen über das Funktionieren unseres marktwirtschaftlichen Systems und die Rolle der Unternehmen, des Staates, der Tarifparteien und der Haushalte als wesentliche Aktionspartner im Rahmen unserer Gesellschaftsordnung vermitteln.

BATT-BEHREND, Cornelia: 1997, S. 30

Berufsorientierte Grundbildung

Im Bereich der berufsorientierten Grundbildung gibt es bereits positive Ansätze, die fortgeführt werden müssen:

- Im November 1997 war eine Tagung in der Evangelischen Akademie Bad Boll der berufsorientierten Alphabetisierung junger Menschen gewidmet. Neben internationalen Aspekten wurden Kriterien für Mindestanforderungen in schulischen und berufsbildenden Maßnahmen aus der Sicht verschiedener gesellschaftlicher Interessengruppen referiert. Gesichtspunkte berufsorientierter Alphabetisierung wurden im Rahmen der Tagung dargestellt und dokumentiert (Junge Menschen in der berufsorientierten Alphabetisierung, 1999).
- Von 1997 bis 1999 wurden an der Volkshochschule Bielefeld im Rahmen eines transnationalen SOKRATES-Programms Konzepte und Materialien zur berufsorientierten Grundbildung in der Alphabetisierung entwickelt (DÖBERT, Marion: 1999).
- Das Deutsche Institut für Erwachsenenbildung (DIE) führt von 1998 bis voraussichtlich 2000 ein EU-Projekt ›Entwickeln eines Trainingsmoduls zur Qualifizierung des Ausbildungspersonals von Personen mit geringer Grundbildung‹ durch.
- Seit 1999 läuft am DIE das Projekt ›Entwicklung konzeptioneller Elemente einer berufsorientierten Alphabetisierung/Grundbildung sowie Entwicklung begleitender Fortbildungsmodule‹.

Ansätze sind also vorhanden. Was jedoch fehlt, ist eine Bündelung von Projektergebnissen und deren Einbindung in ein zu entwickelndes Gesamtkonzept von Erwachsenengrundbildung.

Forschung forcieren

Universitäten und Fachhochschulen entdecken erst allmählich Analphabetismus und Alphabetisierung als Forschungs- und Lehrbereiche. Dabei ist es dringend vonnöten, wissenschaftliches Know-How für bestimmte Entwicklungsaufgaben einzusetzen:

- Wie lernen Erwachsene lesen und schreiben?
- Wie können Lernblockaden aus früheren gescheiterten Lernerfahrungen aufgehoben werden?
- Wie können die Ergebnisse aus den Biografieanalysen erwachsener Analphabeten für den Bereich der Prävention in der Schule fruchtbar gemacht werden?
- Welche Didaktik und Methodik des Unterrichts kann für Erwachsene entwickelt werden?
- Welche weiteren Unterrichtsmaterialien müssen entwickelt werden?
- Wie können Lehrer/innen auf die Vermittlung von Schriftsprache, besonders auch für Kinder mit Lernproblemen, vorbereitet werden?
- Welche Möglichkeiten des nachholenden Neu-Lernens im Bereich Schriftsprache (zum Beispiel in der Sekundarstufe) können für das Schulsystem entwickelt werden?
- Wie können Schule und Erwachsenenbildung enger zusammenarbeiten?
- Wie kann ein systematisches Aus- und Fortbildungskonzept für Alphabetisierungs-/Grundbildungspädagogen aussehen?

Fragen aus der Erwachsenenbildung gibt es zahlreiche, aber auch Erkenntnisse und Erfahrungen, die wiederum durch mehr Kooperation in den wissenschaftlichen Raum einfließen könnten.

Ebenfalls auf Bundesebene kaum vorhanden sind Dateien oder Archive, in denen wissenschaftliche Literatur, Unterrichtsmaterialien und Bücher zum Thema Analphabetismus und Alphabetisierung gesammelt und zur Verfügung gestellt werden. Das UNESCO-Institut für Pädagogik in Hamburg füllt diese Lücke mit seinem für Alphabetisierungsarbeit und -forschung unverzichtbaren Bibliotheks- und Dokumentationsbestand auf internationaler Ebene. Für Deutschland hat der Bundesverband Alphabetisierung e.V. damit begonnen. Auf Dauer bedarf diese Arbeit einer finanziellen Absicherung.

Wer Wissen will, braucht Daten

Aufgabe der Universitäten könnte auch eine jährlich stattfindende systematische und kontinuierliche Erhebung von Daten über die Größenordnung von Analphabetismus und zum Stand der Alphabetisierung sein. Zwar gibt es quantitative Daten über Kursangebote und Teilnehmende in den Volkshochschulstatistiken. Diese erfassen aber lediglich Personen, die bereits Hilfsangebote aufgegriffen haben. Andere Träger der Weiterbildung sind dabei nicht berücksichtigt.

Größenordnung von funktionalem Analphabetismus regelmäßig ermitteln

Es müssen dringend Ansätze entwickelt werden, wie Angaben zur Größenordnung von funktionalem Analphabetismus erhoben werden können. Untersuchungen zur quantitativen Entwicklung müssen regelmäßig stattfinden. Nur wenn das Problem wissenschaftlich überprüfbar quantifiziert wird, werden auch politisch Konsequenzen gezogen. (➢ Kapitel 2: Größenordnung)

Neue Lernformen entwickeln

Die Zahl der arbeitslosen Lerner/innen in den Kursen steigt seit Jahren an. Dennoch lernen auch diese Menschen in Kursen, die in der Regel nur ein bis zwei Mal wöchentlich am Abend stattfinden, weil es so gut wie keine Vollzeitangebote für erwachsene funktionale Analphabeten gibt. Die Lernenden verlieren auf diese Weise kostbare Lernzeit. Vollzeitmaßnahmen, wie sie etwa vom Berliner Verein Lesen und Schreiben e.V. durchgeführt werden, müssen verstärkt für Arbeitslose angeboten werden.

Das berufliche Motiv steht für viele Lerner/innen im Vordergrund, wenn sie einen Lese-Schreibkurs beginnen. Lernende in Alphabetisierungskursen gehören eher zur ärmeren Bevölkerung. Frauen stehen dabei oft am Rande echter Armut. Die Kursteilnehmer/innen hoffen durch das Erlernen des Lesens und Schreibens beruflich bessere Aussichten zu haben, die Arbeitslosigkeit zu überwinden, vor drohender Arbeitslosigkeit geschützter zu sein oder mit veränderten Bedingungen am Arbeitsplatz besser zurechtzukommen. (➢ Kapitel 5: Lernmotive) Daher bedarf es eines verstärkten Angebotes im Bereich der berufs- und arbeitsbezogenen Alphabetisierung und Grundbildung. Ansätze und Materialien, die dazu entstanden sind, müssen weiterentwickelt und ausgebaut werden.

Auch die Wirtschaft ist gefordert

Betriebsinterne Grundbildungsangebote und berufsbegleitende Schriftsprachförderung sollten in Deutschland selbstverständlich werden. Zwar ist es unbestrittene Aufgabe der Schule, Grundkenntnisse im Lesen, Schreiben, Rechnen und im Bereich der sozialen Kenntnisse und Fertigkeiten zu vermitteln. Angesichts der schnellen Veränderung von Wissensbeständen und Anforderungen vor allem auch im Bereich der Arbeitswelt ist es aber eine besondere Aufgabe der Wirtschaft, für die berufsbezogene und -begleitende Qualifizierung und Weiterbildung der Mitarbeiter/innen zu sorgen.

3-teiliges Maßnahmepaket: Alphabetisierung und Grundbildung

VHS Bildungswerk NRW e.V. / VHS Bielefeld in Kooperation mit dem Arbeitsamt Bielefeld

MODUL 1: 8-wöchige Trainingsmaßnahme (§ 10 SGB) Alphabetisierung/Grundbildung (240 Unterrichtsstunden)
MODUL 2: 3-monatiges Modul Grundbildung (Förderung aus EU-Mitteln) (360 Unterrichtsstunden)
MODUL 3: Theorie Alphabetisierung/ Grundbildung (240 Unterrichtsstunden)

■ 6-monatige Integrationsmaßnahme Praktika (450 Stunden, Förderung aus beruflicher Weiterbildung) Auswertung/Perspektiven (30 Stunden)
■ *Lehrgangsferien:* 11.10.99 – 15.10.99 und 17.04.2000–01.05.2000

■ *Zielgruppe:* Arbeitslose und arbeitssuchende Berufsrückkehrer/innen, deren Fertigkeiten im Schreiben und / oder Rechnen so unzureichend sind, dass sie nicht an Umschulungsmaßnahmen, an Maßnahmen zur Erlangung eines Schulabschlusses oder an beruflichen Integrationsmaßnahmen teilnehmen können. Die Teilnehmer/innen der Maßnahme müssen mindestens die Voraussetzungen der Niveaustufe 3 des Schriftspracherwerbs erfüllen. Im Bereich des Rechnens müssen die Zahlen bekannt sein. Die Teilnehmer/innen erhalten weiterhin Arbeitslosengeld oder Arbeitslosenhilfe; Sozialhilfeempfänger erhalten Unterhaltsgeld. Die Teilnehmer/innen werden durch die Volkshochschule geworben.
■ *Gruppengröße:* Maximal 12 Teilnehmer/innen
■ *Unterrichtende:* Bezahlung nach BAT für den Zeitraum der Maßnahme
■ *Gesamtkoordination:* durch Volkshochschule
■ *Verwaltung:* durch Träger VHS-Bildungswerk NRW

Konzept
In Anlehnung an die Internationale Untersuchung von Grundqualifikationen Erwachsener (International Adult Literacy Survey: IALS) der Organisation für wirtschaftliche Zusammenarbeit und Entwicklung (OECD) werden Grundqualifikationen in drei Bereiche unterteilt:

1. Umgang mit Texten: das Wissen und die Fertigkeiten, die gebraucht werden, um Informationen aus Texten wie Mitteilungen, Arbeitsanweisungen, Zeitungsberichten usw. zu verstehen und zu nutzen.
2. Umgang mit schematischen Darstellungen: das Wissen und die Fertigkeiten, die gebraucht werden, um die in schematischen Darstellungen unterschiedlicher Form – wie Stellenanzeigen, Gehaltsabrechnungen, Fahrplänen, Tabellen, Grafiken – enthaltenen Informationen zu lokalisieren, zu verstehen und für sich zu nutzen.
3. Umgang mit Zahlen: das Wissen und die Fertigkeiten, die gebraucht werden, um rechnerische Operationen durchführen zu können, entweder einzeln oder in einer Abfolge, wie z.B. die Ermittlung eines Kontostandes, das Ausfüllen eines Bestellscheines oder die Berechnung der Höhe von Zinsen auf einen Kredit aus den Angaben einer Anzeige.

In der Maßnahme werden darüber hinaus drei weitere Aspekte berücksichtigt:

- die aktive Nutzung von Schriftsprache zu erlernen (notieren, berichten, beschreiben, freies Schreiben, Rechtschreibtraining) und größere Sicherheit im Umgang mit Schriftsprache zu erlangen
- Reduzierung von Angst und Unsicherheit in schriftsprachlichen Anforderungssituationen (Orientierungsmodul)
- Zukunfts-, Lernziel- und Lernprozessplanung (Orientierungsmodul)

Die benannten Elemente von Grundqualifikationen werden in allen drei Modulbestandteilen, jedoch mit ansteigendem Niveau, trainiert. Im Theorieteil der Integrationsmaßnahme werden die oben benannten Aspekte berufsspezifisch trainiert.

Beispiel für eine Vollzeitmaßnahme für erwachsene funktionale Analphabeten

Anwendungskompetenz fördern

Ein drängendes Motiv für die Lernenden besteht darin, Scham- und Abhängigkeitsgefühle zu verlieren. Unzureichende Lese-Schreibkompetenz wird in Deutschland häufig gleichgesetzt mit mangelnder Intelligenz und Dummheit. Analphabetismus ist ein Stigma, das die Gedanken und Gefühle der Betroffenen stark geprägt hat. Aus Angst vor Diskriminierung vermeiden sie jede schriftsprachliche Anforderungssituation. Nicht nur die Vermittlung von Lese-Schreibkompetenz, sondern auch die Vermittlung von Anwendungskompetenz ist wesentliches Ziel des Unterrichts. Es müssen verstärkt Lernangebote konzipiert und realisiert werden, die die Anwendungskompetenz fördern.

Curricula und Standards entwickeln

Bislang gibt es weder ein Curriculum noch eine klare Abgrenzung von Niveaustufen in der Alphabetisierung, die institutionenübergreifend gültig wären. Auf Initiative des Bundesverbandes Alphabetisierung e.V. wird derzeit ein Positionspapier erarbeitet, in dem Fragen zu übergreifend gültigen Curricula, Stufungssystemen und Zertifikaten geklärt werden sollen. Bislang gibt es an vielen Volkshochschulen – vor allem im ländlichen Raum – gar keine Differenzierung nach Niveaustufen, da Mindestteilnehmerzahlen als Bezuschussungskriterium eingehalten werden müssen, sodass Lernende mit völlig unterschiedlichen Lerneingangsniveaus und Lerninteressen in einem Kurs zusammen gefasst werden. Lernarrangements müssten stärker als bisher die Heterogenität der Gruppen berücksichtigen.

Alphabetisierung und Sprachförderung koppeln

Ein wichtiges Augenmerk muss bei der Gestaltung von Lernangeboten auch auf die Gruppe der Jugendlichen aus ausländischen Herkunftsfamilien gelegt werden. Sie bilden einen großen Anteil derjenigen, die die Schule ohne Hauptschulabschluss verlassen, keine Ausbildung beginnen oder eine Ausbildung vorzeitig abbrechen. Alphabetisierung muss hier verstärkt auch mit Sprachförderung verbunden werden. (➢ Kapitel 4: Lebenswelt)

»Ausländische Jugendliche befinden sich zwar mit steigender Tendenz in einer beruflichen Ausbildung im dualen System: 1985 waren lediglich 2,8 Prozent aller Auszubildenden junge Ausländer, 1994 immerhin 9,8 Prozent. Gemessen an dem Anteil, den sie an der gleichaltrigen Wohnbevölkerung stellen (über 15 Prozent), muss allerdings auch diese Beteiligung als unzureichend bezeichnet werden. Während 1994 rund 70 Prozent der deutschen 15- bis 18-jährigen Jugendlichen eine Ausbildung im dualen System aufnahmen, waren es bei den ausländischen lediglich 43 Prozent. Da zudem die Zahl von ausländischen Jugendlichen, die ihre Ausbildung ohne Abschluss abbrechen, überdurchschnittlich hoch ist, [...] ist davon auszugehen, dass ein großer Anteil der ausländischen Jugendlichen ohne berufliche Erstausbildung eine Arbeit aufnimmt – oder arbeitslos ist. (1994 waren 18,8 Prozent der arbeitslosen Ausländer unter 25 Jahre alt. Der Anteil der unter 25-Jährigen bei den deutschen Arbeitslosen betrug 12,2 Prozent.)

Dieser Trend wird gegenwärtig durch das unzureichende Angebot an Ausbildungsplätzen verstärkt. Ob dieser Mangel seinerseits dazu beiträgt, dass bei der Besetzung von Ausbildungsplätzen zunehmend höhere allgemeinbildende Schulabschlüsse als der Hauptschulabschluss gefordert werden (können), mag hier dahingestellt bleiben. Tatsache ist, dass ausländische Schulabsolventen zwar wesentlich häufiger als noch vor zehn oder 15 Jahren einen Hauptschulabschluss erlangen, aber bei den weiterführenden Abschlüssen nach wie vor erheblich unterrepräsentiert sind, sie also bei der Konkurrenz um Ausbildungsplätze statistisch über die schlechteren Voraussetzungen verfügen.«
Szablewski-Çavus, Petra: 1999, S. 172f

Von den Nachbarn lernen

Gerade aus dem Vergleich mit anderen europäischen Ländern heraus wird deutlich, wie wenig Alphabetisierung und Grundbildung als Strukturbaustein des Bildungssystems in Deutschland ausgebaut sind und dass es keine klare Zuständigkeit für das Problem gibt. Nach den zahlreichen Impuls und Anschub gebenden, aber doch eben immer zeitlich befristeten und damit kurzlebigen Projekten hat sich die Alphabetisierung in Deutschland qualitativ nicht wesentlich weiterentwickelt. Von Verstetigung und Flächendeckung kann noch keine Rede sein. Im Gegenteil: In den neuen Bundesländern und in einigen alten Bundesländern bricht das Aufgebaute wieder weg. Bildungspolitisch bleibt viel zu tun. Von unseren Nachbarn können wir viel lernen (vgl. Alfa-Forum 43/2000: Europa und Alfa-Forum 45/2000: Europa).

Literatur

ALFA-FORUM 43/2000: Europa.

ALFA-FORUM 45/2000: Europa (in Vorbereitung).

BATT-BEHRENDT, Cornelia: Grundbildung aus der Sicht der Wirtschaft: Handwerk. In: Grundbildung für alle in Schule und Erwachsenenbildung. Eine Fachtagung. Hrsg.: Stark, Werner / Fitzner, Thilo / Schubert, Christoph. Stuttgart 1997, S. 29–33.

Datenreport 1999. Zahlen und Fakten über die Bundesrepublik Deutschland. Hrsg.: Statistisches Bundesamt. Wiesbaden 2000.

DÖBERT, Marion: BASIC: Berufsorientierte Grundbildung in der Alphabetisierung. Ergebnisse eines europäischen Projekts zur Alphabetisierung. In: ALFA-FORUM 42/1999, S. 12.

GOVAERTS, Ward: Unterricht mit Bildungsbenachteiligten in der Erwachsenenbildung in Flandern. Ein Ausbildungsgang für Grundbildungspädagogen. In: ALFA-FORUM 43/2000, S.10f.

Grundbildung für alle in Schule und Erwachsenenbildung. Eine Fachtagung. Hrsg.: Stark, Werner / Fitzner, Thilo / Schubert, Christoph. Stuttgart 1997.

Junge Menschen in der berufsorientierten Alphabetisierung. Eine internationale Fachtagung. Hrsg.: Stark, Werner / Fitzner, Thilo / Schubert, Christoph. Stuttgart 1999.

SZABLEWSKI-ÇAVUS, Petra: In keiner Sprache lesen lernen? Notizen zum Schriftspracherwerb von Kindern und Jugendlichen nichtdeutscher Herkunft. In: Junge Menschen in der berufsorientierten Alphabetisierung. Eine internationale Fachtagung. Hrsg.: Stark, Werner / Fitzner, Thilo / Schubert, Christoph. Stuttgart 1999, S. 172–181.

Volkshochschul-Statistik. Arbeitsjahr 1998. Kursveranstaltungen für besondere Adressatengruppen – Analphabeten. Hrsg.: Deutsches Institut für Erwachsenenbildung, 13.04.2000.

Abbildungsnachweis

Umschlag und Seite 1: Foto: Christine Schneyer, Stuttgart.

Seite 4: Edelgard Bulmahn, Bmb+f.

Seite 6: Marion Döbert; Peter Hubertus.

Seite 9: Vierzehn Steine, zusammengestellt von Peter Hubertus.

Seite 16: oben: XXX ›Handzeichen der Schreibens unerfahrnen Elisabeth Göbel‹. St A Mr 315 z Botterode, zit.n. Forschungsgruppe Alphabetisierung und Schriftkultur in der Frühen Neuzeit, http://gwdu19.gwg.de/literal/start.htm.

Seite 16: unten: Fliegende Blätter, 1850, S. 142.

Seite 19: Viola Roggenkamp, Stern 1979, S. 102.

Seite 20: UNESCO Statistical Yearbook '99. Paris: UNESCO 1999; Fig: 3.

Seite 30: Grundqualifikationen, Wirtschaft und Gesellschaft. OECD & Statistics Canada. Paris/Ottawa, S. 38, 47.

Seite 51: © 2000 Bulls, Frankfurt.

Seite 62: Barbara Seyerlein, Berlin.

Seite 87: VHS Bielefeld.

Seite 90: Arbeitsblätter aus: Gabriele Rabkin: Schreiben-Malen-Lesen. Stuttgart 1992 © Ernst Klett Verlag, Stuttgart.

Seite 91: Das Leben ist schön. Cinetext Bildarchiv, Frankfurt.

Seite 93, 105, 106: © Margit Werbinek, Hamburg.

Seite 94: © 2000 King Features Syndicate, Inc./Distr.Bulls.

Seite 95: Aus: Annette Stock-Snel/Erik Snel: Auch Fische können lächeln, Stuttgart/Dresden 1991 © Ernst Klett Verlag, Stuttgart.

Seite 96: Aus: Anton Erler: Von Tür zu Tür. Münster 1996 © Bundesverband Alphabetisierung e.V., Münster.

Seite 108: ALFA-Katalog © Bundesverband Alphabetisierung e.V., Münster; Tausendmal gerührt ... © Ernst Klett Verlag, Stuttgart; Das Alpha-Buch © Max Hueber Verlag, Ismaning b. München.

Seite 118,119: Plakat: Ihr seid das Salz der Erde / Foto: Analphabeten demonstrieren © Ernst Klett Verlag, Stuttgart/Postkarte: Wer nicht lesen kann Hrsg. VHS Düsseldorf © Designbüro Drasdo, Düsseldorf/Neue Westfälische, Nr. 99, 29.04.1994.

Seite 121 © Werbeagentur Grey, Düsseldorf.

Es wurden nur solche Abbildungen aufgeführt, deren Nachweis nicht im Text erfolgt.

A

Anhang.

Ich hatte ein Gefühl, daß kann man nicht beschreiben,

denn ich wüßte ja nicht was da stand. Und seit

Chronologie zur Alphabetisierung und Grundbildung in Deutschland

1978

- Erste Alphabetisierungskurse werden eingerichtet.

1980

- Konferenz ›Analphabetismus unter deutschsprachigen Jugendlichen und Erwachsenen‹, Bremen; dokumentiert: Drecoll, Frank/ Müller, Ulrich (Hrsg.): Für ein Recht auf Lesen. Analphabetismus in der Bundesrepublik Deutschland. Frankfurt, 1981

1981

- Studie ›Über Analphabetismus in der Bundesrepublik Deutschland‹, Arbeitskreis Orientierungs- und Bildungshilfe, Berlin; gefördert vom Bundesbildungsministerium

1982

- Beginn des Projektes ›Entwicklung und Unterstützung von Maßnahmen zur muttersprachlichen Alphabetisierung an Volkshochschulen‹ bei der Pädagogischen Arbeitsstelle des Deutschen Volkshochschul-Verbandes (PAS), Frankfurt; gefördert vom Bundesbildungsministerium

1984

- Beginn des Projektes ›Alphabetisierung im Medienverbund‹ beim Adolf-Grimme-Institut (AGI), Marl; gefördert vom Bundesbildungsministerium
- Gründung des Vereins ›Schreibwerkstatt für neue Leser und Schreiber e.V.‹ (Vorgänger-Verein des Bundesverbandes Alphabetisierung e.V.). In den folgenden Jahren werden Lesehefte, Freiarbeitsmittel und Fachliteratur für die Alphabetisierung und Elementarbildung herausgegeben.

1985

- Auszeichnung des PAS-Projektes (s. 1982) mit einem Preis der UNESCO
- Erste Ausgabe von ›Alfa-Rundbrief. Zeitschrift für Alphabetisierung und Elementarbildung‹ erscheint.

1986

- Bis 1987 Ausstrahlung von Motivationsspots des Norddeutschen Rundfunks im Rahmen des Projektes ›Alphabetisierung im Medienverbund‹ (s. 1984); Resonanz: mehr als 3000 Anrufe von Betroffenen und Interessierten
- Beginn des Projekts ›Vermittlung elementarer Qualifikationen‹ bei der Pädagogischen Arbeitsstelle des Deutschen Volkshochschul-Verbandes (PAS), Frankfurt; gefördert vom Bundesbildungsministerium
- Erstmals Förderung von Deutschkursen mit Alphabetisierung für Migrantinnen und Migranten durch den Sprachverband Deutsch für ausländische Arbeitnehmer
- Erste Ausgabe von ›Materialdienst Alphabet‹ (Sprachverband) erscheint.

ein Jahr bin ich Teamleiter, und muß einige Leute

1987

- Sendung von Motivationsfilmen des Westdeutschen Rundfunks (WDR); Resonanz: ca. 2000 Anrufe
- Experten-Kolloquium zum Thema ›Elementare Fähigkeiten in der Alphabetisierung‹, Berlin

1988

- Aktionswoche des Südwestfunks in Hörfunk und Fernsehen zum Thema Analphabetismus; Resonanz: ca. 600 Anrufe
- Internationale Expertinnen-/Experten-Tagung beim Adolf-Grimme-Institut zum zehnjährigen Bestehen der Alphabetisierung in den alten Bundesländern, Vorstellung der Ergebnisse in Bonn
- Zahl der bundesweit in Kursen unterrichteten Erwachsenen: ca. 10 000

1989

- Im Ernst Klett Verlag erscheinen erste Unterrichtsmaterialien zur Alphabetisierung und Elementarbildung. Der Verlag unterstützt die Alphabetisierungsarbeit in Deutschland von nun an regelmäßig.

1990

- Weltalphabetisierungsjahr, ausgerufen von der UNESCO
- Tagung ›Menschen ohne Schrift – WAS TUN?‹, Bonn, ausgerichtet vom Adolf-Grimme-Institut; gefördert vom Bundesbildungsministerium
- Die ›Schreibwerkstatt für neue Leser und Schreiber e.V.‹ präsentiert mit Unterstützung der Deutschen UNESCO-Kommission die Ausstellung ›Vom Gedanken zum Text. Eine Ausstellung über Erwachsenen-Alphabetisierung in der Bundesrepublik Deutschland‹ bei der UNESCO in Paris.
- Die erste Dissertation zum Thema erscheint: ›Analphabetismus trotz Schulbesuchs‹ von Gertrud Kamper.

1992

- Beginn des Projektes ›Entwicklung und Erprobung von Alphabetisierungs- und Elementarbildungsangeboten in den neuen Bundesländern‹ bei der Pädagogischen Arbeitsstelle des Deutschen Volkshochschul-Verbandes (PAS), Frankfurt; gefördert vom Bundesbildungsministerium
- Erste Fachtagung zum Thema Analphabetismus in der Evangelischen Akademie Bad Boll: ›Berufliche Bildung und Analphabetismus‹; gefördert durch das Bundesbildungsministerium. Die Dokumentationen dieser und der folgenden Tagungen werden im Ernst Klett Verlag publiziert.
- Start der Wanderausstellung ›Die Welten der Wörter. Internationale Plakate zur Alphabetisierung‹ des UNESCO-Instituts für Pädagogik und des Ernst Klett Verlags. Die Ausstellung wurde bis zum Jahr 2000 in 75 Orten in Deutschland und mehrfach im Ausland gezeigt.

an arbeiten halten. Und muß auch lesen und schreiben

1993

- Fachtagung der Bund-Länder-Kommission für Bildungsplanung und Forschungsförderung zu Maßnahmen zur Prävention von Analphabetismus, Schwerin
- Fachtagung ›Analphabetismus und Alphabetisierung als gesellschaftliche Herausforderung‹ in der Evangelischen Akademie Bad Boll; gefördert vom Bundesbildungsministerium
- Erklärung zur Alphabetisierung und Grundbildung in Deutschland und Konstituierung der ›Bundesarbeitsgemeinschaft Alphabetisierung‹ (Vorgänger-Verein des Bundesverbandes Alphabetisierung e.V.)
- Erklärung zum ›Erhalt und Ausbau der Kurse für lese- und schreibunkundige Jugendliche und Erwachsene‹ des Deutschen Volkshochschul-Verbandes (DVV)
- ›Bericht zur Bekämpfung des Analphabetismus in der Bundesrepublik Deutschland‹ durch die Bundesregierung
- Gründung des Fachkreises Alphabetisierung Nordrhein-Westfalen (F@ks)

1994

- Beendigung des Projekts ›Entwicklung und Erprobung von Alphabetisierungs- und Elementarbildungsangeboten in den neuen Bundesländern‹ mit einer Konferenz in Leipzig
- Auszeichnung der ›Schreibwerkstatt für neue Leser und Schreiber e.V.‹ durch die UNESCO in Paris
- Fachtagung ›Schulische und außerschulische Prävention von Analphabetismus‹ in der Evangelischen Akademie Bad Boll; gefördert vom Bundesbildungsministerium

1995

- Beginn des Projekts ›Distanzen überbrücken durch Dialog – Entwicklung gemeinsamer Perspektiven in der Alphabetisierung und Elementarbildung von Ost und West‹ am Deutschen Institut für Erwachsenenbildung (DIE); gefördert vom Bundesbildungsministerium
- Einrichtung des ALFA-TELEFONS (bundesweites Beratungstelefon für Erwachsene mit Lese- und Schreibproblemen) der ›Schreibwerkstatt für neue Leser und Schreiber e.V.‹
- Fachtagung ›Grundbildung für alle in Schule und Erwachsenenbildung‹ in der Evangelischen Akademie Bad Boll; gefördert vom Bundesbildungsministerium
- Präsentation der Ergebnisse der ersten internationalen Untersuchung von Grundqualifikationen Erwachsener IALS/OECD: ›Grundqualifikationen, Wirtschaft und Gesellschaft‹

wenn ich nicht in den Lesekurs gegangen werde.

1996

- Internationaler Alphabetisierungspreis der UNESCO an Monika Heigermoser, Mitarbeiterin der Volkshochschule Wuppertal
- Internationaler Kongress ›Wer schreibt, der bleibt! – Und wer nicht schreibt?‹ in Zusammenarbeit mit der Deutschen UNESCO-Kommission in der Evangelischen Akademie Bad Boll; gefördert vom Bundesbildungsministerium
- Beginn der regelmäßigen Alpha-Jahrestagungen Niedersachsen

1997

- Beginn des Projekts ›Netzwerk Grundqualifikationen‹ am Deutschen Institut für Erwachsenenbildung (DIE); gefördert vom Bundesbildungsministerium
- Zusammenschluss der ›Bundesarbeitsgemeinschaft Alphabetisierung e.V.‹ und der ›Schreibwerkstatt für neue Leser und Schreiber e.V.‹ zum ›Bundesverband Alphabetisierung e.V.‹
- Internationale Fachtagung ›Junge Menschen in der berufsorientierten Alphabetisierung‹ in der Evangelischen Akademie Bad Boll; u.a. gefördert durch das Bundesbildungsministerium
- Europaprojekt BASIC ›Berufsorientierte Grundbildung für funktionale Analphabeten‹ an der Volkshochschule Bielefeld
- Beginn des Projekts ALFA-KATALOG beim Bundesverband Alphabetisierung e.V.: Erstellung und Versand einer Übersicht von Fachliteratur und Unterrichtsmaterialien; gefördert vom Bundesbildungsministerium
- Der erste TV-Spot für das ALFA-TELEFON wird für die ›Schreibwerkstatt für neue Leser und Schreiber‹ an der Hochschule für Fernsehen und Film, München, produziert.

1998

- Fachtagung ›Von der Alphabetisierung zur Leseförderung‹ in der Evangelischen Akademie Bad Boll; u.a. gefördert vom Bundesbildungsministerium
- Zukunftswerkstatt des DIE-Projekts ›Netzwerk Grundqualifikationen‹: ›Zukunftsentwürfe für Grundqualifikationen. ExpertInnen treffen sich‹
- Koordination des SOKRATES-Projekts ›Entwicklung eines Trainingsmoduls zur Qualifizierung des Ausbildungspersonals von Personen mit geringer Grundbildung‹ durch das DIE
- Die Kampagne ›Schreib dich nicht ab. Lern lesen und schreiben!‹ wird von der Werbeagentur Grey Düsseldorf kostenlos für den Bundesverband Alphabetisierung e.V. entwickelt.
- Zwei TV-Spots werden für das ALFA-TELEFON des Bundesverbandes Alphabetisierung e.V. von der Werbeagentur Grey kostenlos produziert und von zahlreichen Sendern ausgestrahlt.

Hatte ich auf jeden Fall kündigen müssen, sonst

1999

- Fachtagung ›Qualifizierter Alphabetisieren in Schule und Erwachsenenbildung durch Professionalisierung und Qualitätssicherung‹ in der Evangelischen Akademie Bad Boll; gefördert vom Bundesbildungsministerium
- Beginn des DIE-Projekts ›Entwicklung konzeptioneller Elemente einer berufsorientierten Alphabetisierung/Grundbildung sowie Entwicklung begleitender Fortbildungsmodule‹; gefördert vom Bundesbildungsministerium
- ›Schriftlos ins nächste Jahrtausend‹ – Podiumsdiskussion im Landeshaus in Kiel, Veranstalter: Landesverband der Volkshochschulen Schleswig-Holsteins
- Zwei neue TV-Spots werden für das ALFA-TELEFON des Bundesverbandes Alphabetisierung e.V. von der Werbeagentur Grey kostenlos produziert und ausgestrahlt.
- Teilnahme des Bundesverbandes Alphabetisierung e.V. am Evangelischen Kirchentag (›Markt der Hoffnung‹) in Stuttgart

2000

- Auszeichnung von Jürgen Genuneit (Redakteur für Alphabetisierung/Elementarbildung im Ernst Klett Verlag und Vorstandsmitglied im Bundesverband Alphabetisierung e.V.) mit dem Bundesverdienstkreuz am Bande
- BOL Medien GmbH wird Sponsor für das ALFA-TELEFON des Bundesverbandes Alphabetisierung e.V.
- ›The Benefits of Basic skills – updating competence‹, transnationale Abschlusskonferenz des vom DIE koordinierten SOKRATES-Projekts (s. 1998)

Diese überarbeitete und erweiterte Chronologie zur Alphabetisierung in Deutschland basiert auf der ›Zeittafel zu Alphabetisierung und Grundbildung in der Bundesrepublik Deutschland‹, zusammengestellt von Monika Tröster. In: Zukunftsentwürfe für Grundqualifikationen – ExpertInnen treffen sich. Deutsches Institut für Erwachsenenbildung. Frankfurt 1999, S. 36–38.

allen die arbeits Kollegen un doch fertig gemacht

Bundesverband Alphabetisierung

Die Ziele

- Förderung des Lesens und Schreibens in der Erwachsenenbildung
- Unterstützung der Personen und Institutionen, die in der Alphabetisierungsarbeit und Grundbildung tätig sind, u.a. durch Information, bildungspolitische Interessenvertretung, Fortbildung
- Lobbyarbeit für Lese- und Schreibunkundige
- Öffentlichkeitsarbeit: z.B. Kampagne ›Schreib dich nicht ab. Lern lesen und schreiben!‹, mit Unterstützung von Grey Düsseldorf, Schirmherrschaft: Deutsche UNESCO-Kommission

Das Angebot

- leicht lesbare Lektüre für jugendliche und erwachsene Leseanfänger; von Erwachsenen erzählt oder aufgeschrieben, die selbst das Lesen und Schreiben erlernen
- erwachsenengerechte Unterrichtsmaterialien zum Lesen- und Schreibenlernen
- Vermittlung von Referentinnen und Referenten für Vorträge und Fortbildungsveranstaltungen
- ALFA-FORUM, einzige deutschsprachige Fachzeitschrift für Alphabetisierung und Grundbildung, erscheint seit 1985, bis 1997 als ›Alfa-Rundbrief‹
- Fachliteratur: Analphabetismus, Alphabetisierung, Grundbildung

Das ALFA-TELEFON (02 51) 53 33 44

- bundesweites Service-Telefon für Menschen mit Lese- und Schreibproblemen
- anonyme Beratung zu Lernmöglichkeiten, Informationen über ortsnahe Weiterbildungseinrichtungen mit Alphabetisierungskursen
- für Spenden: Sonderkonto 77 77 90-200, Postbank Hamburg, BLZ 200 100 20

Der Verein

- 1984 gegründet als ›Schreibwerkstatt für neue Leser und Schreiber e.V.‹
- 1997 mit der Bundesarbeitsgemeinschaft Alphabetisierung e.V. zum Bundesverband Alphabetisierung e.V. zusammengeschlossen
- gemeinnützig anerkannt, bundesweit tätig
- mehr als 200 Personen und Institutionen sind Mitglied im Verband
- Finanzierung der Vereinsarbeit durch Mitgliedsbeiträge, Spenden, Verkaufserlöse; ehrenamtliche Arbeit

Die Adressen

- Geschäftsstelle · Peter Hubertus
  Goebenstraße 13 · 48151 Münster
  Tel. 02 51/5 34 69-40 · Fax 02 51/5 34 69-41
  E-Mail: bundesverband@alphabetisierung.de
- Service und Versand · Gerald Schöber
  Brunsweddel 9 · 24582 Bordesholm
  Tel. 0 43 22/75 20-40 · Fax 0 43 22/75 20-41
  E-Mail: service@alphabetisierung.de
- Unter der Internetadresse www.alphabetisierung.de des Bundesverbandes Alphabetisierung e.V. finden sich Hinweise auf Unterrichtsmaterialien, Fachliteratur und Veranstaltungen sowie themenbezogene Links.

Adressen

Bundesverband Alphabetisierung e.V.
siehe Seite 143

Bundesverband Legasthenie e.V.
Königstraße 32
30175 Hannover
Tel.: 05 11/31 87 38
Fax: 05 11/31 87 39
E-Mail: legastheni@AOL.com
www.legasthenie.net

Fachkreis Alphabetisierung NRW (F@ks)
VHS Aachen c/o Beate Franzen
Peterstraße 21–25
52064 Aachen
Tel.: 02 41/47 92-125
Fax: 02 41/40 60 23
E-Mail: beate.franzen@mail.aachen.de

Deutsche UNESCO-Kommission
Colmantstraße 15
53115 Bonn
Tel.: 02 28/6 04 97-0
Fax: 02 28/6 04 97-30
E-Mail: info@unesco.de
www.unesco.de

Deutsches Institut für Erwachsenenbildung e.V.
Monika Tröster, Hansaallee 150
60320 Frankfurt am Main
Tel.: 0 69/9 56 26-168
Fax: 0 69/9 56 26-174
E-Mail: troester@die-frankfurt.de
www.die-frankfurt.de/kon

Sprachverband Deutsch für ausländische Arbeitnehmer
Raimundistraße 2, 55118 Mainz
Tel.: 0 61 31/9 64 44-0
Fax: 0 61 31/9 64 44-44
E-Mail: sprachverband@t-online.de
www.Sprachverband.de

Gesellschaft Erwachsenenbildung und Behinderung e.V.
Postfach 870228
13162 Berlin
E-Mail: kontakt@geseb.de
www.geseb.de

Stiftung Lesen
Fischtorplatz 23 · 55116 Mainz
Tel.: 0 61 31/2 88 90-0
Fax: 0 61 31/23 03 33
www.StiftungLesen.de
E-Mail: mail@StiftungLesen.de

UNESCO-Institut für Pädagogik
Feldbrunnenstraße 58
20148 Hamburg
Tel.: 0 40/44 80 41-0
Fax: 0 40/4 10 77 23
E-Mail: uhlib@unesco.org
www.unesco.org/education/uie

Deutscher Volkshochschul-Verband e.V.
Obere Wilhelmstraße 32
53225 Bonn
Tel.: 02 28/9 75 69-20
Fax: 02 28/9 75 69-30
E-Mail: buero.dvv.vhs@gmx

Landesverbände der Volkshochschulen

Volkshochschulverband Baden-Württemberg e.V.
Raiffeisenstraße 14
70771 Leinfelden-Echterdingen
Tel.: 0711/7 59 00-0
Fax: 0711/7 59 00-41
E-Mail: info@vhs-bw.de
www.vhs-bw.de

Bayerischer Volkshochschulverband e.V.
Fäustlestraße 5a · 80339 München
Tel.: 0 89/5 10 80-27
Fax: 0 89/5 02 38 12
E-Mail: kld-bvv@vhs-bayern.de
www.vhs-bayern.de

Berliner Senatsverwaltung für Schule, Berufsbildung und Sport
Abteilung Allgemeine Weiterbildung
Beuthstraße 6–8
10117 Berlin
Tel.: 0 30/90 26-52 50
Fax: 0 30/90 26-50 02
www.sensjs.berlin.de/bildung/weiterbildung1.htm

Brandenburgischer Volkshochschulverband e.V.
Neustädtische Wassertorstraße 16–17
14776 Brandenburg/Havel
Tel.: 0 33 81/52 23 04
Fax: 0 33 81/20 14 96
E-Mail: VHS-Verband.Brandenburg@t-online.de
www.vhs-verband-brb.ibb-edu.de

Landesausschuss der Volkshochschulen des Landes Bremen
Schwachhauser Heerstraße 67
28211 Bremen
Tel.: 04 21/3 61-36 66
Fax: 04 21/3 61-32 16
E-Mail: vhs@uni-bremen.de
www.bremen.de/info/vhs

Hamburger Volkshochschule
Bereich Grundbildung
Schanzenstraße 75–77
20357 Hamburg
Tel.: 0 40/4 28 41-27 92
Fax: 0 40/4 28 41-27 88
E-Mail: A.Schladebach@vhs-Hamburg.de
www.vhs-hamburg.de

Institut der hessischen Volkshochschulen
Winterbachstraße 38
60320 Frankfurt am Main
Tel.: 0 69/56 00 08-33
Fax: 0 69/56 00 08-10
E-Mail: reiske.hvv@t-online.de
www.hvv-vhs.de

Volkshochschulverband Mecklenburg-Vorpommern e.V.
Bertha-von-Suttner-Straße 5
19061 Schwerin
Tel.: 03 85/30 31-550
Fax: 03 85/30 31-555
E-Mail: vhs-verband-mv@mvnet.de
www.vhs-verband-mv.de

Landesverband der Volkshochschulen Niedersachsens e.V.
Bödekerstraße 16
30161 Hannover
Tel.: 05 11/3 48 41-0
Fax: 05 11/3 48 41-42
E-Mail: info@vhs-nds.de
www.vhs-nds.de

Landesverband der Volkshochschulen von Nordrhein-Westfalen e.V.
Heiliger Weg 7–9
44135 Dortmund
Tel.: 02 31/95 20 58-16
Fax: 02 31/95 20 58-3
E-Mail: DTalpay@vhs-nrw.de
www.vhs-nrw.de

Verband der Volkshochschulen von Rheinland-Pfalz e.V.
Hintere Bleiche 38
55116 Mainz
Tel.: 0 61 31/2 88 89-0
Fax: 0 61 31/2 88 89-30
E-Mail: Geschaeftsstelle@VHS-Verband-rp.de
www.vhs-verband-rp.de

Verband der Volkshochschulen des Saarlandes e.V.
Bahnhofstraße 47–49
66111 Saarbrücken
Tel.: 06 81/3 66-60
Fax: 06 81/3 66-10

Landesverband der Volkshochschulen Sachsen-Anhalt e.V.
Liebknechtstraße 91
39110 Magdeburg
Tel.: 03 91/7 36 93-0
www.futurenet.de/bildung/vhs/lvvsa/homepage

Landesverband der Volkshochschulen Schleswig-Holsteins e.V.
Holstenbrücke 7
24103 Kiel
Tel.: 04 31/9 79 84-24
Fax: 04 31/9 66 85
E-Mail: pe@vhs-sh.de
www.vhs-sh.de

Sächsischer Volkshochschulverband e.V.
Bergstraße 61
09113 Chemnitz
Tel.: 03 71/3 54 27 50
Fax: 03 71/3 54 27 55
E-Mail: info@vhs-sachsen.de
www.vhs-sachsen.de

Thüringer Volkshochschulverband e.V.
Konrad-Zuse-Straße 3
07745 Jena
Tel.: 0 36 41/62 09-76
Fax: 0 36 41/62 09-78
E-Mail: Landesverband@vhs-th.de
www.vhs-th.de